Ingo Koller

Das Lagergeschäft

Ingo Koller

Das Lagergeschäft

1981

Walter de Gruyter · Berlin · New York

Sonderausgabe der Kommentierung der §§ 416–424 HGB aus: Handelsgesetzbuch, Großkommentar, 3. Auflage, Band V, Lieferung 3.

Professor Dr. *Ingo Koller* ist Ordinarius für Bürgerliches Recht und Arbeitsrecht sowie Handels- und Wirtschaftsrecht an der Universität Passau

CIP-Kurztitelaufnahme der Deutschen Bibliothek

Koller, Ingo:
Das Lagergeschäft / Ingo Koller. – Berlin, New York: de Gruyter, 1980.
Aus: Handelsgesetzbuch. Bd. 5.
ISBN 3-11-008494-5

Printed in Germany

Satz und Druck: Arthur Collignon GmbH, Berlin 30
Bindearbeiten: Lüderitz & Bauer, Buchgewerbe GmbH, Berlin 61

Vorwort

Das Lagergeschäft ist in den letzten 65 Jahren nicht mehr in einer gesonderten Abhandlung vorgelegt worden, obwohl es als Teil des Transportrechts erhebliche Bedeutung erlangt hat. Die Kommentierung der §§ 416–424 HGB im Großkommentar zum HGB bietet die Gelegenheit, das Lagergeschäft in einer Sonderausgabe zugänglich zu machen. Die Darstellung des Lagergeschäfts erfolgt deshalb in Form eines Kommentars. Die den einzelnen Paragraphen vorangestellten Inhaltsübersichten und ein detailliertes Inhaltsverzeichnis erleichtern auch demjenigen Benutzer des Werkes den Zugang, der unmittelbar Informationen zu bestimmten Sachfragen sucht.

Die Darstellung umfaßt sämtliche das Lagergeschäft berührenden Vorschriften des BGB, des HGB sowie der Orderlagerscheinverordnung. Besonderes Gewicht wurde darauf gelegt, neuere Entwicklungen im Leistungsstörungsrecht für das Lagergeschäft fruchtbar zu machen. Da heute im Rahmen des Lagergeschäfts die Allgemeinen Geschäftsbedingungen im Mittelpunkt des Interesses stehen, wurde auf eine intensive Auseinandersetzung mit den Vorschriften der ADSp sowie der Allgemeinen Lagerbedingungen des deutschen Möbeltransports erheblicher Wert gelegt. Die Allgemeinen Geschäftsbedingungen werden jeweils im Sachzusammenhang, im Anschluß an die Darstellung des dispositiven Rechts behandelt. Im Anhang II zu § 424 HGB findet sich eine Kommentierung der Lagerordnung für die Lagerung von Gütern gegen Orderlagerschein.

Die Darstellung befindet sich auf dem Stand vom 1. 1. 1980.

Passau, im September 1980

Ingo Koller

Inhaltsübersicht

Handelsgesetzbuch

FÜNFTER ABSCHNITT

Lagergeschäft

Fünfter Abschnitt

Lagergeschäft

§ 416

Lagerhalter ist, wer gewerbsmäßig die Lagerung und Aufbewahrung von Gütern übernimmt.

Inhaltsübersicht

Literatur

Bauer, Zur Publizitätsfunktion des Besitzes bei Übereignung von Fahrnis, in: Festschrift für F. W. Bosch (1976); Baumbach/Duden, Handelsgesetzbuch, 23. Aufl. (1978); Canaris, Ansprüche wegen „positiver Vertragsverletzung“ und „Schutzwirkung für Dritte“ bei nichtigen Verträgen, JZ 65, 475; Canaris, Die Vertrauenshaftung im deutschen Privatrecht (1971); Düringer/Hachenburg/Lehmann, Handelsgesetzbuch, 3. Aufl. (1930ff.); Erman, Handkommentar zum Bürgerlichen Gesetzbuch, 6. Aufl. (1975); Helm, AGB-Gesetz und ADSp, VersR 77, 586; Helm, Zur Inhaltskontrolle von Allgemeinen Geschäftsbedingungen bei der Verwendung gegenüber Kaufleuten, BB 77, 1111; Heymann/Kötter, Handelsgesetzbuch, 4. Aufl. (1971); Hueck/Canaris, Recht der Wertpapiere, 11. Aufl. (1977); Koller, Der gutgläubige Erwerb bei der Übertragung von Miteigentumsanteilen, JZ 72, 648; Koller, Der gutgläubige Erwerb von Sammeldepotanteilen an Wertpapieren im Effektengiroverkehr (1. Teil), DB 72, 1860; Koller, Aufgedrängte Bereicherung und Wertersatz bei der Wandlung im Werkvertrags- sowie Kaufrecht (I), DB 74, 2385, 2485; Koller, Die Risikozurechnung bei Vertragsstörungen in Austauschverträgen (1979); Koller, Das Provisions- und Aufwendungsrisiko bei der Kommission, BB 79, 1725; Koller, Probleme des Haftungsausschlusses in Allgemeinen Geschäftsbedingungen – Die Grenzen des Haftungsausschlusses in den Allgemeinen Lagerbedingungen des Deutschen Möbeltransportes, VersR 80, 1; Krien, Speditions- und Lagerrecht (1975); Larenz, Schuldrecht I, 11. Aufl. (1976); Larenz, Schuldrecht II, 12. Aufl. (1979); Leenen, Typus und Rechtsfindung (1971); Mauer, Sicherungseigentum und Namenslagerschein, BB 59, 872; Münchener Kommentar zum Bürgerlichen Gesetzbuch (MünchKomm) (1978); Ohling, Pfand- und Zurückbehaltungsrecht des Lagerhalters gegenüber dem Erwerber eines Namenslagerscheines, BB 60, 1266; Palandt, Bürgerliches Gesetzbuch, 38. Aufl. (1979); Reichsgerichtsrätekommentar zum HGB (Ratz), 2. Aufl. (1963); Reiner, Der Speditionslagerschein in Deutschland und England unter Berücksichtigung der unterschiedlichen rechtlichen und wirtschaftlichen Stellung des Spediteurs (1977); Roth, Der Vergütungsanspruch bei schlechter Leistung im Recht der freien Berufe (I), VersR 79, 494; Ruhle, Die Haftung des Spediteurs als Lagerhalter nach § 54a Nr. 2 ADSp bei gleichzeitigen Minus- und Plusbeständen verschiedener Güter desselben Einlagerers, BB 65, 1294; Schlegelberger (Schröder), Handelsgesetzbuch, 5. Aufl. (1977); Schlosser (Coester-Waltjen), AGBG (1977); Schulze-Osterloh, Das Prinzip der gesamthänderischen Bindung (1971); Sellschopp, Die vertragliche Haftung des Lagerhalters, Diss. Hamburg 1974; Senckpiehl, Das Lagergeschäft (1914); Senckpiehl, Die Geltung der Allgemeinen Deutschen Spediteurbedingungen (ADSp), JZ 50, 581; Soergel (Mühl), Bürgerliches Gesetzbuch, 11. Aufl. (1978); Staudinger, Kommentar zum Bürgerlichen Gesetzbuch, Bearbeiter: Otto, 12. Aufl. (1979), Bearbeiter: Nipperdey, 10./11. Aufl. (1955); Stoldt, Normative Kraft der Allgemeinen Deutschen Spediteurbedingungen (ADSp) und der Allgemeinen Lagerbedingungen des deutschen Möbeltransports (ALB), MDR 51, 141; Tiedtke, Die Übereignung eingelagerter Ware bei Ausstellung eines Lagerscheins, WM 79, 1142; Ulmer/Brandner/Hensen, AGB-Gesetz, 3. Aufl. (1978).

Anm. 1

A. Vorbemerkung

Die §§ 416ff. HGB regeln das Lagergeschäft. Ähnlich wie die §§ 383, 407 I, 425 HGB stellt das Gesetz aber nicht das Lagergeschäft als solches in den Mittelpunkt der gesetzlichen Regelung, sondern die Person des Lagerhalters. Die dem Lagergeschäft entspringenden Rechte und Pflichten sind mit anderen Worten auf die Person des Lagerhalters bezogen. Anders als die kommissions-, speditions- oder frachtrechtlichen Vorschriften der §§ 406, 415, 451 HGB kennen die Normen über das Lagergeschäft jedoch keine gesetzliche Regelung, die sie auch dort für anwendbar erklärt, wo ein Kaufmann die Aufbewahrung von Gütern übernimmt, ohne die Aufbewahrung gewerbsmäßig zu betreiben. Lagergeschäft ist mithin ausschließlich das von einem Lagerhalter im Sinne des § 416 HGB betriebene Geschäft.

Das Lagergeschäft stellt eine **Sonderform des Verwahrungsvertrages** dar. Es basiert auf einem Konsensualvertrag. Der Lagervertrag kommt mithin nicht erst mit der Übergabe der zu verwahrenden Güter zustande (näher dazu unten Anm. 20). **Anm. 2**

Neben die §§ 416ff. HGB ist die **Verordnung über Orderlagerscheine** (OLSchVO) getreten, die im Anh. zu § 424 kommentiert ist. Diese Verordnung regelt nicht nur die Ausgabe von Orderlagerscheinen, sondern erfaßt dort, wo Orderlagerscheine ausgestellt wurden, das gesamte Lagergeschäft. In einem solchen Fall verdrängt die Verordnung über Orderlagerscheine weitgehend die §§ 417–423 HGB. Der zur Ausgabe von Orderlagerscheinen ermächtigte Lagerhalter muß eine Lagerordnung erlassen, die das Rechtsverhältnis zwischen Einlagerer sowie dessen Rechtsnachfolgern einerseits und dem Lagerhalter andererseits näher konkretisiert (§ 2 II Nr. 6 OLSchVO). Sie bedarf der Genehmigung. Der Lagerhalter kann in ihr nur ausnahmsweise zu Ungunsten des Einlagerers oder des legitimierten Besitzers des Lagerscheines von den Bestimmungen der Verordnung abweichen. Für den Lagerhalter, der keine Ermächtigung zur Ausgabe von Orderlagerscheinen besitzt, gelten die Vorschriften der Verordnung nicht, sondern ausschließlich die der §§ 417ff. HGB. **Anm. 3**

Für das Lagergeschäft der Spediteure als Nebengeschäft der Spedition gelten regelmäßig die **ADSp** als allgemeine Geschäftsbedingungen (siehe dazu oben, Helm, Anh. I § 415; soweit die ADSp 1978 neu gefaßt wurden, sind sie im Anhang der Kommentierung abgedruckt). Werden Möbel gelagert, so können die **Allgemeinen Lagerbedingungen des deutschen Möbeltransportes** (ALB; abgedr. Anh. II zu § 416) eingreifen (dazu BGH, LM Nr. 2 zu § 419 HGB; ferner § 416 Anm. 10). Neben den ALB kommen die ADSp nicht zur Anwendung (BGH, LM Nr. 2 zu § 423 HGB). **Anm. 4**

Sonderregelungen für den Bereich des Bankverwahrungsgeschäftes (Depotgeschäftes) enthält das DepG (dazu Canaris, oben Anh. § 357 Anm. 929).

B. Der Lagerhalter **Anm. 5**

§ 416 HGB umreißt den Typus des Lagerhalters (zum „Typus" vgl. Leenen, Typus und Rechtsfindung (1971), S. 118ff.) anhand der Kriterien „Lagerung und Aufbewahrung", „Güter", „Gewerbsmäßigkeit" sowie „Übernahme".

I. Lagerung und Aufbewahrung

1. Verwahrung, Obhut **Anm. 6**

Der Lagerhalter hat die Güter zu lagern und aufzubewahren. Das Kriterium der Lagerung ist in diesem Zusammenhang nicht besonders aussagekräftig. Es bedeutet lediglich, daß der Lagerhalter Platz zur Verfügung zu stellen hat, an dem die einzulagernden Güter für einen bestimmten oder noch unbestimmten Zeitraum verbleiben können. Die bloße Bereitstellung von Lagerraum genügt indessen nicht. Es muß die Aufbewahrung des Gutes hinzukommen. Daraus folgt, daß der Lagerhalter im Hinblick auf das Gut **Obhutspflichten** zu übernehmen hat und diese Obhutspflichten den Schwerpunkt seiner Verpflichtung darstellen. Er muß im Rahmen seines Gewerbebetriebes verpflichtet sein, das **Gut gegen Gefahren zu sichern,** die es bedrohen. Das heißt nicht, daß nur dann von Aufbewahrung gesprochen werden könnte, wenn der Lagerhalter das Gut vor allen nur denkbaren Gefahren zu bewahren gehalten ist (vgl. Schlegelberger/Schröder, HGB, § 416 Anm. 2). So ist ein Lagerhalter in aller Regel außerstande, verpacktes Gut vor innerem Verderben zu schützen, ohne daß dies die Eigenschaft als Lagerhalter in Frage stellen würde. Andererseits greift § 416 HGB nicht ein, falls sich die Pflichten einer Vertragspartei darauf beschränken, lediglich für sichere Lagerräume in dem Sinne zu sorgen, daß von den Lagerräumen keine Gefahren ausgehen dürfen. Die Aufbewahrungspflicht ist nämlich als Obhutspflicht aufzufassen, die im Rahmen der Zumutbarkeit umfassend auf das konkrete Gut bezogen ist. Die Obhutspflicht muß die zentrale Pflicht des Lagergeschäftes darstellen und darf nicht nur als Nebenpflicht zu qualifizieren sein (näher dazu Anm. 9).

Anm. 7 Die „Lagerung und Aufbewahrung" hängt nicht davon ab, daß sie in eigenen **Räumen** bzw. auf eigenen **Grundstücken** des Lagerhalters erfolgt. Lagerhalter ist daher auch derjenige Kaufmann, der die zur Erfüllung seiner Verpflichtungen erforderlichen Grundstücke gemietet hat oder gegebenenfalls erst anzumieten gedenkt. Maßgeblich ist allein der Inhalt der Verpflichtung, die Lagerung und Obhut umfassen muß, nicht aber die Art der Erfüllung. – Die Verpflichtung kann unter dem Einsatz von Erfüllungsgehilfen (§ 278 BGB) erfüllt werden, wobei es gleichgültig ist, ob der Lagerhalter zur Lagerung und Aufbewahrung eigene Arbeitnehmer einsetzt oder selbständige Lagerhalter beauftragt (vgl. BGHZ 9, 63). Zum Kreis der Lagerhalter können mithin auch solche Personen gehören, die das Gut beim selbständigen Lagerhalter einlagern sollen, sofern sie selbst eine eigene Obhutspflicht trifft (Schlegelberger/Schröder, HGB, § 416 Anm. 2). Denkbar ist auch, daß der Lagerhalter seine Pflichten auf einen Dritten als Substituten überträgt. Ist der Vertragspartner nur gehalten, auf Rechnung des Einlagerers Lagerverträge mit dritten Lagerhaltern zu schließen, so kommt lediglich eine uneigentliche Kommission in Betracht (§ 406 I 2 HGB). Keine Lagerung liegt vor, falls das Gut in den Räumen des „Einlagerers" verbleiben soll und der „Lagerhalter" gar nicht berechtigt oder verpflichtet ist, irgendeinen Einfluß auf die Aufbewahrung des Gutes auszuüben (BGH, DB 75, 831). – Unerheblich ist ferner, **wie lange** die **Lagerung** dauern soll (Senckpiehl, Das Lagergeschäft (1914), S. 12; a. A. RGRKz HGB-Ratz, § 416 Anm. 9). Eine kurzfristige Lagerung spricht freilich vielfach dafür, daß ihr im Rahmen eines konkreten Vertragsverhältnisses kein großes Gewicht zukommt und daß sie daher nur als Nebenpflicht angesehen werden kann. Beispiel: Obhut über die Garderobe während eines Theaterbesuches. Eine Verpflichtung zur Obhut über die anvertrauten Sachen kann zwar auch hier nicht verneint werden (so aber Schlegelberger/Schröder, HGB, § 416 Anm. 2). Die Obhutspflicht spielt jedoch keine hervorgehobene Rolle im Rahmen des Vertragsverhältnisses, das sich aus Verwahrungsvertrag sowie Vertrag über die Theateraufführung (Werkvertrag, Miete) zusammensetzt. Dies gilt auch, falls die Aufbewahrung der Garderobe gesondert bezahlt werden muß.

Anm. 8 **2. Abgrenzung zur Miete**

Von der „Lagerung und Aufbewahrung" ist die bloße Miete zu unterscheiden. Letztere liegt dann vor, wenn der Einlagerer selbst für die Obhut über das eingelagerte Gut zu sorgen hat und sein Vertragspartner ihm in erster Linie lediglich die zur Lagerung erforderlichen Räume zur Verfügung gestellt hat (BGH, LM Nr. 1 zu § 419 HGB; OLG Düsseldorf, VersR 76, 1092). Problematisch ist die Einordnung der „Miete" eines Stahlschrankfaches in den Tresorräumen einer Bank. Die h. M. qualifiziert den Stahlschrankfachvertrag als Miete (RGZ 141, 101; Palandt/Thomas, BGB, Einf. vor § 688 Anm. 2; Schlegelberger/Schröder, HGB, § 416 Anm. 3; RGRKz HGB-Ratz, § 424 Anh. II Anm. 5 m. Nachw.). Man wird aber kaum behaupten können, daß die Bank ausschließlich für die Überwachung und Sicherung der Stahlkammer und nicht auch in Notfällen (Tresore sind erbrochen worden) für die Sicherung ihres Inhaltes verantwortlich ist. Der Stahlschrankfachvertrag gehört gleichwohl nicht zu den Lagergeschäften, da der Vermieter nur sehr selten in die Lage kommen wird, die Obhut über den Inhalt des Tresors übernehmen zu müssen. Die Obhutspflicht stellt deshalb bezogen auf den Inhalt der Tresore lediglich eine Nebenpflicht dar. Es liegt somit ein gemischter Vertrag vor, der nicht zu den Lagergeschäften, sondern zu den Miet- und Verwahrungsgeschäften zählt.

3. Abgrenzung zur Kommission, Spedition sowie zum Geschäft des Frachtführers Anm. 9

Die **Lagerung und Aufbewahrung** muß als **Hauptpflicht** übernommen worden sein. Zwar hat auch der Kommissionär das Gut aufzubewahren (vgl. § 390 HGB). Ebenso trifft den Spediteur sowie den Frachtführer die Pflicht, für das ihnen übergebene Gut zu sorgen. Ihre Hauptpflicht bezieht sich jedoch nicht auf die Obhut, sondern auf den Abschluß eines Geschäftes mit einem Dritten (§§ 383, 406, 407 HGB) bzw. auf den Transport des Gutes. In diesen Konstellationen finden die §§ 416ff. HGB keine Anwendung.

Allerdings kann das Lagergeschäft auch in der Form eines **Nebengeschäftes** eines auf einen anderen Geschäftskreis gerichteten Handelsgewerbes betrieben werden (BGH, NJW 51, 957). Dies ist häufig bei Spediteuren der Fall (RGRKz HGB-Ratz, § 416 Anm. 3), die eine vorübergehende Lagerung als Hauptleistung übernehmen. Die Lagerung ist allerdings dann nicht als Hauptleistung zu qualifizieren, wenn sie lediglich über einen kurzen Zeitraum hinweg und nur bis zu dem Zeitpunkt erfolgen soll, in dem der Spediteur den Transport durch ein Geschäft mit einem Dritten zu besorgen und diesem das Gut zu übergeben vermag bzw. den Selbsteintritt erklärt (BGH, VersR 71, 620f.; VersR 73, 1061; vgl. OLG Karlsruhe, VersR 65, 329; a. A. wohl Schlegelberger/Schröder, HGB, § 416 Anm. 7). Soll mit der Lagerung ein Zeitraum überbrückt werden, an dessen Ende der Auftraggeber Weisungen über die Versendung gibt, so liegt jedoch ein Lagergeschäft vor (BGH, VersR 71, 620f.). Erst recht gelten die §§ 416ff. HGB dort, wo bei Vereinbarung der Lagerung noch nicht feststeht, ob das Gut überhaupt versendet werden soll.

Für die von Spediteuren getätigten Lagergeschäfte gelten im allgemeinen die **ADSp.** Anm. 10
Gemäß § 2a ADSp (1978) kommen die ADSp im Verkehr mit Kaufleuten, juristischen Personen des öffentlichen Rechts und öffentlich-rechtlichen Sondervermögen grundsätzlich auch im Hinblick auf Lagergeschäfte zum Tragen. Eine Ausnahme gilt für den inländischen Möbeltransport im geschlossenen Möbelwagen sowie dort, wo die allgemeinen Lagerbedingungen des deutschen Möbeltransportes (ALB) (siehe dazu auch oben Anm. 3) eingreifen.

Da die ADSp nur im Verkehr mit Kaufleuten sowie mit juristischen Personen des öffentlichen Rechts bzw. mit öffentlich-rechtlichen Sondervermögen Anwendung finden sollen, greift gemäß § 24 I AGBG grundsätzlich nicht die allgemeine Regel über die Einbeziehung von AGB in den Vertrag (§ 2 AGBG) ein. Bei dem oben genannten Personenkreis, insbesondere bei den Kaufleuten, die Lagergeschäfte im Rahmen ihres Handelsgewerbes abschließen, kann davon ausgegangen werden, daß sie die ADSp und die darin niedergelegten Klauseln über Lagergeschäfte kennen müssen (vgl. BGH, MDR 77, 27; ferner Helm, oben § 415 Anm. 5ff.). Die ADSp werden daher normalerweise die HGB-Normen über das Lagergeschäft modifizieren, falls ein Spediteur auf dem Gebiet der Lagerei tätig wird. Ist der Vertragspartner ein Ausländer und betreibt er auch kein Speditionsgewerbe, so bedarf es freilich regelmäßig eines ausdrücklichen Hinweises, um die ADSp zum Vertragsbestandteil werden zu lassen (BGH, VersR 76, 1057; VersR 71, 620).

Werden Möbel eingelagert, so können die **Allgemeinen Lagerbedingungen des Deutschen Möbeltransportes** (ALB) zum Tragen kommen (der Text ist in Anh. II zu § 416 abgedruckt). Die Einbeziehung dieser Klauseln ist typischerweise anhand des § 2 AGBG zu beurteilen, da normalerweise das Umzugsgut nicht im Zusammenhang mit einer kaufmännischen Tätigkeit eingelagert wird. Die ältere Literatur und Rechtsprechung zur Einbeziehung der ALB in den Lagervertrag (BGHZ 3, 200; 9, 301; Senckpiehl, JR 50, 581; Stoldt, MDR 51, 141) ist durch § 2 AGBG weitgehend überholt.

Anm. 11

II. Güter

Güter im Sinne des § 416 HGB sind bewegliche Sachen (RGZ 20, 49). Die Sachen müssen nicht notwendig Gegenstand des Handelsverkehrs sein. Auch unveräußerliche bewegliche Gegenstände können im Sinne des § 416 HGB gelagert werden. Das gleiche gilt für Flüssigkeiten in Tanks, wenn dem Lagerhalter die Obhut obliegt (RGRKz HGB-Ratz, § 416 Anm. 10), sowie für lebende Tiere (Senckpiehl, Lagergeschäft, aaO, S. 17; a. A. Baumbach/Duden, HGB, § 416 Anm. 1 A; Düringer/Hachenburg/Lehmann, HGB, § 416 Anm. 3; RGRKz HGB-Ratz, § 416 Anm. 10; Heymann/Kötter, HGB, § 416 Anm. 2); denn auch Tiere können in die Obhut eines Dritten gegeben werden. Es wäre zu seltsam, in Fällen, in denen lebende Tiere in verschlossenen Behältnissen in die Obhut eines Lagerhalters gegeben werden (z. B. Fischtank, Geflügelkäfig), nur im Hinblick auf die Behältnisse ein Lagergeschäft anzunehmen (so RGRKz HGB-Ratz, § 416 Anm. 10; a. A. Schlegelberger/Schröder, HGB, § 416 Anm. 3). Wenn in der Denkschrift zum Entwurf eines HGB ((1897) S. 267) gesagt wird, daß bei der Einstellung lebender Tiere eine Lagerung nicht stattfinde, so wird verkannt, daß die erhöhte Pflegebedürftigkeit von Tieren weder zu den das Lagergeschäft kennzeichnenden Kriterien der Bereitstellung von Raum noch zur Obhut über das Gut im Widerspruch steht. Es ist auch heute nicht einzusehen, warum jemand, der gewerbsmäßig und nicht nur im Zusammenhang mit einem land- oder forstwirtschaftlichen Unternehmen die Verwahrung und Pflege lebender Tiere betreibt, nicht Lagerhalter und damit Kaufmann (§ 1 II Nr. 6, § 3 HGB) sein sollte.

Die Güter dürfen normalerweise nicht im **Eigentum** des Lagerhalters stehen (vgl. § 419 III HGB), jedenfalls nicht in das Eigentum des Lagerhalters übergehen (Schlegelberger/Schröder, HGB, § 416 Anm. 4). Eine Ausnahme gilt jedoch in den Fällen, in denen der Einlagerer sein Eigentum dem Lagerhalter lediglich zur Sicherheit übereignet hatte (Schlegelberger/Schröder, HGB, § 416 Anm. 7a; Heymann/Kötter, HGB, § 416 Anm. 2). Ferner ist es denkbar, daß der Lagerhalter im Nebengeschäft Waren bei sich einlagert, die er dem Einlagerer unter Eigentumsvorbehalt verkauft hatte. Hier treffen den Lagerhalter im Hinblick auf das Anwartschaftsrecht des Einlagerers die gleichen Pflichten, die ihn gegenüber einem Eigentümer treffen würden. Aber auch dort, wo der Lagerhalter dem Einlagerer gegenüber zum Besitz berechtigt ist, wird man den Abschluß eines atypischen Lagergeschäftes für möglich halten müssen.

Werden **Wertpapiere** eingelagert, so werden die §§ 416ff. HGB in aller Regel durch das DepG verdrängt. Das DepG greift gemäß § 1 II dort ein, wo einem Kaufmann im Betrieb seines Handelsgewerbes Wertpapiere unverschlossen zur Verwahrung gegeben werden (dazu Canaris, oben, Anh. § 357 Anm. 929ff.). Sollen die Wertpapiere verschlossen in Stahlschrankfächern aufbewahrt werden, so liegt Miete vor (siehe oben Anm. 8). Die §§ 416ff. HGB können deshalb lediglich bei der Lagerung von Wertpapieren in verschlossenen, tragbaren Behältnissen (z. B. Kartons) zum Tragen kommen (a. A. Heymann/Kötter, HGB, § 416 Anm. 2).

Anm. 12

III. Gewerbsmäßigkeit

Die Lagerung und Aufbewahrung von Gütern muß gewerbsmäßig übernommen worden sein. Dabei sind an die Gewerbsmäßigkeit die gleichen Anforderungen zu stellen, die für den Begriff des Handelsgewerbes in § 1 I HGB gelten (dazu oben, Brüggemann, § 1 Anm. 5ff.). Die Gewerbsmäßigkeit muß sich gerade auf die Lagerung und Aufbewahrung richten (BGH, NJW 51, 597). Die Lagerung darf also nicht lediglich die Nebenpflicht eines anderen Gewerbes (siehe oben Anm. 9) darstellen. Auch dort, wo die „Lagerung sowie Aufbewahrung" als Hauptpflicht des Geschäftes vereinbart worden waren, fehlt es an der Gewerbsmäßigkeit des Lagergeschäftes, falls die Lagerung und Aufbewahrung nur ab und zu übernommen werden (BGH, NJW 51, 597). Auf derartige Verträge finden lediglich die §§ 688ff. BGB Anwendung, wobei § 689 BGB durch § 354 HGB ergänzt wird. Dies gilt unabhängig davon, ob derjenige, der die Lagerung sowie Aufbewahrung verspricht, aus sonstigen Gründen Kaufmann ist oder nicht. Anders als das Kommissions- und Speditionsgeschäft (§§ 406 I, 415 HGB) kennt das HGB nämlich nicht den Typ des „Gelegenheits"-Lagerhalters. Das hat z. B. zur Konsequenz, daß der „Gelegenheits"-Lagerhalter kein Lagerpfandrecht erwirbt und keinen Lagerschein auszustellen imstande ist. Das Kriterium der Gewerbsmäßigkeit ist allerdings schon dann erfüllt, wenn die Lagerung und Aufbewahrung als Nebengewerbe betrieben wird. Es ist somit nicht erforderlich, daß sich der Lagerhalter ausschließlich dem Lagergeschäft widmet. – Unerheblich ist es, ob der Lagerhalter einen Gewerbebetrieb unterhält, der einen in kaufmännischer Weise eingerichteten Geschäftsbetrieb erfordert oder zur Gruppe der Minderkaufleute (§ 4 HGB) zählt.

IV. Übernahme

Anm. 13

Die Lagerung und Aufbewahrung übernehmen heißt, einen privatrechtlichen Vertrag abschließen. Daraus folgt, daß die §§ 416ff. HGB bei hoheitlichem Handeln nicht herangezogen werden können (z. B. im Hinblick auf die Tätigkeit des Gerichtsvollziehers, der Zollverwaltung; siehe dazu Palandt/Thomas, BGB, Einf. § 688 Anm. 4c). Freilich können die hoheitlich tätigen Behörden ihrerseits jederzeit privatrechtliche Lagerverträge mit Lagerhaltern abschließen.

V. Einlagerer

Anm. 14

Einlagerer kann jedermann sein. Er braucht dazu kein Kaufmann zu sein; ebensowenig braucht er ein eigenes rechtliches Interesse an dem Gut zu besitzen (BGH, VersR 55, 628). Für die Frage, wer Einlagerer ist, kommt es ferner weder darauf an, wer das Gut übergeben hat, noch wer Eigentümer ist, sondern allein darauf, wer nach den Vertragsbeziehungen Einlagerer sein soll (BGH, WM 60, 877). (Siehe auch unten Anm. 21).

C. Die Rechtsbeziehungen zwischen Lagerhalter und Einlagerer

I. Rechtsbeziehungen vor Abschluß eines Vertrages

Anm. 15

Der Lagerhalter hat vor Abschluß eines Vertrages den im Rahmen der **c. i. c.** entwickelten **Schutzpflichten** nachzukommen. Sie spielen vor allem dort eine Rolle, wo dem Lagerhalter zusammen mit einem Angebot zum Abschluß eines Lagervertrages Güter zugesandt werden, der Lagerhalter aber nicht gewillt ist, die Einlagerung zu übernehmen. Der Lagerhalter muß dann mit der Sorgfalt eines ordentlichen Kaufmannes für die vorübergehende Aufbewahrung sorgen (a. A. Senckpiehl, Lagergeschäft, aaO, S..48). Eine Parallele zur Zusendung unbestellter Ware (dazu Palandt/Heinrichs, BGB, § 145 Anm. 1; Palandt/Bassenge, BGB, vor § 987 Anm. 1c) kann nicht in der Form gezogen werden, daß der Lagerhalter eine Haftungsminderung auf grobes Verschulden bzw. auf Sorgfalt wie in eigenen Angelegenheiten für sich zu beanspruchen vermag; denn der Lagerhalter übt ein Gewerbe aus, kraft dessen er damit rechnen muß, daß ihm Güter zugehen, bevor ein Vertrag abgeschlossen ist. Daran ist ein Lagerhalter auch regelmäßig interessiert. Allerdings wird man dem Lagerhalter die Berufung auf Haftungsausschlüsse gestatten müssen, die in seinen allgemein gebräuchlichen AGB enthalten sind, da ein Einlagerer aller Wahrscheinlichkeit nach bei einem vor der Einlagerung zustandegekommenen Vertrag nicht besser gestanden wäre (so wohl auch Schlegelberger/Schröder, HGB, § 416 Anm. 8b). Der Lagerhalter hat für eine Verletzung der Schutzpflichten durch seine Erfüllungsgehilfen einzustehen (§ 278 BGB). – Daneben kommt ein Anspruch aus **§§ 823 I, 831, 989ff. BGB** in Betracht. Ein Lagerhalter ist kraft seines Gewerbes ohne Rücksicht auf die vertraglichen Beziehungen verpflichtet, fremdes Eigentum, das im Rahmen des Gewerbes in seine Obhut gelangt ist, sorgfältig zu behandeln (BGH, NJW 53, 1180 (1182); Schlegelberger/Schröder, HGB, § 416 Anm. 5c, 8b).

Anm. 16 **§ 6 II ADSp** (Text: Anh. I zu § 416) ordnet an, daß keine Partei für Schäden verantwortlich sein soll, die nur infolge mündlicher Aufträge eingetreten sind, es sei denn, daß sie von einer Seite schriftlich bestätigt worden sind. Entsprechendes gelte grundsätzlich für die Übergabe von Schriftstücken oder Gütern an dazu nicht bestellte oder bevollmächtigte Personen, es sein denn, daß von einer Vollmacht ausgegangen werden durfte. Diese Neufassung des § 6 ADSp hält sich im Rahmen des Angemessenen (§ 9 AGBG). Der Lagerhalter hat ein berechtigtes Interesse daran, daß ihm Aufträge schriftlich erteilt werden, damit sie nicht so leicht in Vergessenheit geraten. Der Einlagerer wird dadurch nicht allzu sehr belastet, da er dort, wo er dringende Aufträge telephonisch durchgibt, ein Bestätigungsschreiben nachreichen kann. Allerdings wird man dem Einlagerer in einer solchen Konstellation nicht noch die Beweislast dafür auferlegen dürfen, daß das Schriftstück dem Lagerhalter zugegangen ist. Die Schriftform im Sinne des § 6 ADSp ist nach dessen Zweck auch in Fällen gewahrt, in denen dem Lagerhalter telegraphische oder fernschriftliche Aufträge zugehen (a. A. wohl Krien, Speditions- und Lagerrecht, § 6 ADSp Anm. 1). Im übrigen trifft den Lagerhalter gegebenenfalls die Pflicht zur Rückfrage (§ 6 II 3 ADSp).

Anm. 17 Der Lagerhalter ist grundsätzlich nicht verpflichtet, mit dem Einlagerer einen Lagervertrag abzuschließen. Nimmt er eine marktbeherrschende Stellung ein oder ist der Einlagerer als Unternehmen von ihm abhängig, so kann er gemäß §§ 26 II GWB, 826 BGB einem **Kontrahierungszwang** unterworfen sein.

Anm. 18

II. Zustandekommen des Lagervertrages

Der Vertrag kommt formlos zustande. Angebot sowie Annahme können konkludent erklärt werden; die Annahme eines Angebotes zum Abschluß eines Lagervertrages wird regelmäßig in Erfüllungshandlungen (Einlagerung; Reservierung von Lagerräumen) liegen (§ 151 BGB), da der Einlagerer normalerweise auf den Zugang einer Annahmeerklärung konkludent verzichtet haben wird. So kann ein Lagerhaltervertrag dadurch begründet werden, daß eine Reederei als Lagerhalter die am Kai gelöschte Ware im Auftrag des Einlagerers in Besitz nimmt oder längere Zeit gegen Berechnung von Lagergeld am Kai liegen läßt (OLG Hamburg, HansGZ 1922, 133). Hingegen wird man normalerweise keinen stillschweigenden Abschluß eines Vertrages mit der Hauptleistung „Lagerung und Aufbewahrung" unterstellen dürfen, wenn sich die Versendung der bei einem Spediteur lagernden Güter verzögert hat (a. A. wohl Schlegelberger/Schröder, HGB, § 416 Anm. 7). Der Einlagerer braucht nicht Eigentümer des Gutes zu sein.

Zu beachten ist das **Schriftformerfordernis** in § 5a ADSp bei der Einlagerung gefährlicher Güter. Dazu unten Anm. 60f. Im übrigen ist gemäß § 6 II ADSp (abgedr. Anh. I zu § 416 HGB) das Zustandekommen eines Lagervertrages nicht davon abhängig, daß die Vereinbarung schriftlich erfolgt. Gemäß § 6 II ADSp trägt freilich derjenige, der seine Willenserklärung nur mündlich oder konkludent abgibt und sie nicht später schriftlich bestätigt, die Gefahr von Schäden, die daraus resultieren, daß der Auftrag nicht ausgeführt wird (s. dazu oben Anm. 16). Gleiches gilt grundsätzlich in den Fällen, in denen die Erklärungen oder Schriftstücke an dazu nicht bestellte oder bevollmächtigte Personen übergeben werden (§ 6 II ADSp).

Nach herrschender Meinung kann der Vertrag trotz **Schweigens** des Lagerhalters zustandekommen, falls der Lagerhalter mit dem Einlagerer in Geschäftsverbindungen stand (§ 362 I HGB; BGH, NJW 66, 1967; Canaris, oben, § 362 Anm. 6; Schlegelberger/Schröder, HGB, § 416 Anm. 8; Baumbach/Duden, HGB, § 416 Anm. 3B; Düringer/Hachenburg/Lehmann, HGB, vor § 416 Anm. 4; a. A. RGRKz HGB-Ratz, § 416 Anm. 6). Der herrschenden Meinung ist im Ergebnis zuzustimmen. Zwar ist der Lagervertrag **kein Geschäftsbesorgungsvertrag** im Sinne des § 675 BGB (RGRKz HGB-Ratz, § 416 Anm. 6; Krien, Speditions- und Lagerrecht, § 5 ADSp Anm. 18a); denn das Lagergeschäft wird anders als z. B. das Kommissionsgeschäft nicht durch einen intersubjektiv unüberprüfbaren Ermessensspielraum des Lagerhalters geprägt, innerhalb dessen der Lagerhalter die Interessen des Einlagerers auf bestmögliche Weise wahrzunehmen hat (vgl. Koller, BB 79, 1727). Dem Lagerhalter obliegt es im wesentlichen, Raum für die Lagerung des Gutes bereitzustellen und es mit verkehrsüblicher Sorgfalt vor Schäden zu bewahren. Geschäftsbesorgungselemente, die im Lagervertrag enthalten sind, treten demgegenüber nahezu gänzlich zurück. Der Begriff der Geschäftsbesorgung in § 362 I HGB ist jedoch weiter als in § 675 BGB zu interpretieren, da § 362 HGB bei Geschäften, die eine vorübergehende Tätigkeit für einen anderen mit sich bringen, an die kaufmännische Verkehrssitte anknüpft, das Schweigen als Annahmeerklärung zu werten (vgl. Canaris, oben, § 362 Anm. 3). Zu dieser Art von Tätigkeit gehört auch die Lagerhaltung (ebenso i. E. Krien, aaO, § 5 ADSp Anm. 18a, vor § 6 ADSp Anm. 1d; Sellschopp, Vertragliche Haftung des Lagerhalters, Diss. Hamburg 1974, S. 77f.). **Anm. 19**

Zu den Sonderproblemen, die im Zusammenhang mit der Einlagerung gefährlicher Güter auftauchen, vgl. unten Anm. 36.

Der Lagervertrag kommt unabhängig davon zustande, ob dem Lagerhalter das einzulagernde Gut bereits übergeben worden war. Der Lagervertrag ist kein Real-, sondern ein **Konsensualvertrag** (BGH, NJW 66, 1968; Schlegelberger/Schröder, HGB, § 416 Anm. 6; Baumbach/Duden, HGB, § 416 Anm. 3B; a. A. RGRKz HGB-Ratz, § 416 Anm. 5; Heymann/Kötter, HGB, § 416 Anm. 3). In Fällen, in denen die Parteien die Lagerung im Hinblick auf bestimmte Güter vereinbaren und die Konditionen festlegen, wäre es ein gänzlich überflüssiger Umweg, müßte erst ein Vorvertrag abgeschlossen werden, dessen Bruch schadensersatzpflichtig macht. Es besteht weder aus der Sicht des Lagerhalters noch aus der des Einlagerers ein Bedürfnis, die Wirkungen des Lagervertrages erst mit der Übergabe des Gutes entstehen zu lassen. Daß die Hauptpflicht des Lagerhalters vor Übergabe des Gutes noch nicht zum Tragen kommt (BGH, DB 75, 831), ist unschädlich. Die Rechtsnatur eines Vertrages als Werkvertrag wird auch nicht deshalb in Frage gestellt, weil der Unternehmer mangels Lieferung des Leistungssubstrates (noch) außerstande ist, den versprochenen Erfolg herbeizuführen. **Anm. 20**

Der Lagervertrag kann von jedem Kaufmann oder **Nichtkaufmann,** nicht etwa nur von dem Besitzer oder Eigentümer des Gutes abgeschlossen werden. Es gilt hier volle Vertragsfreiheit. Deshalb braucht der Einlagerer keinerlei eigenes rechtliches Interesse an dem Gut zu besitzen (BGH, VersR 55, 628). Es ist Sache der Parteien, zu bestimmen, wer Einlagerer werden soll (BGH, WM 60, 877f.). Es kann also durchaus sein, daß derjenige, der das Gut übergibt, den Lagerhalter lediglich auffordert, mit einem Dritten einen Lagervertrag abzuschließen. Denkbar ist auch, daß derjenige, der das Gut übergeben hat, in Vertretung eines Dritten (§ 164 BGB) gehandelt oder einen Vertrag zugunsten Dritter (§ 328 BGB) geschlossen hat. In der zuletzt genannten Konstellation wird aus dem Vertrag nur der Einlieferer verpflichtet, da Verträge zu Lasten Dritter nicht getätigt werden können. **Anm. 21**

Anm. 22

III. Pflichten des Lagerhalters

Der Lagervertrag ist die auf die Bedürfnisse des Handelsverkehrs zugeschnittene Form des **Verwahrungsvertrages.** Neben den §§ 417ff. HGB greifen deshalb die §§ 688ff. BGB ein, soweit diese nicht durch die §§ 417ff. HGB verdrängt werden oder zu Wertungen im Widerspruch stehen, die in den §§ 417ff. HGB zum Ausdruck gekommen sind. Er ist jedoch kein Geschäftsbesorgungsvertrag, so daß nur ausnahmsweise geschäftsbesorgungsrechtliche Elemente zum Tragen kommen.

Neben den Regeln des dispositiven Rechts sind vielfach die **Allgemeinen Geschäftsbedingungen** des Lagerhalters zu beachten. Hier kommen in erster Linie die ADSp und ALB in Betracht (zu deren Einbeziehung in den Vertrag s. oben Anm. 10).

Anm. 23

1. Adressat der Pflicht

Adressat der Pflichten ist der Lagerhalter. Das ist derjenige, der dem Einlagerer im eigenen Namen versprochen hat, die Güter in Obhut zu nehmen. Dabei ist es völlig unerheblich, ob der Lagerhalter in Kenntnis des Einlagerers von Anfang an beabsichtigte, die Güter bei einem dritten Lagerhalter einzulagern (s. dazu unten Anm. 32). Weiß der Einlagerer, daß der Lagerhalter die Ware nicht auf das eigene Lager nehmen will, so kann dies freilich für die Vereinbarung einer uneigentlichen Kommission sprechen (§ 406 I HGB).

Anm. 24

2. Lagerung und Aufbewahrung

§ 416 HGB spricht von der Übernahme der „Lagerung und Aufbewahrung". Dem ergänzend heranziehbaren § 688 BGB zufolge liegt die Hauptpflicht des Verwahrers in der Aufbewahrung. Danach hat der Lagerhalter das Gut so zu lagern, daß keine mit zumutbarem Aufwand vermeidbaren Substanzveränderungen entstehen oder auch nur der dringende Verdacht solcher Substanzveränderungen auftaucht. Darüber hinaus hat er das Gut mit zumutbaren Mitteln vor dem rechtswidrigen Zugriff Dritter zu bewahren. Dagegen braucht der Lagerhalter grundsätzlich nicht auf die Substanz des Gutes selbst einzuwirken, um es vor Schäden zu bewahren (arg. e. §§ 417 II, 418 HGB). Im einzelnen bedeutet das:

Anm. 25

a) Art der Lagerung

Der Lagerhalter hat die Räumlichkeiten und Lagereinrichtungen in erster Linie so auszuwählen, wie dies der Parteivereinbarung entspricht (beachte § 43 ADSp, abgedr. Anh. I zu § 416; dazu § 417 Anm. 23). Danach kann z. B. verabredet sein, daß das Gut in freien oder in geschlossenen Räumen bzw. vermischt mit anderen Gütern zu lagern ist. Kraft seiner Fach- und Sachkunde hat der Lagerhalter den Einlagerer, der augenscheinlich über unzureichende Informationen verfügt, aufzuklären und zu beraten. So muß er den Einlagerer, der eine unübliche Form der Lagerung wünscht, darüber informieren, daß hierdurch die Gefahr von Schäden erhöht wird. Er hat den Einlagerer auch darüber **aufzuklären,** daß er mit der von ihm bestimmten Art der Lagerung nicht den angestrebten Sicherheitsstandard erreichen könne. Wenn der Lagerhalter zu erkennen imstande ist, daß das Gut nicht so verpackt ist, daß es bei der gewünschten Form der Lagerung gegen die üblichen Risiken geschützt ist, oder daß der angestrebte Sicherheitsstandard erreicht wird, hat er den Einlagerer vor Vertragsschluß hierauf hinzuweisen oder, falls er nur verpflichtet ist, verpacktes Gut einzulagern, das Gut zurückzuweisen. Unterläßt es der Lagerhalter, den Einlagerer aufzuklären, so ist er wegen c. i. c. schadensersatzpflichtig. Zur Änderung der vereinbarten Aufbewahrung vgl. unten Anm. 42.

Haben die Parteien **nichts über die Art der Lagerung vereinbart,** so ist es Sache des Lagerhalters, die Art der Lagerung zu bestimmen. Das heißt freilich nicht, daß es im Belieben des Lagerhalters stünde, wie er das Gut unterbringt. Er hat es vielmehr so zu lagern, daß Schäden, die vorhersehbar sind und die mit zumutbarem Aufwand vermieden werden können, nicht eintreten können (vgl. Sellschopp, Die vertragliche Haftung des Lagerhalters, Diss. Hamburg 1974, S. 30). Anders ausgedrückt: Der Einlagerer darf erwarten, daß die Lagerräume und -vorrichtungen diejenigen Eigenschaften aufweisen, die im Hinblick auf sein erkennbares Interesse, das Gut sicher zu lagern, erforderlich sind, und die üblicherweise mit zumutbarem Aufwand realisiert werden können (anders wohl BGH, WM 74, 436ff., der die Zumutbarkeit erst im Rahmen des Verschuldens des Lagerhalters prüft). Dabei kommt es nicht darauf an, ob gerade der konkrete Lagerhalter imstande ist, für ausreichende Lagerbedingungen zu sorgen. Maßgeblich ist vielmehr, welche optimalen Lagerbedingungen ein ordentlicher Lagerhalter zu schaffen vermag, wenn er zu diesem Zweck zumutbaren Aufwand treibt oder getrieben hat. Die vom Lagerhalter geschuldete Leistung ist demnach insoweit strukturell mit der Miete vergleichbar. Die Frage, wie die Lagerräume und -vorrichtungen auszustatten sind, ist somit nach denselben Kriterien zu beantworten, nach denen zu entscheiden ist, ob ein Mietobjekt diejenigen Eigenschaften aufweist, die es zum vertragsgemäßen Gebrauch tauglich machen. Allerdings ist in diesem Zusammenhang festzuhalten, daß der Lagerhalter jederzeit berechtigt ist, eine mindere Ausstattung der Lagerräume durch erhöhte Anstrengungen bei der Kontrolle und konkreten Gefahrenabwehr zu kompensieren. **Anm. 26**

Erreichen die Lagerbedingungen den hiernach festgesetzten Standard, so steht es dem Lagerhalter frei, wie er das Gut unterbringt. Er ist, falls er die Wahl zwischen mehreren angemessenen Lagermöglichkeiten besitzt, insbesondere nicht gehalten, das Gut dort einzulagern, wo es am besten geschützt ist. Das gilt jedenfalls in den Fällen, in denen ein festes Entgelt für die Lagerung vereinbart ist, das von der Art, wie der Lagerhalter tatsächlich lagert, unabhängig ist. Von dieser Form der Vergütung geht § 420 I HGB aus. Der Lagerhalter ist kein Geschäftsbesorger, der dem Einlagerer die bestmöglichen, im Moment erhältlichen Lagermöglichkeiten zu verschaffen hat (vgl. auch oben Anm. 19).

Die vom Lagerhalter geschuldete Qualität der Lagerräumlichkeiten wird maßgeblich durch das Kriterium der **vorhersehbaren Gefahren und des zumutbaren Aufwandes** bestimmt, den ein ordentlicher Lagerhalter einsetzen muß, um den gewünschten Qualitätsstandard zu erreichen (vgl. BGH, WM 74, 436f.). Hierbei ist zu beachten, daß von einem Lagerhalter nicht das Wissen um die Eigenschaften des Gutes erwartet werden kann, das der Hersteller oder ein Händler besitzt (vgl. Senckpiehl, Lagergeschäft, aaO, S. 116). Das Kriterium der Zumutbarkeit ist primär am Maßstab der **Verkehrsüblichkeit,** also anhand dessen zu konkretisieren, was in ordentlichen Lagerhalterkreisen als angemessener Schutz empfunden wird oder danach, was Handelsbrauch (§ 346 HGB) ist. Die Beachtung der verkehrsüblichen Lagermethoden liefert freilich nur ein gewichtiges Indiz dafür, daß der Lagerhalter ordentlich gelagert hat. Bei der Prüfung der Angemessenheit fallen insbesondere folgende Umstände ins Gewicht: Mit Sicherheit brauchen die Lagervorrichtungen **nicht** immer einen **absoluten Schutz** gegen Schäden zu gewähren (mißverständlich Heymann/Kötter, HGB, § 417 Anm. 1). Der Lagerhalter stellt schon dann angemessene Lagervorrichtungen bereit, wenn sie verkehrsüblichen Standards entsprechen und die zu erwartenden Schäden geringer sind als die Kosten, die ihre Verhinderung nach sich ziehen würde. Zu denken ist hier etwa an Lagervorrichtungen, die den Ungezieferbefall (vgl. BGH, WM 74, 436; KG, BB 73, 446) mit an Sicherheit grenzender Wahrscheinlichkeit unterbinden. Der Lagerhalter hat, weil er zwischen dem Ausmaß der erkennbar (BGH, WM 74, 436, 438) drohenden Schäden und dem zur Sicherung vor Schäden notwendigen Aufwand abzuwägen hat, grundsätzlich immer den ihm erkennbaren Wert und die spezifische Schadensanfälligkeit des Gutes zu **Anm. 27** berücksichtigen. Dort, wo freilich erkennbar nur eine Lagerung im Rahmen **typisierter Geschäftsabwicklung** in Betracht kommt (vgl. Senckpiehl, Lagergeschäft, aaO, S. 84, 116), hat der Einlagerer dafür zu sorgen, daß das Gut so **verpackt** ist, daß es die verkehrsübliche Art der Einlagerung übersteht. In solchen Konstellationen hat der Lagerhalter, sofern erforderlich, den Einlagerer auf der Grundlage der von ihm zu erwartenden Kenntnisse über die zweckmäßige Verpackung zu **informieren.** In besonderen Situationen, in denen kein besserer Lagerraum zur Verfügung steht und dem Einlagerer augenscheinlich dringend an der Einlagerung gelegen ist, hat man dem Lagerhalter zu erlauben, auf Lagerräume zurückzugreifen, die nicht den verkehrsüblichen Standards entsprechen (vgl. den vom BGH (LM Nr. 1 zu § 417 HGB) geschilderten Sachverhalt). Auch hier wird man jedoch vom Lagerhalter verlangen können, daß er den Einlagerer ausreichend berät. – Der Lagerhalter hat dafür zu sorgen, daß die einmal geschuldete **Qualität der Lagerbedingungen erhalten bleibt.** Steigt der hierzu erforderliche Aufwand, so trägt der Lagerhalter die Kosten, falls die Steigerungsursachen im Bereich des Vorhersehbaren gelegen waren (vgl. unten Anm. 68).

Anm. 28 Gemäß **§ 13 ADSp** (abgedr. oben § 415 Anh. I) darf der Spediteur (und Lagerhalter) mangels ausreichender oder ausführbarer Weisungen unter Wahrung der Interessen des Auftraggebers nach seinem Ermessen handeln. Entgegen Schlegelberger/Schröder, HGB, § 416 Anm. 17 braucht man diese Vorschrift im Hinblick auf die Auswahl der Lagerräume und -vorrichtungen nicht dahin zu interpretieren, daß der Lagerhalter wie ein Geschäftsbesorger die Interessen des Einlagerers bestmöglich zu verwirklichen hat, da der Einlagerer nur Anspruch auf einen bestimmten Standard der Lagervorrichtungen besitzt, den der Lagerhalter als Mindeststandard zu gewährleisten hat (vgl. Sellschopp, Vertragliche Haftung, aaO, S. 30). Der Lagerhalter ist im Hinblick auf die Lagervorrichtungen kein Geschäftsbesorger (s. oben Anm. 19). Er kann deshalb, falls er angemessene Lagermöglichkeiten bereitgestellt hat, frei seine Interessen verfolgen. Übernimmt der Lagerhalter daneben Geschäftsbesorgungsaufträge, so kann das Ermessen im Sinne des § 13 ADSp freilich nur als pflichtgemäßes Ermessen gedeutet werden.

Anm. 29 **b) Kontrolle**

Der Lagerhalter hat dafür zu sorgen, daß sich die Lagerbedingungen **nicht** zum Nachteil des Einlagerers **verschlechtern.** Er hat deshalb die Lagerräume und -vorrichtungen **laufend zu kontrollieren** (BGH, LM Nr. 1 zu § 417 HGB). Entgegen der Ansicht des BGH (aaO; so auch Senckpiehl, Lagergeschäft, aaO, S. 85) darf sich die Kontrolle grundsätzlich nicht darauf beschränken, bei Rundgängen nachzusehen, ob dem Gut erhöhte Gefahren drohen. Der Lagerhalter muß zumindest dort, wo sich erfahrungsgemäß Gefahrenherde entwickeln, in angemessenem Umfang besondere **Aktivitäten entwickeln,** z. B. das Gut zur Seite rücken (OLG Celle, VersR 58, 439; a. A. wohl Schlegelberger/Schröder, HGB, § 416 Anm. 13; anders aber § 417 Anm. 4). Die Kontrolle muß sich auf **Eigenschaften des Gutes** nur insoweit erstrecken, als diese äußerlich erkennbar sind und eine Verschlechterung der geschuldeten Lagerbedingungen signalisieren. § 10 der Allgemeinen Lagerbedingungen des Möbeltransportes (ALB) ist einschränkend zu interpretieren (§ 5 AGB-Gesetz). Die abweichende Entscheidung des BGH (LM Nr. 1 zu § 417 HGB) ist aus der besonderen Situation der Einlagerung von Möbeln in Notlagerräumen zu verstehen. Die Kontrollpflichten des Lagerhalters erstrecken sich nicht auf die Qualität des eingelagerten Gutes. Der Lagerhalter braucht deshalb das Gut nicht daraufhin zu untersuchen, ob es sich in innerem Verderb befindet. Soweit er freilich im Zusammenhang mit der Kontrolle der Lagerbedingungen Veränderungen des Gutes bemerken kann, ist er verpflichtet, dies dem Einlagerer mitzuteilen (§ 417 II 1 HGB).

c) Schutz- und Erhaltungsmaßnahmen

Anm. 30

Der Lagerhalter hat ständig mit zumutbarem Aufwand das Gut in seiner Integrität zu schützen und vor dem rechtswidrigen Zugriff Dritter zu bewahren. Er hat insbesondere für dessen **Bewachung** zu sorgen, falls die baulichen Einrichtungen nicht ausreichende Sicherheit gewähren (RGZ 101, 348). Desgleichen hat er **Ungeziefer** zu bekämpfen (vgl. OLG Celle, VersR 74, 129; KG, BB 73, 446; offengelassen BGH, WM 74, 436; a. A. Senckpiehl, Lagergeschäft, aaO, S. 112). Für den **Brandfall** hat er ausreichend vorzusorgen (vgl. Senckpiehl, aaO, S. 110f., der allerdings die Anforderungen zu niedrig ansetzt) und bei Ausbruch eines Brandes unverzüglich Abwehrmaßnahmen einzuleiten. Stellt er fest, daß ein eingelagertes Gut starke **Gerüche** abgibt, die von anderen Gütern angenommen werden könnten, so muß er die Güter separieren. Bei **wärmeempfindlichem** Gut muß der Lagerhalter dort, wo dies verkehrsüblich ist oder im Einzelfall vom Einlagerer erwartet werden darf, für ausreichende Kühlung sorgen. Entsprechendes gilt für **kälteempfindliche** Güter. Unter Umständen hat der Lagerhalter auch für die **Erhaltung des Gutes** zu sorgen, falls das Gut erkennbar laufend in Form von Einzelmaßnahmen betreut werden muß und die Erhaltungsmaßnahmen zumutbar sind (vgl. Staudinger/Nipperdey, BGB, § 694 Anm. 10; einschränkend Heymann/Kötter, HGB, § 417 Anm. 1). Die Erhaltungsmaßnahmen sind hierbei von den Maßnahmen der Obhut nicht allein dadurch abzuschichten, daß man darauf abstellt, ob die abzuwehrende Gefahr in der Natur des Gutes selbst liegt (so aber Senckpiehl, Lagergeschäft, aaO, S. 82; Sellschopp, Haftung, aaO, S. 29 m. Nachw.). Andernfalls bräuchte der Lagerhalter Brandschäden nicht zu verhindern, weil auch die Brennbarkeit von Gütern auf Eigenschaften des Gutes beruht. Das entscheidende Differenzierungskriterium liegt allein darin, welche Schutzvorkehrungen dem Lagerhalter zugemutet werden können. In diesem Zusammenhang kann die Tendenzaussage gemacht werden, daß es dem Lagerhalter eher zuzumuten ist, die das Gut von außen beeinflussenden Lagerbedingungen so zu gestalten, daß sich die Eigenschaften des Gutes nicht zu deren Nachteil verändern, als unmittelbar auf die Substanz des Gutes einzuwirken; denn Maßnahmen, die unmittelbar auf die Substanz der Güter einwirken, setzen in aller Regel so große Warenkenntnis voraus, daß sie von einem Lagerhalter nicht erwartet und ihm daher auch nicht zugemutet werden können.

Gemäß **§ 43 lit. c ADSp** (abgedr. Anh. I zu § 416) soll eine Verpflichtung des Lagerhalters zur **Sicherung und Bewachung** von Lagerräumen nur insoweit bestehen, als es sich um seine eigenen oder von ihm gemietete Lagerräume handelt und die Sicherung und Bewachung unter Berücksichtigung aller Umstände geboten und ortsüblich ist. Der Lagerhalter soll danach seiner Bewachungspflicht schon dann genügen, wenn er bei der Anstellung oder Annahme von Bewachung die nötige Sorgfalt angewandt hat. § 6 II der ALB (abgedr. Anh. II zu § 416) stellt den Einlagerer etwas besser. – Gegen diese Klauseln bestehen einige Bedenken. Die Einschränkungen anhand des „unter Berücksichtigung aller Umstände gebotenen" und des „ortsüblichen" sind unklar; denn es ist nicht ganz sicher, ob damit eine Absenkung der Pflichtintensität unter den Maßstab der verkehrserforderlichen Sorgfalt gewollt ist. Diese Unklarheit geht zu Lasten des Lagerhalters (§ 5 AGB-Gesetz), so daß der Lagerhalter gemäß § 43 lit. c ADSp eine Bewachung schuldet, soweit sie verkehrserforderlich ist. Fragwürdig ist auch die Regelung, derzufolge der Lagerhalter dann, wenn er die Güter nicht in seinen eigenen oder von ihm gemieteten Räumen lagert, nur für die nötige Sorgfalt bei der Anstellung oder Annahme von Bewachung einzustehen hat. Zweifelhaft ist schon, was „Annahme der Bewachung" bedeutet. Da Zweifel zu Lasten des Lagerhalters gehen (§ 5 AGB-Gesetz), wird man unter „Annahme der Bewachung" zumindest auch die Sachgemäßheit der Bewachung sowie eine laufende Kontrolle zu verstehen haben (ebenso i. E. Schlegelberger/Schröder, **Anm.** 31

HGB, § 416 Anm. 25a). Selbst von diesem Standpunkt aus erscheint die Freizeichnung noch als unangemessen. Der Lagerhalter hat sich nämlich zur Obhut und damit gegebenenfalls auch zur Bewachung verpflichtet. Er darf diese Kardinalpflicht (MünchKomm-Kötz, BGB, § 9 AGBG Anm. 13) nicht ohne weiteres dadurch beiseiteschieben, daß er das Gut in fremde Lagerräume einbringt. Das zur Bewachung angestellte Personal ist deshalb ungeachtet dieser Form der Einlagerung sein Erfüllungsgehilfe (§ 278 BGB). Er allein hat die Möglichkeit, das Risiko, das die Einschaltung von Erfüllungsgehilfen mit sich bringt, zu steuern und dessen Intensität abzuschätzen (vgl. MünchKomm-Kötz, BGB, § 9 AGBG Anm. 9). Selbst wenn man berücksichtigt, daß dem Lagerhalter häufig beträchtliche Werte übergeben werden, so ist doch zu beachten, daß der Lagerhalter seine Haftung dem Ausmaß nach beschränkt hat. Von daher erscheint auch in Anbetracht der Handelsbräuche zumindest ein Haftungsausschluß für grobes Verschulden des zur Bewachung eingesetzten Personals als unangemessen (§ 9 AGB-Gesetz), gleichgültig, ob es sich dabei um Arbeitnehmer des Lagerhalters oder um selbständige Unternehmer und deren Arbeitnehmer handelt (vgl. auch Koller, VersR 80, 3, 6). Aus § 52 ADSp (abgedr. Anh. I zu § 416) kann deshalb ebenfalls keine Haftungseinschränkung hergeleitet werden (MünchKomm-Kötz, BGB, § 11 AGBG Anm. 64; Schlosser/Coester-Waltjen, AGBG, § 11 Nr. 7 Anm. 84; zurückhaltender Hensen, in: Ulmer/Brandner/Hensen, AGBG, 3. Aufl., Anh. §§ 9–11 Anm. 22; a. A. Schlegelberger/Schröder, HGB, § 416 Anm. 25a). Ob etwas anderes gilt, wenn der Schaden ausreichend versichert oder versicherbar war, wird unten (§ 417 Anm. 19) eingehender behandelt (vgl. auch Helm, VersR 77, 589; Koller, VersR 80, 8).

Anm. 32 **d) Ort der Lagerung**

Soweit keine besonderen Vereinbarungen getroffen sind, kann der Lagerhalter in dem Rahmen, in dem die Lagerverhältnisse eine vertragsgemäß sichere Aufbewahrung des eingelagerten Gutes gewährleisten, grundsätzlich den Ort der Lagerung frei wählen. Er muß aber das Interesse des Einlagerers berücksichtigen, das Gut zu besichtigen und darüber ohne Schwierigkeiten verfügen zu können. Dieser Umstand wird regelmäßig einer Lagerung an einem anderen Platz als der Niederlassung des Lagerhalters entgegenstehen.

Im übrigen muß der Lagerhalter das Gut nicht notwendig in eigenen Räumen aufbewahren. Zulässig ist auch eine Aufbewahrung in **gemieteten Räumen,** wobei den Vermieter nach den Grundsätzen des Vertrages mit Schutzwirkung für Dritte eine Haftpflicht treffen kann (BGH, WM 70, 127). Er darf es auch bei einem dritten Lagerhalter zur Aufbewahrung geben (vgl. BGH, NJW 53, 744; Schlegelberger/Schröder, HGB, § 416 Anm. 16). Der Lagerhalter darf die Aufbewahrung und Obhut indessen nicht ohne weiteres **selbständigen Lagerhaltern** übertragen, die als Substituten tätig werden. § 691 BGB, der auch für das Lagergeschäft gilt (RGRKz HGB-Ratz, § 417 Anm. 8; Heymann/Kötter, HGB, § 417 Anm. 1; Sellschopp, Haftung, aaO, S. 104f.; a. A. Senckpiehl, Das Lagergeschäft nach deutschem Recht (1914), S. 19f.), verbietet, das Gut Dritten gänzlich anzuvertrauen. Das Lagergeschäft ist angesichts der Gefahren, die dem Gut drohen können, ein Vertrauensgeschäft. Der Einlagerer, der sein Gut den Lagerrisiken exponiert hat, vertraut darauf, daß gerade der von ihm ausgewählte Lagerhalter das Gut ordnungsgemäß lagert und auch sonst den Pflichten eines ordentlichen Lagerhalters nachkommt. Das Lagergeschäft ist jedoch kein höchstpersönliches Geschäft. Der Lagerhalter kann deshalb jederzeit mit **Erfüllungsgehilfen** arbeiten (Heymann/Kötter, HGB, § 417 Anm. 1). Er muß nur dafür sorgen, daß sich deren Tätigkeit nach den von ihm gesetzten Maßstäben vollzieht. Schaltet er vertragswidrig und schuldhaft selbständige Lagerhalter ein, die nur dem Einlagerer verantwortlich die Lagerbedingungen zu steuern haben, so ist er für jeden Schaden verantwortlich, der beim dritten Lagerhalter eingetreten ist und bei ihm selbst nicht eingetreten wäre. Das gilt auch dann, wenn der dritte Lagerhalter den Schaden nicht verschuldet hat; denn das Vertrauen des Einlagerers erstreckt sich auch darauf, daß der von ihm eingeschaltete Lagerhalter möglicherweise über das verkehrserforderliche Maß hinaus günstige Lagerbedingungen zu schaffen vermag (ebenso i. E. Schlegelberger/Schröder, HGB, § 416 Anm. 16).

Die Parteien können jederzeit vereinbaren, daß der Lagerhalter dritte Lagerhalter als **Substituten** einschalten darf. Dies kann auch stillschweigend geschehen. Ist die Aufbewahrung durch einen Dritten gestattet, so hat der Verwahrer gemäß § 691 S. 2 BGB nur für ein Verschulden bei der Auswahl des Dritten und der Aushändigung des Gutes an ihn einzustehen. Ist dem Lagerhalter vertraglich gestattet, die Lagerung auf einen Substituten zu übertragen, so muß er von diesem Recht nicht Gebrauch machen, falls er das Gut bei einem dritten Lagerhalter einlagert. Er kann die Einlagerung weiter als eigene behandeln und sich des Dritten lediglich als Erfüllungsgehilfen bedienen (vgl. BGHZ 9, 63; Schlegelberger/Schröder, HGB, § 417 Anm. 7; RGRKz HGB-Ratz, § 417 Anm. 8). Das Recht, einen Substituten einzuschalten, stellt mithin eine Art Wahlschuldverhältnis (§ 262 BGB) dar. Der Lagerhalter macht von seinem Recht, einen Dritten als Substituten einzuschalten und sich dadurch weitgehend eigener Leistungspflichten zu entledigen, nur dann Gebrauch, wenn er die ihm obliegenden Pflichten ganz auf den Dritten übertragen und dieser diese Pflichten als selbständiger Unternehmer übernommen hat. Solange dies nicht der Fall ist, kommt auch § 52 ADSp (abgedr. Anh. I zu § 416) nicht zum Tragen (BGH, NJW 53, 744; Schlegelberger/Schröder, HGB, § 417 Anm. 7).

§ 6 I ALB (abgedr. Anh. II zu § 416) zufolge erfolgt die Lagerung in betriebseigenen oder fremden Lagerräumen. Da „betriebseigene" auch gemietete Lagerräume sein können, muß man unter fremden Räumen diejenigen selbständiger Lagerhalter verstehen. Anders als nach dem Wortlaut der ADSp haftet der Lagerhalter im Falle der Möbellagerung für ein Verschulden dritter Lagerhalter; denn in § 1 I 2 ALB ist von dem Verschulden seiner Beauftragten die Rede, ohne daß klargestellt wird, ob es sich hierbei um Erfüllungsgehilfen oder um Substituten handelt. Gemäß § 5 AGB-Gesetz ist diese Klausel im Zweifel zu Lasten des Lagerhalters auszulegen. Daraus folgt, daß der Lagerhalter in § 1 I 2 ALB verspricht, von ihm beauftragte Dritte als seine Erfüllungsgehilfen (§§ 691 S. 3, 278 BGB) anzusehen (vgl. auch Schlegelberger/Schröder, HGB, § 416 Anm. 16a). **Anm. 33**

Im übrigen ist insbesondere in Fällen, in denen dem Einlagerer bekannt ist, daß sein Vertragspartner nicht in der Lage ist, das Gut in seinem Betrieb zu verwahren, jeweils zu prüfen, ob nicht lediglich ein **Fracht-, Speditions- oder uneigentlicher Kommissionsvertrag** (§ 406 I 2 HGB) gewollt ist (Schlegelberger/Schröder, HGB, § 416 Anm. 16).

3. Anzeigepflicht **Anm. 34**

Eine Reihe von Anzeigepflichten sind in § 417 HGB geregelt (s. dazu § 417 Anm. 6, 31). Darin erschöpfen sich die Anzeigepflichten indessen nicht. Den Lagerhalter trifft die **allgemeine Schutzpflicht,** Umstände, die mit dem Lagergut im Zusammenhang stehen und seiner Sphäre entspringen oder sich in seiner Sphäre ausgewirkt haben bzw. auszuwirken drohen, dem Einlagerer unverzüglich mitzuteilen, damit dieser sachgerechte Maßnahmen treffen kann. So hat der Lagerhalter auch die bereits eingetretene Entwertung des Gutes anzuzeigen, damit der Einlagerer davor bewahrt wird, dieses Gut noch zu verkaufen. Ferner hat er ihm z. B. eine Beschlagnahme des Gutes mitzuteilen. Droht dem Gut von außen eine Gefahr, die der Lagerhalter mit zumutbarem Aufwand nicht zu steuern vermag, so ist er verpflichtet, den Einlagerer hiervon zu benachrichtigen, um diesen instand zu setzen, das Gut noch rechtzeitig zurückzunehmen.

Eine Verletzung der Anzeigepflichten stellt eine positive Forderungsverletzung dar, die bei Verschulden zum Schadensersatz verpflichtet.

Gemäß **§ 43a ADSp** (abgedr. Anh. I zu § 416), § 6 I ALB (abgedr. Anh. II zu § 416) hat der Lagerhalter dem Einlagerer den Lagerort und den Namen des fremden Lagerhalters bekanntzugeben, falls das Gut in fremden Lagerräumen aufbewahrt wird. **§ 6 I ALB** spricht zwar nur vom Lagerort. Sinn dieser Klausel ist es, dem Einlagerer, der mit der Einlagerung bei einem bestimmten Dritten – unabhängig davon, ob dieser Erfüllungsgehilfe ist oder nicht – nicht einverstanden ist, die Möglichkeit zu geben, das Gut sofort zurückzunehmen. Dazu muß er genau wissen, bei wem das Gut lagert. Unter „Lagerort" im Sinne des § 6 ALB ist daher die genaue Adresse des Dritten zu verstehen, bei dem das Gut lagert.

Anm. 35 **4. Besitzverschaffung**

Der Lagerhalter hat sich den Besitz zu verschaffen; denn er ist durch den Lagervertrag als Konsensualvertrag verpflichtet, das ihm am Erfüllungsort angebotene, vertragsgemäße Gut in Gewahrsam zu nehmen (Schlegelberger/Schröder, HGB, § 417 Anm. 2). Dagegen braucht er, sofern nichts Abweichendes ausdrücklich oder konkludent vereinbart ist, das Gut nicht beim Einlagerer oder einem Dritten abzuholen. Er ist auch nicht verpflichtet, mit einem dritten Lagerhalter, der das Gut aufbewahrt, zu vereinbaren, daß der Dritte nunmehr das Gut für ihn zu verwahren habe. Wenn der BGH (NJW 66, 1968) aus der Qualifikation des Lagergeschäftes als Konsensualvertrag weitergehende Pflichten ableitet, so überschreitet er den Rahmen der Aufbewahrung und trägt in das Lagergeschäft Elemente des Frachtvertrages und der Geschäftsbesorgung hinein (kritisch auch Heymann/Kötter, HGB, § 416 Anm. 3).

Anm. 36 Der Lagerhalter darf nach dispositivem Recht die Annahme des Gutes nicht ohne weiteres mit dem Argument zurückweisen, daß es zu **gefährliche Eigenschaften** aufweise. Zwar könnte man hier versuchen, das entgegengesetzte Ergebnis aus § 694 BGB abzuleiten. Wenn der Einlagerer schon für Schäden zu haften habe, die durch gefahrbringende Eigenschaften des von ihm in Verwahrung gegebenen Gutes verursacht worden seien, so müsse man dem Lagerhalter auch zugestehen, die Gefahr eines Schadens von vornherein dadurch zu vermeiden, daß er das Gut erst gar nicht zur Verwahrung annehme. In diesem Zusammenhang könnte man sich ferner auf § 564b HGB stützen. Dabei würde man jedoch übersehen, daß die Haftung des Einlagerers gemäß § 694 BGB schon dann entfällt, wenn er dem Verwahrer die gefährlichen Eigenschaften des Gutes angezeigt hat. Die Anzeige im Sinne des § 694 BGB muß nicht bei Vertragsschluß, sondern kann noch im Moment der Übergabe erfolgen, da der Verwahrer dann ausreichende Möglichkeiten besitzt, die Lagerung so zu gestalten, daß die gefährlichen Eigenschaften des Gutes nicht zum Tragen kommen (BGH, BB 78, 1235f.). Dieses Auslegungsergebnis wird durch § 564b HGB bestätigt, der auf die Kenntnis des Kapitäns, der das Gut in Empfang nimmt, und nicht auf die des Verfrachters abhebt. Daraus ergibt sich allerdings nicht die Konsequenz, daß der Lagerhalter immer das Gut ungeachtet seiner gefährlichen Eigenschaften in Empfang nehmen müßte, falls das Gut räumlich-zeitlich oder durch Gattungsbezeichnungen bestimmt in den Vertrag als Verwahrungsobjekt Eingang gefunden hat. Der Umfang der Lagerhalterpflichten orientiert sich nämlich, sofern die Parteien nichts besonderes vereinbaren, stark an den dem Lagerhalter bei Vertragsschluß erkennbaren Eigenschaften des Gutes (siehe oben Anm. 27). Ebensowenig wie ein Vermieter Gebrauchsüberlassung schlechthin, sondern nur Überlassung zum vertragsgemäßen Gebrauch schuldet, ist der Lagerhalter verpflichtet, das im Vertrag individualisiert oder gattungsmäßig bezeichnete Gut ohne Rücksicht auf dessen Eigenschaften zu verwahren. Auch der Lagerhalter hat nur für vertragsgemäße Lagerkonditionen zu sorgen. Es ist ihm daher in Fällen, in denen nichts Besonderes vereinbart ist und bei Vertragsschluß aus den Umständen trotz Einsatzes verkehrserforderlicher Sorgfalt nicht erkennbar war, daß das einzulagernde Gut besonders gefährliche Eigenschaften (dazu unten Anm. 60) aufweist, nicht zuzumuten, das Gut mit erhöhtem Aufwand, der diese Eigenschaften unterdrückt, aufzubewahren. Er kann dieses Gut als nicht vertragsgemäß zurückweisen, wenn ihm die gefährlichen Eigenschaften des Gutes erst bei der Besitzverschaffung offenbart werden oder sonst zur Kenntnis gelangen. Gleiches gilt dort, wo der Lagerhalter nur verpflichtet ist, verpacktes Gut aufzubewahren, ihm aber unverpacktes Gut angeliefert wird. Der Lagerhalter hat allerdings, wo dies erforderlich ist, mit zumutbaren Kräften für eine vorübergehende Aufbewahrung zu sorgen, bis der Einlagerer selbst in der Lage ist, die Obhut über das Gut zu übernehmen. Zu den weiteren Rechtsfolgen einer Zurückweisung siehe die Erläuterung zu § 5a ADSp (unten Anm. 37). Unabhängig von dem Zurückweisungsrecht ist die Frage zu beurteilen, ob sich der Einlagerer, der gefährliches Gut anliefert, seinerseits schadensersatzpflichtig macht (dazu unten Anm. 60).

Gemäß **§ 5a ADSp** (abgedr. oben Anh. I zu § 415) sind Güter, welche Nachteile für andere Sachen oder für Personen zur Folge haben können oder welche schnellem Verderben oder Fäulnis ausgesetzt sind, mangels schriftlicher Vereinbarung von der Annahme ausgeschlossen. § 14 ALB (abgedr. Anh. II zu § 416) zufolge sind feuer- und explosionsgefährliche, zur Selbstentzündung neigende, ätzende und übelriechende sowie andere Güter, die Nachteile für das Lager oder für andere Lager befürchten lassen, mangels schriftlicher Vereinbarung von der Lagerung ausgeschlossen. Gleiches gilt für solche Güter, die schnellem Verderb oder Fäulnis ausgesetzt sind. **Anm. 37**

§ 5a ADSp gewährt dem Lagerhalter ein Leistungsverweigerungsrecht für den Fall, daß der Lagerhalter nicht durch „schriftliche Vereinbarung" auf die Gefährlichkeit des Gutes hingewiesen worden ist (vgl. BGH, BB 78, 1235). Die Vorschrift modifiziert die Bedingungen, nach denen das Ausmaß der vom Lagerhalter geschuldeten Aufbewahrungspflichten zu bestimmen ist. Während normalerweise der Lagerhalter nach dispositivem Recht eine der Gefährlichkeit des Gutes Rechnung tragende Aufbewahrung schon dann schuldete, wenn er die Gefährlichkeit des Gutes erkennen konnte, soll dies gemäß § 5a ADSp nur dort der Fall sein, wo der Einlagerer die Gefährlichkeit im Rahmen seines Angebots schriftlich erwähnt und der Lagerhalter das Angebot schriftlich angenommen hatte. Der Schriftform kommt hierbei in erster Linie Warnfunktion zugunsten des Lagerhalters und in zweiter Linie Beweisfunktion zu. Das Schriftformerfordernis bezieht sich nicht auf die gesamte Vereinbarung, sondern lediglich auf die Vereinbarung über die Art der einzulagernden Güter. Die Schriftform ist gewahrt, falls die Parteien einen schriftlichen Rahmenvertrag über die Einlagerung gefährlicher Güter geschlossen hatten. Gleiches gilt für telegraphische oder fernschriftliche Hinweise. Bestanden zwischen den Parteien seit längerem intensive Geschäftsbeziehungen, in deren Rahmen wiederholt und nahezu ausschließlich die Einlagerung bestimmter Arten gefährlicher Güter schriftlich vereinbart wurde, so ist die Berufung auf § 5a ADSp unzulässig, falls einmal eine schriftliche Vereinbarung im Sinne des § 5a ADSp unterblieben ist; denn die Warnfunktion des § 5a ADSp ist im Laufe dieser Geschäftsbeziehungen obsolet geworden (vgl. auch Krien, Speditions- und Lagerrecht, § 5 ADSp Anm. 17).

Wenn der Lagerhalter in Kenntnis der Gefährlichkeit des Gutes das formlose Angebot des Einlagerers annimmt, so soll nach Krien (aaO, § 5 ADSp Anm. 19 m. Nachw.) die Berufung des Lagerhalters auf § 5a ADSp gegen Treu und Glauben verstoßen. Diese Einschränkung des § 5a ADSp ist grundsätzlich abzulehnen, weil sie die Beweisfunktion des § 5a ADSp ignoriert. Es bedarf schon besonderer vertrauensbildender Umstände, um eine Berufung des Einlagerers auf Treu und Glauben zu rechtfertigen; denn von einem Kaufmann kann erwartet werden, daß er § 5a ADSp Rechnung trägt.

Anm. 38 Die **dogmatische Einordnung** des Leistungsverweigerungsrechts bereitet erhebliche Schwierigkeiten. Wenn man nämlich davon ausgeht, daß der Lagerhalter mangels schriftlicher Vereinbarung zur Obhut über ein gefährliches, vertraglich individualisiertes Gut nicht verpflichtet ist, so liegt es nahe, anfängliche, objektive Unmöglichkeit der Leistung anzunehmen (vgl. Krien, aaO, § 5 ADSp Anm. 18a). Die Anwendung der §§ 306f. BGB ist indessen fehl am Platz, weil die Aufbewahrung als solche durchaus möglich ist. § 5a ADSp schränkt lediglich den Umfang der Verpflichtung des Lagerhalters ein. Der Lagerhalter ist dieser Klausel zufolge mangels schriftlicher Vereinbarung lediglich nicht gehalten, das Gut aufzubewahren, solange es gefährlich ist. Der Einlagerer vermag also ohne weiteres den Lagerhalter dadurch zur Aufbewahrung zu zwingen, daß er durch entsprechende Verpackung die gefährlichen Eigenschaften des Gutes ausschaltet. Tut er das nicht, so ist der Lagerhalter nicht zur Aufbewahrung verpflichtet. Der Lagerhalter, der sich auf die Gefährlichkeit beruft, macht nicht eine Einrede, sondern eine Einwendung geltend. Der Lagerhalter darf sich auf das Fehlen einer Verpflichtung, gefährliches Gut aufzubewahren, auch noch dann berufen, wenn er das Gut bereits eingelagert hatte und später die Gefährlichkeit erkennt. Hatte er allerdings das Gut trotz fehlender „schriftlicher Vereinbarung" in Kenntnis der Gefährlichkeit eingelagert, so stellt die spätere Berufung auf § 5a ADSp regelmäßig ein v. c. f. p. dar. Der Einlagerer, dessen Gut mangels „schriftlicher Vereinbarung" wegen dessen gefährlichen Eigenschaften von der Aufbewahrung ausgeschlossen bleibt, gerät in Annahmeverzug (näher dazu § 420 Anm. 6). Er ist nämlich nicht nur besser dazu in der Lage, den Lagerhalter im Rahmen der Vereinbarung über die gefahrbringenden Eigenschaften des Gutes zu informieren, sondern vermag auch ihren Einfluß auf die Lagerfähigkeit durch entsprechende Verpackung zu bannen. Sollte im Einzelfall eine derartige Verpackung objektiv nicht zur Verfügung stehen, so liegt eine anfängliche Unmöglichkeit vor. § 306 BGB ist mit der Maßgabe anzuwenden, daß der Einlagerer die Preisgefahr trägt (vgl. Koller, Risikozurechnung, aaO, S. 294).

Umstritten ist die **Anwendbarkeit des § 362 HGB,** falls der Einlagerer dem Lagerhalter ein Angebot über die Einlagerung formlos unterbreitet hatte. Krien (Speditions- und Lagerrecht, § 5 ADSp Anm. 18c) will dem Lagerhalter gemäß §§ 242, 254 BGB erlauben, die Annahme des Gutes abzulehnen, wenn der Lagerhalter über die Gefährlichkeit des Gutes nicht unterrichtet worden war. Da Kaufleute mit der Existenz des § 5a ADSp rechnen müssen, wird diese Vorschrift Teil des auf der Grundlage des § 362 HGB zustandegekommenen Vertrages. § 5a ADSp ist freilich angesichts der Wertung des § 362 HGB dahin zu restringieren, daß das Leistungsverweigerungsrecht nur entsteht, falls in dem Angebot des Einlagerers ein schriftlicher Hinweis auf die Gefährlichkeit des Gutes fehlte. Zum Einfluß einer intensiven Geschäftsverbindung siehe oben Anm. 37. Der Lagerhalter darf somit im Falle eines auf der Basis des § 362 HGB zustandegekommenen Vertrages die Einlagerung jedenfalls dort nicht ablehnen, wo ihm bei Vertragsschluß schriftlich die Gefährlichkeit angezeigt worden war (weitergehend Krien, aaO, § 5 ADSp Anm. 18c m. Nachw.).

Hat der Lagerhalter die Gefährlichkeit des Gutes trotz schriftlicher Vereinbarung oder im Falle des § 362 HGB trotz schriftlicher Unterrichtung nicht erkannt, so kann er den Vertrag gemäß **§ 119 II BGB anfechten.** Die Gefährlichkeit stellt eine verkehrswesentliche Eigenschaft des Gutes dar. Gegen die Anfechtbarkeit können nicht die Gründe ins Spiel gebracht werden, die gegen eine Anfechtbarkeit eines Mietvertrages sprechen. Der Anfechtung steht im Rahmen des § 362 HGB auch nicht der Umstand im Wege, daß der Vertrag durch Schweigen zustande gekommen ist (vgl. oben Canaris, § 362 Anm. 15 m. Nachw.). Der Lagerhalter hat den Vertrauensschaden zu ersetzen (§ 122 BGB). Im Rahmen dieser Schadensersatzpflicht kann der Lagerhalter gehalten sein, das Gut vorläufig trotz seiner Gefährlichkeit aufzubewahren (Naturalrestitution; vgl. Krien, aaO, § 5 ADSp Anm. 19).

Das für § 5a ADSp Ausgeführte gilt auch für **§ 14 I ALB,** soweit die oben entwickelten Regeln nicht davon abhängig sind, daß der Einlagerer als Kaufmann tätig ist. Es scheidet daher die Anwendbarkeit des § 362 HGB aus. Für die Geltung des § 14 I ALB gelten die strengeren Einbeziehungsregeln des § 2 AGBG (s. oben Anm. 10).

5. Weisungen **Anm.39**

Der Lagerhalter schuldet eine ordnungsgemäße Lagerung der Güter am Erfüllungsort (s. oben Anm. 32). Im Rahmen der geschuldeten Lagerbedingungen steht es ihm frei, die Güter nach seinen Vorstellungen aufzubewahren und für ihre Sicherheit Sorge zu tragen. Der Lagerhalter ist jedoch kein Geschäftsbesorger (s. oben Anm. 19). Er ist daher auch nicht verpflichtet, das Gut so zu lagern, wie dies am besten dem ihm erkennbaren bzw. mutmaßlichen Willen des Einlagerers entspricht, wenn dieser Wille im Lagervertrag keinen Niederschlag gefunden hat. Der Lagerhalter ist daher auch nicht Weisungen des Einlagerers in dem Sinne unterworfen, daß der Einlagerer jederzeit die Art der Lagerung näher konkretisieren könnte; denn der Lagerhalter besitzt keinen Ermessensspielraum, den er im Interesse des Einlagerers auszuüben hätte. Wie z. B. im Bereich des Werkvertrages können die Parteien des Lagervertrages jedoch auch vereinbaren, daß der Einlagerer befugt sein soll, nähere Bestimmungen über die Lagerung zu treffen. Zu denken ist hierbei an den Lagerort oder die Entscheidung zwischen Einzel- und Sammelverwahrung. Keine Weisung in dem hier behandelten Sinne stellt die Erklärung dar, das Gut an einen bestimmten Dritten herauszugeben, da hierin nur das Verlangen nach Herausgabe in Verbindung mit einer Empfangsermächtigung liegt. Geschäftsbesorgungsvertraglichen Charakter trägt freilich die Weisung, eine Versicherung zu nehmen oder Fracht auszulegen (näher dazu § 417 Anm. 28, § 420 Anm. 3).

Darf der Einlagerer Weisungen geben, so hat sie der Lagerhalter pflichtgemäß auszuführen. Dies gilt auch dann, wenn die Weisungen den Interessen des Lagerhalters zuwiderlaufen sollten. Erscheinen die Weisungen als unzweckmäßig oder gar gefahrerhöhend, so muß der Lagerhalter den Einlagerer unverzüglich darüber aufklären.

Kommen die ADSp zum Tragen (dazu oben Anm. 10), ist ferner **§ 13 ADSp** **Anm.40** (abgedr. Anh. I zu § 415) zu beachten, demzufolge der Lagerhalter bei unzureichenden oder unausführbaren Weisungen unter Wahrung der Interessen des Auftraggebers handeln darf. Diese Klausel stößt auf keine Bedenken, wenn man sie dahin interpretiert, daß der Lagerhalter angesichts der durch die unzulängliche Weisung entstehenden Vertragslücke wie ein berechtigter Geschäftsführer ohne Auftrag zu handeln hat. § 13 ADSp erlaubt es dem Lagerhalter jedoch nicht, nach seinem Ermessen seine Interessen gegen die des Einlagerers abzuwägen. Die Interessen des Einlagerers gehen vielmehr vor (Schlegelberger/Schröder, HGB, § 416 Anm. 17).

Die Anweisungen können grundsätzlich formlos erteilt werden. Sie werden wirksam, sobald sie dem Lagerhalter, einem Vertreter mit Empfangsvollmacht oder einem Empfangsboten zugehen.

§ 6 II ADSp (abgedr.: Anh. I zu § 416), der in diesem Zusammenhang zum Tragen kommen kann (s. oben Anm. 16), statuiert, daß keine Partei für Schäden verantwortlich sein soll, die infolge mündlicher Weisungen eingetreten sind, es sei denn, daß sie von einer Seite schriftlich bestätigt worden sind. Entsprechendes gelte für Weisungen an dazu nicht bestellte oder bevollmächtigte Leute, es sei denn, daß ein Fall der Anscheins- oder Duldungsvollmacht vorliegt. Diese Klausel ist aus der Sicht des AGBG tragbar, da sie dringende mündliche Weisungen nicht voll zu Lasten des Einlagerers gehen, sondern lediglich ihre unverzügliche schriftliche Bestätigung als angebracht erscheinen läßt (vgl. auch oben Anm. 16).

Anm.41 **§ 18 ALB** (abgedr. Anh. II zu § 416) zufolge übernimmt der Lagerhalter für die Befolgung mündlicher oder telephonischer Anweisungen, die von keiner Partei schriftlich bestätigt werden, keinerlei Verantwortung. Bei der Beurteilung der Angemessenheit (§ 9 AGBG) dieser Klausel hat man zu berücksichtigen, daß die ALB in aller Regel im Rahmen eines Vertrages mit Nichtkaufleuten zur Anwendung kommen. Diesen ist die Figur des Bestätigungsschreibens nicht so bekannt wie Kaufleuten. Deshalb muß man § 18 ALB die Wirksamkeit versagen, falls der Lagerhalter den Einlagerer nicht über die Zweckmäßigkeit einer schriftlichen Bestätigung aufgeklärt hatte. Im übrigen ist § 11 Nr. 7 AGBG zu beachten, der auch eingreift, wenn eine schriftliche Bestätigung einer Weisung trotz eines Hinweises über deren Zweckmäßigkeit unterblieben ist.

Anm.42 **6. Abweichung von Vereinbarungen und Weisungen**

Gemäß § 692 BGB ist der Verwahrer berechtigt, die vereinbarte Art der Aufbewahrung zu ändern, wenn er den Umständen nach annehmen darf, daß der Hinterleger bei Kenntnis der Sachlage die Änderung billigen würde. Die Vorschrift trägt dem Umstand Rechnung, daß der Einlagerer vielfach nicht rechtzeitig auf eine Änderung der Umstände zu reagieren vermag. Sie ist daher auch auf das handelsrechtliche Lagergeschäft anzuwenden. Wenn der Lagerhalter die vereinbarte Art der Lagerung ändern will, so muß er sich an den Interessen des Einlagerers orientieren. Er muß mit pflichtgemäßer Sorgfalt prüfen, was aus seiner Sicht am besten den ihm erkennbaren, hilfsweise mutmaßlichen Interessen des Einlagerers entspricht. Eigene Interessen spielen für die Frage, ob und wie der Lagerhalter von der Vereinbarung abweichen darf, erst dann eine Rolle, wenn ihm die volle Berücksichtigung der Interessen des Einlagerers unzumutbare Lasten auferlegen würde. § 692 BGB bringt in das Lagergeschäft ein Element der Geschäftsbesorgung hinein; denn das, was angesichts geänderter Umstände aus der Perspektive des Lagerhalters vom Einlagerer gebilligt werden würde, läßt sich nur innerhalb eines Ermessensspielraums (dazu Koller, BB 79, 1727) feststellen. Der Lagerhalter hat diesen Ermessensspielraum pflichtgemäß auszufüllen. – Das Gesetz spricht in § 692 BGB lediglich von dem Recht, von der Vereinbarung abzuweichen. Daneben steht aber die Pflicht, das Gut vor Schäden zu bewahren. Zwar konkretisiert der Vertrag die Mittel, mit denen dies zu erfolgen hat. Reichen diese Mittel infolge einer Änderung der Umstände nicht mehr aus, so ergibt sich aus der allgemeinen Pflicht zur Obhut die Pflicht, mit zumutbarem Aufwand der geänderten Sachlage Rechnung zu tragen. Der Lagerhalter darf sich dann nicht darauf berufen, er sei gemäß § 692 BGB lediglich zur Abweichung berechtigt, aber nicht verpflichtet gewesen (vgl. Schlegelberger/Schröder, HGB, § 416 Anm. 17).

Will der Lagerhalter von der Vereinbarung abweichen, so hat er den Einlagerer zu benachrichtigen und dessen Entscheidung abzuwarten, falls mit dem Aufschub keine Gefahr verbunden ist. Gestattet die Situation kein Zuwarten, so kann bzw. muß der Lagerhalter sofort tätig werden.

Im Falle unbefugter Änderung der Lagerbedingungen hat der Lagerhalter einen Schaden zu ersetzen, der ohne eine Änderung der Lagerbedingungen nicht eingetreten wäre. Unterläßt er die Anzeige, so gilt dasselbe für einen hierdurch verursachten Schaden.

Anm.43 Da § 692 BGB ein Element der Geschäftsbesorgung normiert, ist er durch § 670 BGB zu ergänzen. Der Lagerhalter darf demnach im Falle berechtigter Abweichungen von der Vereinbarung den **Ersatz** der hierdurch entstandenen **Aufwendungen** verlangen (RGRKz HGB-Ratz, § 417 Anm. 9). Zu den Aufwendungen gehören auch die höheren Kosten der Bereitstellung besonderer Lagerräume (Analogie zu § 396 II HGB), nicht jedoch die Gemeinkosten von Verwaltungsmaßnahmen. Auf den Aufwendungsersatzanspruch muß sich der Lagerhalter etwaige Ersparnisse anrechnen lassen; gegebenenfalls ist zu berücksichtigen, daß dem Lagerhalter aus ihm zurechenbaren, wenn auch nicht von ihm zu vertretenden Gründen die ursprünglich vereinbarte Form der Lagerung unmöglich geworden ist (§ 323 BGB; dazu § 416 Anm. 70). Geht der Lagerhalter unbefugt zu einer billigeren Form der Lagerung über, so ist § 537 I 2. Alt. BGB analog anzuwenden. Der Einlagerer darf das Entgelt mindern (vgl. § 420 Anm. 7; ferner Schlegelberger/Schröder, HGB, § 416 Anm. 17).

7. Rückgabe **Anm.44**

a) Fehlende Nutzungsbefugnis des Lagerhalters

Die vom Lagerhalter zu besorgende Aufbewahrung und Obhut ist nicht auf Dauer angelegt. Sie soll dem Lagerhalter keine Nutzungsmöglichkeiten verschaffen. § 698 BGB, der vorschreibt, daß der Verwahrer hinterlegtes Gut, das er für sich verwendet, von der Zeit der Hinterlegung an zu verzinsen habe, eröffnet dem Lagerhalter nicht das Recht, das Gut für sich zu verwenden. § 698 BGB gilt sowohl für den Regelfall der unberechtigten Nutzung als auch in der Konstellation, in der dem Lagerhalter ausnahmsweise die Nutzung gestattet worden ist. Der Lagerhalter erlangt im Rahmen der Lagerung kein Eigentum an dem Gut. Die Summenverwahrung (§§ 700 BGB, 419 III HGB), bei der Güter in der Form hinterlegt werden sollen, daß der Verwahrer Eigentum erlangt, gehört weder zum Typus der bürgerlich-rechtlichen Verwahrung noch zum Typus des handelsrechtlichen Lagergeschäftes. In solchen Fällen ist vielmehr grundsätzlich Darlehensrecht heranzuziehen (s. § 419 Anm. 21). Für das Lagergeschäft ist mithin ein Rückgabeanspruch des Einlagerers typisch, der nach dispositivem Recht jederzeit ausgeübt werden darf (§ 695 BGB), auch wenn eine längere Lagerzeit vereinbart ist.

b) Inhaber des Rückgabeanspruchs **Anm.45**

Inhaber des schuldrechtlichen Rückgabeanspruchs ist in erster Linie der Vertragspartner des Lagerhalters, der Einlagerer. Der Einlagerer vermag selbst dann Auslieferung des Gutes an sich zu fordern, wenn er bei der Einlagerung nicht der Eigentümer des Gutes war; denn der schuldrechtliche, dem Lagergeschäft entspringende Rückgabeanspruch beruht nicht auf dem Eigentum. Denkbar ist indessen auch, daß der Lagervertrag von vornherein als echter Vertrag zugunsten eines Dritten (§ 328 BGB) ausgeformt ist (Schlegelberger/Schröder, HGB, § 416 Anm. 9b). Dies liegt insbesondere dann nahe, wenn die Lagerung lediglich im Interesse des Dritten vereinbart wird, – so z. B., falls ein Verkäufer mit dem Vertrag über die Einlagerung seine Verpflichtungen im wirtschaftlichen Sinn erfüllen will (BGH, BB 78, 1234; vgl. auch Mauer, BB 59, 872, falls das Gut auf den Namen einer Bank eingelagert wird). Ein Vertrag zugunsten Dritter wird vom OLG Hamburg (VersR 68, 179) zutreffend mit dem Argument verneint, Vertragspartner einer Kai-Anstalt sei nur der Verfrachter, dem die Gelegenheit verbleiben müsse, seine Unkosten gegenüber dem Absender der Ware geltend zu machen (§ 625 HGB). Der Empfänger der Ware soll aber **stillschweigend ermächtigt** werden können, Schadensersatzansprüche des Verfrachters gegen die Kai-Anstalt geltend zu machen. An einer derartigen stillschweigenden Ermächtigung wird es indessen in aller Regel fehlen. Häufiger wird es sein, daß der Einlagerer im Zusammenhang mit einer **Eigentumsübertragung** oder auch ohne Rücksicht auf die Änderung der dinglichen Lage (BGH, WM 61, 888) den schuldrechtlichen Rückgabeanspruch an den neuen Eigentümer abgetreten hat (§§ 931, 934, 398ff. BGB). Dann kann der Vertragspartner nicht mehr die Rückgabe fordern. Der Herausgabeanspruch steht nunmehr dem Zessionar bzw. dem neuen Eigentümer zu. Solange der Lagerhalter von der Abtretung keine Kenntnis erlangt hat, muß freilich der Zessionar bzw. der neue Eigentümer eine Auslieferung des Gutes an den Einlagerer gegen sich gelten lassen (§ 407 BGB). Gemäß §§ 48Bc, Cc ADSp, 5 ALB ist die Abtretung von Rechten aus dem Vertrag dem Lagerhalter gegenüber nur verbindlich, wenn sie ihm schriftlich mitgeteilt worden ist (näher dazu unten § 424 Anm. 23, 30).

Anm. 46 Der **Eigentumswechsel** kann auch in der Form erfolgen, daß der Lagerhalter ein **Besitzmittlungsverhältnis** zum Erwerber begründet (§ 930 BGB; Tiedtke, WM 79, 1144ff.). Tut er dies auf Weisung oder mit Zustimmung des Einlagerers, so liegt darin normalerweise eine Rückgabe. Neben dem Rückgabeanspruch aus Vertrag kommt ein dinglicher Herausgabeanspruch des Eigentümers aus § 985 BGB in Betracht. Dem Anspruch können Einwendungen (§ 986 BGB) entgegengehalten werden.

Anm. 47 Macht jemand, der mit dem Lagerhalter keinen Lagervertrag vereinbart hat, den Rückgabeanspruch geltend, so hat der Lagerhalter die **Rechtsposition des Dritten** mit pflichtgemäßer Sorgfalt zu **prüfen**. Zu den Besonderheiten bei Ausstellung eines Empfangs- oder Lagerscheines, insbesondere im Hinblick auf §§ 48 ADSp, 5 ALB, vgl. § 424 Anm. 29ff. Vermag der Lagerhalter trotz pflichtgemäßer Anstrengungen nicht mit der notwendigen Gewißheit festzustellen, wer Inhaber des Auslieferungsanspruches ist, so darf er hinterlegungsfähiges Gut hinterlegen (§ 372 BGB), sonst – jedenfalls nach Annahmeverzug – zum Selbsthilfeverkauf schreiten (§ 383 BGB).

Anm. 48 **c) Inhalt des Rückgabeanspruches**

Inhalt des Rückgabeanspruches ist die Verschaffung unmittelbaren Besitzes. Die Rückgabe ist Holschuld (§ 697 S. 2 BGB). Soll die Rückgabe in der Form erfolgen, daß ein Dritter Besitzer werden soll, so genügt es im Zweifel, dem Dritten den mittelbaren Besitz aufgrund eines mit ihm vereinbarten Besitzmittlungsverhältnisses zu eröffnen.

Anm. 49 **d) Zeitpunkt der Rückgabe**

Der Zeitpunkt, an dem der Rückgabeanspruch zu erfüllen ist, ist nach dispositivem Recht grundsätzlich der Moment, in dem der Rückgabeanspruch erhoben wird (§ 695 BGB). „Jederzeit" im Sinne des § 695 BGB heißt freilich nicht immer „sofort". Der Rückgabeanspruch steht unter dem Vorbehalt von Treu und Glauben (§ 242 BGB). Daraus folgt z. B., daß der Lagerhalter das Gut normalerweise nur innerhalb der Geschäftszeit und innerhalb eines gewissen Zeitraumes nach Geltendmachung des Rückgabeanspruches herauszugeben hat, innerhalb dessen ihm eine Auslagerung zuzumuten ist. Was im Einzelfall zumutbar ist, hängt von der Art der geschuldeten Lagerung ab. Der Lagerhalter darf sich indessen nicht darauf berufen, daß vertraglich eine längere Lagerdauer vorgesehen war. Eine solche Abrede enthält, wie § 695 BGB zeigt, keine Beschränkung des Auslieferungsanspruches. Andererseits muß das vorzeitige Verlangen nach Auslieferung nicht notwendig den Anspruch auf Lagergeld tangieren (s. dazu § 420 Anm. 9f.); denn durch die Forderung nach sofortiger Auslieferung wird nicht ohne weiteres der Lagervertrag mit sofortiger Wirkung wirksam gekündigt.

Anm. 50 **e) Dispositives Recht**

§ 695 BGB enthält lediglich dispositives Recht. Die Rückgabepflicht kann jederzeit in der Form modifiziert werden, daß die Rückgabe erst nach Ablauf einer bestimmten Frist erfolgen muß. Der Anspruch darf aber, wenn das Geschäft noch als Lagergeschäft qualifiziert werden soll, nicht ganz ausgeschlossen oder seiner wirtschaftlichen Funktion beraubt sein (vgl. Schlegelberger/Schröder, HGB, § 416 Anm. 20). Eine Einschränkung der Rückgabeverpflichtung enthalten der § 11 III ALB und mittelbar der § 9 I ALB (abgedr. Anh. II zu § 416). § 11 III ALB stößt auf keine Bedenken, da er verhindern soll, daß der Lagerhalter in Zeiten einer vollen anderweitigen Auslastung des Personals seiner Pflicht zur Rückgabe nachzukommen hat. Unwirksam ist hingegen § 9 I ALB. Die Koppelung des Lagergeschäftes mit einem Frachtgeschäft ist überraschend (§ 3 AGBG) und auch unangemessen (§ 9 AGBG), da aus der Sicht des Lagerhalters außer dem Interesse, ein zusätzliches Geschäft zu machen, kein Grund für die Koppelung ersichtlich ist, während der Einlagerer gravierend in seiner Dispositionsfreiheit beschnitten wird.

f) Rückgabeort **Anm. 51**

Der Rückgabeort ist gemäß § 697 BGB der Ort, an dem das Gut zu lagern war. Die Rückgabe ist Holschuld. War der Lagerort nicht vertraglich ausdrücklich bestimmt, so ergibt sich aus dem Zusammenhang zwischen Lagerort und Rückgabeort, daß der Lagerhalter den Lagerort so zu wählen hat, daß dem Einlagerer die Rücknahme nicht unzumutbar erschwert wird (§ 157 BGB; s. oben Anm. 32). Was im Einzelfall unzumutbar ist, hängt von den Umständen ab. Im Zweifel wird der Lagerhalter das Gut dort lagern oder jedenfalls zurückgeben müssen, wo sich seine Niederlassung befindet oder er es übernommen hat. Hat er den Aufbewahrungsort unbefugt geändert, so tangiert dies den Rückgabeort nicht. Da der Lagerhalter dem Einlagerer den durch einen schuldhaften Wechsel des Aufbewahrungsortes (vgl. § 692 BGB; dazu oben Anm. 42) verursachten Schaden zu ersetzen hat, trägt er in weitem Umfang die Gefahr, daß das Gut während der Rückführung an den vereinbarten Lagerort zerstört oder beschädigt wird (weitergehend Schlegelberger/Schröder, HGB, § 416 Anm. 21).

g) Einwendungen **Anm. 52**

Der Lagerhalter kann dem Einlagerer oder dessen Rechtsnachfolger sowie dem Eigentümer sein Pfandrecht (§ 421) entgegensetzen. Außerdem kann er sich gegebenenfalls auf das bürgerlich-rechtliche bzw. kaufmännische Zurückbehaltungsrecht berufen (§§ 273 BGB, 369 HGB). Wurde das Gut beim Lagerhalter gepfändet und dort belassen, so kann der Einlagerer bzw. der Eigentümer oder ein sonst Berechtigter nur im Wege der Drittwiderspruchsklage vorgehen (§ 771 ZPO). Der Lagerhalter hat den Einlagerer rechtzeitig von der Pfändung zu benachrichtigen. Der Konkurs des Lagerhalters berührt den Herausgabeanspruch jedoch nicht. Der Einlagerer kann das Gut aussondern (§ 43 KO). Verlangt der Einlagerer Teilauslieferung, so kann der Lagerhalter dem entgegenhalten, daß dies nur unter erhöhten Kosten möglich ist (Senckpiehl, Lagergeschäft, aaO, S. 159).

h) Unmöglichkeit oder Verzögerung der Rückgabe **Anm. 53**

Zum Schadensersatzanspruch im Falle der Unmöglichkeit oder Verzögerung der Rückgabe siehe unten Anm. 71f.

8. Pflicht zur Duldung der Besichtigung und Probenentnahme **Anm. 54**

S. dazu Erläuterungen zu § 418 Anm. 2f.

9. Lagerschein **Anm. 55**

Pflicht zur Ausstellung eines Lagerscheines
S. dazu die Erläuterungen zu § 424 Anm. 22, 25, 30 sowie § 14 OLSchVO Anm. 3.

10. Empfangnahme des Gutes **Anm. 56**

S. dazu oben Anm. 35 und § 417 Anm. 2ff.

11. Haftungsmaßstab **Anm. 57**

S. dazu die Erläuterungen zu § 417 Anm. 7ff.

IV. Pflichten des Einlagerers

Anm. 58 **1. Vergütung und Aufwendungsersatz**

S. dazu die Erläuterungen zu § 420.

Anm. 59 **2. Rücknahmeanspruch des Lagerhalters**

S. dazu die Erläuterungen zu § 422.

Anm. 60 **3. Schadensverhütung durch den Einlagerer**

Gemäß § 694 BGB ist der Hinterleger zum Ersatz desjenigen Schadens verpflichtet, den der Verwahrer infolge der Beschaffenheit des Gutes erleidet, es sei denn, daß der Hinterleger die gefahrbringenden Eigenschaften des Gutes weder kannte noch kennen mußte, oder daß er sie dem Verwahrer angezeigt hatte oder dieser sie ohne Anzeige gekannt hatte. Diese Regelung gilt auch für das Lagergeschäft. Ihr liegt der Gedanke zugrunde, daß der Einlagerer typischerweise die Eigenschaften des Gutes einfacher in Erfahrung zu bringen vermag; denn der Einlagerer weiß regelmäßig, woher das Gut stammt, welche Eigenschaften es nach Angaben seines Lieferanten haben soll und welchen Weg es genommen hat. Er kann daher dem Lagerhalter auch leichter diejenigen Informationen liefern, die dieser braucht, um zu verhindern, daß gefährliche Eigenschaften des Gutes oder seiner Verpackung einen Schaden verursachen (vgl. Krien, Speditions- und Lagerrecht, § 5 ADSp Anm. 5). Die Schutzpflicht stellt keinen Fall der c.i.c. dar (Erman/Seiler, BGB, § 694 Anm. 1; a.A. Soergel/Mühl, BGB, § 694 Anm. 1). Sie soll nämlich den Lagerhalter nicht in die Lage versetzen, gegebenenfalls den Vertragsschluß abzulehnen. Vielmehr zeigt der Umstand, daß der Einlagerer von einer Schadensersatzpflicht entlastet wird, wenn er den Lagerhalter – auch nach Vertragsschluß – ausreichend über die gefährlichen Eigenschaften informiert und diesen vor der Gefahr gewarnt hatte (vgl. BGH, BB 78, 1235f.), daß § 694 BGB einen Fall der positiven Forderungsverletzung regelt. Die dem Einlagerer auferlegte Schutzpflicht geht demnach dahin, daß der Einlagerer dann, wenn er die gefährlichen Eigenschaften des Gutes kennt oder kennen muß, gehalten ist, den Lagerhalter, der diese Eigenschaften nicht kennt, durch eine Anzeige aufzuklären. Unterläßt er eine (rechtzeitige) Anzeige, so ist er zum Ersatz des Schadens verpflichtet.

Anm. 61 Im einzelnen bedeutet dies: Durch die Beschaffenheit des Gutes muß ein Schaden entstehen können. Dafür genügt nicht jede Eigenschaft des Gutes, wie z. B. die bloße Brennbarkeit. Relevant sind vielmehr nur solche Eigenschaften des Gutes, die angesichts der vereinbarten oder verkehrsüblichen Lagerung für den Lagerhalter oder für die Güter anderer Einlagerer die **Gefahr eines Schadens** im Vergleich zu solchen Gütern **erhöhen**, auf die die vereinbarten bzw. verkehrsüblichen Lagerbedingungen zugeschnitten sind (vgl. Krien, Speditions- und Lagerrecht, § 5 ADSp Anm. 5). Es reicht aus, daß infolge der besonderen Eigenschaften des Gutes die Gefahr (Wahrscheinlichkeit) entsteht, daß ein Fehlverhalten des Lagerhalters besonders hohe Schäden nach sich zieht, mit denen bei den vereinbarungsgemäßen oder üblichen Lagerkonditionen nicht gerechnet zu werden braucht. Die gefahrdrohende Beschaffenheit kann mithin z. B. auf der Feuergefährlichkeit, Explosivität, auf ätzenden Eigenschaften oder auch auf der besonders schnellen Verderblichkeit, die andere Güter in Mitleidenschaft ziehen kann, beruhen. Der besonders hohe Wert eines Gutes, der über das übliche Maß hinaus die Gefahr eines rechtswidrigen Zugriffs Dritter begründet oder einen atypisch hohen Schaden erwarten läßt, gehört ebenfalls hierher (Schlegelberger/Schröder, HGB, § 416 Anm. 19; RGRKz HGB-Ratz, § 417 Anm. 10; Krien, aaO, § 5 ADSp Anm. 14). –

Anm. 62 Der Einlagerer hat für den Schaden nicht einzustehen, wenn er dem Lagerhalter die relevanten gefahrbringenden Eigenschaften **formlos angezeigt** hat und damit seiner

Warnpflicht nachgekommen ist. Dafür genügt die Angabe der Gattungsbezeichnung des Gutes, wenn hieraus ein ordentlicher Lagerhalter auf die Gefährlichkeit des Gutes schließen müßte (so wohl auch OLG Karlsruhe, VersR 74, 129). Die Anzeige ist erfolgt, sobald sie dem Lagerhalter zugegangen ist. Sie muß nicht bei Vertragsschluß erfolgen. Es genügt, daß sie bei der Übergabe des Gutes zugeht (s. oben Anm. 36). Sie steht einem Schadensersatzanspruch auch dann im Wege, wenn sie dem Lagerhalter zu einem Zeitpunkt zugeht, in dem er noch die Möglichkeit besitzt, mit zumutbaren Mitteln den später eintretenden Schaden zu verhüten. Die Beweislast für den Zugang der Anzeige trägt der Einlagerer.

Der Einlagerer braucht ferner nicht für den Schaden einzustehen, falls der Lagerhalter die gefährlichen Eigenschaften des Gutes **kannte** (BGH, BB 78, 1235f.; OLG Karlsruhe, VersR 74, 129). Hätte der Lagerhalter angesichts der für ihn erkennbaren Umstände die Gefährlichkeit des Gutes erkennen müssen, so wird der Schadensersatzanspruch des Lagerhalters lediglich nach Maßgabe des § 254 BGB gemindert (Erman/Seiler, BGB, § 694 Anm. 2; weitergehend OLG Karlsruhe, VersR 74, 129; a. A. Staudinger/Nipperdey, BGB, § 694 Anm. 8). § 694 BGB bürdet zwar dem Lagerhalter nur im Falle positiver Kenntnis den Schaden, dann aber den gesamten Schaden auf. Er sagt jedoch damit nichts über die Möglichkeit einer Schadensteilung im Falle des **Mitverschuldens** (vgl. auch RGRKz HGB-Ratz, § 417 Anm. 10). Den Lagerhalter trifft freilich grundsätzlich **keine Untersuchungspflicht,** deren Verletzung ihm im Rahmen eines mitwirkenden Verschuldens zugerechnet werden könnte (vgl. Schlegelberger/Schröder, HGB, § 416 Anm. 19). Mangels besonderer Anhaltspunkte darf er sich auf die Sachkunde des Einlagerers verlassen. In besonderen Fällen hat er sich jedoch beim Einlagerer nach den Eigenschaften des Gutes zu erkundigen, so z. B., wenn zu vermuten ist, daß der Einlagerer augenscheinlich nicht weiß, welche Eigenschaften unter den spezifischen Lagerbedingungen gefährlich werden könnten. Gleiches kann dort gelten, wo das Gut durch Dritte übergeben wird und das Gut mit sehr großer Wahrscheinlichkeit gefährliche Eigenschaften aufweist, die der Einlagerer nicht kennt (vgl. Schlegelberger/Schröder, HGB, § 416 Anm. 19). Der Einlagerer hat die Kenntnis des Lagerhalters und in Analogie zu § 694 BGB auch dessen Mitverschulden zu beweisen. **Anm.63**

Voraussetzung der Schadensersatzpflicht des **Einlagerers** ist schließlich, daß er die gefährlichen Eigenschaften des Gutes kannte oder bei Anwendung verkehrserforderlicher Sorgfalt hätte kennen müssen, – daß er also **schuldhaft gehandelt** hat. Ein Verschulden des Einlagerers wird widerleglich vermutet. Es kann auch darauf beruhen, daß der Einlagerer nach der Einlagerung die Gefährlichkeit des Gutes erfuhr und dies dem Lagerhalter nicht unverzüglich mitteilte; denn § 694 BGB normiert einen Fall der positiven Forderungsverletzung (vgl. Soergel/Mühl, BGB, § 694 Anm. 1; Staudinger/Nipperdey, BGB, § 694 Anm. 6). **Anm.64**

Hätte der Lagerhalter bei Anwendung zumutbarer Sorgfalt den Schaden mindern können oder wäre der Schaden bei vertragsgemäßer Aufbewahrung des Gutes erst gar nicht entstanden, so muß er sich dies gemäß § 254 I BGB zurechnen lassen.

Zu ersetzen ist in erster Linie der **Schaden,** der dem Lagerhalter an seinen Lagervorrichtungen und an dem ihm gehörenden sonstigen Gut entsteht. Ein erstattungsfähiger Schaden kann ferner in der Form entstehen, daß der Lagerhalter selbst schadensersatzpflichtig wird. Soweit der Schaden an Gütern anderer Einlagerer entstanden ist, vermag ihn der Lagerhalter nur insoweit geltend zu machen, als er selbst schadensersatzpflichtig geworden ist. § 694 BGB ist keine Norm mit Schutzwirkung für Dritte. Sein Vergütungsinteresse kann der Lagerhalter über § 694 BGB ebenfalls nicht liquidieren (vgl. Staudinger/Nipperdey, BGB, § 694 Anm. 5). **Anm.65**

Neben dem Anspruch aus § 694 BGB kommen **deliktische Ansprüche** (§§ 823ff. BGB) in Betracht. **Anm.66**

Anm. 67 **§ 5 ADSp** (abgedr. oben Anh. I zu § 415) und § 14 II ALB (abgedr. unten Anh. II zu § 416) verschärfen die Haftung des Einlagerers, indem sie eine **verschuldensunabhängige Haftung** statuieren. § 5 ADSp ist im Rahmen kaufmännischer Geschäfte grundsätzlich haltbar (vgl. Helm, oben Anh. I zu § 415, § 5 ADSp Anm. 2; Krien, Speditions- und Lagerrecht, § 5 ADSp Anm. 1; Hensen in: Ulmer/Brandner/Hensen, Anh. §§ 9–11 Anm. 18 m. Nachw.). Allerdings ist § 5 ADSp eng dahin auszulegen, daß es sich um gefährliche Güter in dem oben genannten Sinn (s. Anm. 61) handeln muß. Außerdem muß es zur Vermeidung einer Schadensersatzpflicht genügen, daß nach der Einlagerung der Hinweis auf die gefährlichen Eigenschaften rechtzeitig vor Entstehung des Schadens erfolgt. Jedenfalls genügt es, daß bei der Übergabe des Gutes auf dessen Gefährlichkeit hingewiesen wird (BGH, BB 78, 1235). Der Hinweis im Sinne des § 5a ADSp ist unnötig, wenn der Lagerhalter in anderem Zusammenhang die gefährlichen Eigenschaften des Gutes kennengelernt hat (vgl. BGH, BB 78, 1235f.; weitergehend wohl OLG Karlsruhe, VersR 74, 129, das die Haftung des Einlagerers schon dann entfallen läßt, wenn der Lagerhalter die Gefahr bei gehöriger Aufmerksamkeit hätte erkennen müssen; vgl. aber die parallele Regelung in § 564b HGB; in Betracht kommt deshalb allenfalls eine Schadensminderung gemäß § 254 I BGB). Der Hinweis im Sinne des § 5b ADSp kann formlos geschehen (BGH, BB 78, 1235). Bei dem auf den nichtkaufmännischen Verkehr zugeschnittenen § 14 III ALB erscheint die Regelung jedoch als unangemessen (§ 9 AGBG); denn sie kennt keine Haftungsgrenzen. Außerdem ist der Lagerhalter bedeutend besser in der Lage, sich gegen Schäden an seinem Gut zu versichern. Soweit Schäden Dritter in Betracht kommen, hat sich der Lagerhalter ohnehin weitgehend freigezeichnet. Den Dritten ist auch durchaus zuzumuten, sich mit einem verschuldensabhängigen deliktischen Schadensersatzanspruch zu begnügen.

V. Leistungsstörungen

Anm. 68

1. Leistungserschwerung

In aller Regel wird die Lagerung nicht in bestimmten Räumen geschuldet sein. Der Untergang der vom Lagerhalter für die Lagerung vorgesehenen Räume führt daher nicht zur Unmöglichkeit der Leistung. Der Lagerhalter hat sich neue Räume zu beschaffen. Er kann sich dabei, wie auch sonst, nicht darauf berufen, daß er zur Erbringung der Leistung höheren Aufwand treiben müsse, als er ursprünglich eingeplant habe (vgl. KG, BB 73, 446). Er vermag sich auch nicht ohne weiteres mit dem Argument von seiner Verpflichtung zu befreien, die Leistung sei ihm nur mehr mit unzumutbarem Aufwand möglich. Das Kriterium der Zumutbarkeit bestimmt zwar die Intensität der Lagerhalterpflichten (s. oben Anm. 27). Es ist aber allein auf den Sicherheitsstandard bezogen. Den geschuldeten Sicherheitsstandard hat der Lagerhalter beizubehalten, auch wenn die zu seiner Einhaltung notwendigen Kosten steigen. Die Grenze der Verpflichtung ist erst dort erreicht, wo die Leistungserschwerung durch unvorhersehbare Umstände ausgelöst worden ist oder die zur Aufrechterhaltung des geschuldeten Sicherheitsstandards notwendigen Räume bzw. Personal trotz ausreichender finanzieller Mittel nicht beschafft werden können (vgl. Koller, Die Risikozurechnung bei Vertragsstörungen in Austauschverträgen (1979), S. 209ff.).

Anm. 69 Diese Einstandspflicht für Leistungserschwerungsrisiken wird auch durch **§ 18 ADSp** (abgedr. Anh. I zu § 416) nicht berührt; denn die Vorschrift spricht nur von Unmöglichkeit. Gemäß § 5 AGB-Gesetz ist die Klausel im Zweifel zu Lasten des AGB-Verwenders auszulegen, so daß der Begriff der Unmöglichkeit im Sinne des § 275 BGB zu verstehen ist (Krien, Speditions- und Lagerrecht, vor § 18 ADSp Anm. 1c). Das Risiko von Streiks und Aussperrungen hat der Einlagerer hingegen schon dann gemäß

§ 18 ADSp auf sich zu nehmen, wenn es sich nur in Form von Leistungserschwerungen auswirkt. Außerdem gibt **§ 20 ADSp** (abgedr. Anh. I zu § 416) dem Lagerhalter das Recht, die Preise heraufzusetzen, falls sich gewisse für die Leistung maßgebliche Umstände unvorhersehbar ändern; dabei ist der Begriff der Unvorhersehbarkeit im Sinn der Lehre von der Geschäftsgrundlage zu fassen (vgl. Krien, Speditions- und Lagerrecht, vor § 20 ADSp Anm. 20a).

2. Unmöglichkeit

a) Leistungsgefahr **Anm. 70**

Wird die Verwahrung ohne ein Verschulden des Lagerhalters unmöglich, so wird der Lagerhalter von der Leistung frei (§ 275 BGB; vgl. auch § 18 ADSp (abgedr. Anh. I zu § 416)). Hat er die Unmöglichkeit verschuldet, so bestimmen sich die Rechte des Einlagerers nach § 325 BGB. Tritt der Einlagerer vom Vertrag zurück, so hat man zu berücksichtigen, daß für ihn unter Umständen die vorübergehende Aufbewahrung keinerlei Interesse hatte. Es liegt hier eine ähnliche Konstellation vor wie in den Fällen, in denen wegen eines Mangels der Werkleistung gewandelt wird (vgl. dazu Koller, DB 1974, 2385ff., 2485f.).

b) Preisgefahr **Anm. 71**

Auch hier gelten die allgemeinen Vorschriften. Zu beachten ist, daß in Fällen, in denen die Lagerung über einen längeren Zeitraum vereinbart war, Teilunmöglichkeit eintritt (§ 323 I 2. HS BGB), falls die Lagerung unmöglich wird, nachdem der Lagerhalter eine gewisse Zeit lang seine Pflichten erfüllt hatte (Wertung des § 699 II BGB). § 323 BGB findet nur dann Anwendung, wenn die Lagerung aus Gründen unmöglich wird, die aus der Sphäre des Lagerhalters stammen oder sich dort zunächst ausgewirkt haben. Wird die Lagerung z. B. deshalb unmöglich, weil das Gut infolge inneren Verderbs oder infolge seiner gefahrdrohenden Beschaffenheit ohne Verschulden des Lagerhalters untergeht, so behält der Lagerhalter seinen Vergütungsanspruch bis zum nächst zulässigen Kündigungstermin. Eine Ausnahme gilt dort, wo die Störung allen potentiellen Einlagerern die Einlagerung unmöglich machte (vgl. Koller, Risikozurechnung, aaO, S. 282f.). Die Wertung des § 552 BGB kommt angesichts der Nähe der Verwahrung zur Miete ohne weiteres zum Tragen (a. A. Staudinger/Nipperdey, BGB, 11. Aufl. § 694 Anm. 5).

3. Schuldnerverzug **Anm. 72**

Die Rechtsfolgen ergeben sich aus den §§ 284ff., 326 BGB. Es sind die §§ 18f. ADSp (abgedr. Anh. I zu § 416 und Anh. I zu § 415) zu beachten.

4. Gläubigerverzug **Anm. 73**

Liefert der Einlagerer entgegen der vertraglichen Abrede das Gut nicht programmgemäß an, so gerät er im Zweifel nicht in Gläubigerverzug. Da die geschuldete Lagerung meist nicht nachholbar ist, tritt vielmehr regelmäßig teilweise Unmöglichkeit ein. Der Lagerhalter behält gleichwohl grundsätzlich seinen Vergütungsanspruch, es sei denn, daß kein potentieller Einlagerer (etwa wegen Transportarbeiterstreiks) in der Lage war, Ware anzuliefern (s. oben Anm. 70, § 420 Anm. 6). Zu den Fällen, in denen der Einlagerer das Gut nicht rechtzeitig zurücknimmt oder es sonst unterläßt, darüber zu verfügen s. § 422.

5. Schlechterfüllung **Anm. 74**

Siehe dazu die Erläuterungen zu § 420 Anm. 7.

Anm. 75

VI. Erfüllungsort

Zum Rückgabeort s. oben Anm. 51. Erfüllungsort für die Verbindlichkeiten des Lagerhalters ist im übrigen dessen Niederlassung bzw. dessen Wohnsitz (§ 269 BGB), sofern sich aus den Umständen nichts anderes ergibt. Diese können dafür sprechen, daß der Erfüllungsort mit dem von der Niederlassung des Lagerhalters abweichenden Lagerort zusammenfällt, so z. B. bei inländischer Lagerung durch im Ausland ansässige Lagerhalter. Die Rücknahme hat am Lagerort zu erfolgen.

Anm. 76

VII. Besitzlage

Der Lagervertrag schafft die Grundlage für ein Besitzmittlungsverhältnis (§ 868 BGB). Mit der Auslieferung des Gutes an den Lagerhalter bzw. an einen seiner Besitzdiener (§ 855 BGB) wird der Lagerhalter unmittelbarer Besitzer und der Einlagerer mittelbarer Besitzer. Es kann auch sein, daß der Lagerhalter – vertraglich verpflichtet – für einen Dritten besitzen will; dann ist dieser der mittelbare Besitzer.

Dem mittelbaren Besitzer stehen im Rahmen des § 869 BGB Besitzschutzansprüche zu. Der Lagerhalter ist als unmittelbarer Besitzer dem jeweiligen Eigentümer des Gutes grundsätzlich zur Herausgabe verpflichtet (§ 985 BGB), soweit er dem Eigentümer nicht eine Einwendung im Sinne des § 986 BGB entgegenzusetzen vermag. In Betracht kommen hier vor allem die Einwendungen, daß die Auslagerung nur zu bestimmten Zeitpunkten zu erfolgen habe oder daß ein Pfandrecht bestehe. Zu Schadensersatzansprüchen aus dem Eigentümer-Besitzerverhältnis siehe § 417 Anm. 13.

Anhang I nach § 416
ADSp

Text der ADSp, soweit er für die Beurteilung des Lagergeschäftes relevant und 1978 novelliert worden ist. Vgl. im übrigen oben, Helm, § 415 Anh. I. Zum Geltungsbereich der ADSp siehe oben § 416 Anm. 10.

§ 2

a) Die ADSp gelten im Verkehr mit Kaufleuten, juristischen Personen des öffentlichen Rechts und öffentlich-rechtlichen Sondervermögen für alle Verrichtungen des Spediteurs, gleichgültig, ob sie Speditions-, Fracht-, Lager-, Kommissions- oder sonstige mit dem Speditionsgewerbe zusammenhängende Geschäfte betreffen.

§ 6

Auftraggeber und Spediteur haben die Beweislast für Aufträge, Weisungen, Erklärungen und Mitteilungen je an den anderen oder an zur Annahme bestellte Leute oder Bevollmächtigte (Expedienten, Handlungsbevollmächtigte, Prokuristen).

Keine Partei ist verantwortlich für Schäden, die nur infolge mündlicher Aufträge, Weisungen, Erklärungen oder Mitteilungen eingetreten sind, es sei denn, daß sie von einer Seite schriftlich bestätigt worden sind. Entsprechendes gilt für die Übermittlung von Aufträgen, Weisungen, Erklärungen oder Mitteilungen oder für die Übergabe von Schriftstücken und Gütern an dazu nicht bestellte oder bevollmächtigte Leute, es sei denn, daß dies vereinbart ist oder daß die Partei bei Anwendung der Sorgfalt eines ordentlichen Kaufmanns die Leute der anderen Partei für dazu bestellt oder bevollmächtigt gehalten hat und aufgrund des Verhaltens der anderen Partei halten durfte. Jede Partei ist jedoch zur Rückfrage bei der anderen Partei verpflichtet, wenn sie bei Anwendung der Sorgfalt eines ordentlichen Kaufmanns die Möglichkeit von Übermittlungsfehlern oder Mißverständnissen hätte erkennen müssen.

§ 7

a) Der dem Spediteur erteilte Auftrag hat Zeichen, Nummern, Anzahl, Art, Inhalt der Stücke und alle sonstigen, für die ordnungsmäßige Ausführung des Auftrags erheblichen Angaben zu enthalten. Die etwaigen Folgen unrichtiger oder unvollständiger Angaben fallen dem Auftraggeber zur Last, auch wenn ihn kein Verschulden trifft; es sei denn, die offenbare Unrichtigkeit oder Unvollständigkeit der Angaben war dem Spediteur bekannt. Der Spediteur ist ohne Auftrag nicht verpflichtet, die Angaben nachzuprüfen oder zu ergänzen, es sei denn, daß dies geschäftsüblich ist.

Der Auftraggeber haftet ferner für alle Schäden, die dem Spediteur oder Dritten dadurch entstehen, daß auf Frachtgütern von mindestens 1000 kg Rohgewicht die durch das Gesetz über die Gewichtsbezeichnung an schweren, auf Schiffen beförderten Frachtstücken vom 28. Juni 1933 (RGBl. I S. 412) vorgeschriebene Gewichtsbezeichnung nicht angebracht ist.

b) Zur Verwiegung des Gutes ist der Spediteur nur auf besonderen schriftlichen Auftrag verpflichtet.

c) Im Zweifel enthält eine vom Spediteur erteilte Empfangsbescheinigung keine Gewähr für Art, Inhalt, Wert, Gewicht oder Verpackung.

d) Bei Gütern, deren Menge im Speditionsgewerbe üblicherweise nicht nachgeprüft wird, namentlich bei Massengütern, Wagenladungen und dergleichen, enthält die Empfangsbescheinigung im Zweifel auch keine Bestätigung der Menge.

§ 18

Von dem Spediteur nicht verschuldete Ereignisse, die ihm die Erfüllung seiner Pflichten ganz oder teilweise unmöglich machen, ferner Streiks und Aussperrungen befreien ihn für die Zeit ihrer Dauer von seinen Verpflichtungen aus den von diesen Ereignissen berührten Aufträgen. Auch ist der Spediteur in solchen Fällen, selbst wenn eine feste Übernahme vereinbart ist, berechtigt, aber nicht verpflichtet, vom Vertrage zurückzutreten, auch wenn der Auftrag schon teilweise ausgeführt worden ist. Unberührt bleibt die Verpflichtung des Spediteurs zur Wahrung des Interesses des Auftraggebers. Dem Auftraggeber steht in diesen Fällen das gleiche Recht zu, wenn ihm die Fortsetzung des Vertrages billigerweise nicht zugemutet werden kann. Tritt der Spediteur oder der Auftraggeber gemäß vorstehender Bestimmungen zurück, so sind dem Spediteur die entstandenen Kosten zu erstatten.

§ 20

Angebote des Spediteurs und Vereinbarungen mit ihm über Preise und Leistungen beziehen sich stets nur auf die namentlich aufgeführten eigenen Leistungen und/oder Leistungen Dritter und, wenn nichts anderes vereinbart ist, nur auf Güter normalen Umfangs, normalen Gewichts und normaler Beschaffenheit; sie setzen normale unveränderte Beförderungsverhältnisse, ungehinderte Verbindungswege, Möglichkeit unmittelbarer sofortiger Weiterversendung sowie Weitergeltung der bisherigen Frachten, Valutaverhältnisse und Tarife, welche der Vereinbarung zugrunde lagen, voraus, es sei denn, die Veränderungen sind unter Berücksichtigung der Umstände unvorhersehbar gewesen. Die üblichen Sondergebühren und Sonderauslagen gelangen außerdem zur Erhebung, vorausgesetzt, daß der Spediteur den Auftraggeber darauf hingewiesen hat; dabei genügt ein genereller Hinweis, wie etwa „zuzüglich der üblichen Nebenspesen".

§ 21

Wird ein Auftrag wieder entzogen, so steht dem Spediteur nach seiner Wahl entweder der Anspruch auf die vereinbarte Vergütung, unter Anrechnung der ersparten Aufwendungen, oder eine angemessene Provision zu. Weist der Auftraggeber nach, daß der Auftrag aus berechtigten, vom Spediteur zu vertretenden Gründen entzogen wird, hat der Spediteur lediglich Anspruch auf Ersatz seiner Aufwendungen und verdienten Nebenprovisionen.

§ 29

Rechnungen des Spediteurs sind sofort zu begleichen. Zahlungsverzug tritt, ohne daß es einer Mahnung oder sonstiger Voraussetzungen bedarf, spätestens 10 Tage nach Zugang der Rechnung ein, sofern er nicht nach dem Gesetz schon vorher eingetreten ist. Der Spediteur darf im Falle des Verzuges Zinsen in Höhe von 2% über dem zum Zeitpunkt des Eintritts des Verzuges geltenden Diskontsatz der Deutschen Bundesbank und die ortsüblichen Spesen berechnen.

§ 35

a) Zur Versicherung des Gutes ist der Spediteur nur verpflichtet, soweit ein ausdrücklicher schriftlicher Auftrag dazu unter Angabe des Versicherungswertes und der zu deckenden Gefahren vorliegt. Bei ungenauen oder unausführbaren Versicherungsaufträgen gilt Art und Umfang der Versicherung dem Ermessen des Spediteurs anheimgestellt, wobei er mit der Sorgfalt eines ordentlichen Spediteurs die Interessen seines Auftraggebers zu wahren hat. Der Spediteur hat die Weisung zur Versicherung im ordnungsgemäßen Geschäftsgang auszuführen.

b) Der Spediteur ist nicht berechtigt, die bloße Wertangabe als Auftrag zur Versicherung anzusehen.

c) Durch Entgegennahme eines Versicherungsscheines (Police) übernimmt der Spediteur nicht die Pflichten, die dem Versicherungsnehmer obliegen; jedoch hat der Spediteur alle üblichen Maßnahmen zur Erhaltung des Versicherungsanspruchs zu treffen.

§ 36

Mangels abweichender schriftlicher Vereinbarung versichert der Spediteur zu den an seinem Erfüllungsort üblichen Versicherungsbedingungen.

§ 37

a) Im Falle der Versicherung steht dem Auftraggeber als Ersatz nur zu, was der Spediteur von dem Versicherer nach Maßgabe der Versicherungsbedingungen erhalten hat.

b) Der Spediteur genügt seinen Verpflichtungen, indem er dem Auftraggeber auf Wunsch die Ansprüche gegen den Versicherer abtritt; zur Verfolgung der Ansprüche ist er nur aufgrund besonderer schriftlicher Abmachung und nur für Rechnung und Gefahr des Auftraggebers verpflichtet.

c) Soweit der Schaden durch eine vom Spediteur im Auftrage des Auftraggebers abgeschlossene Versicherung gedeckt ist, haftet der Spediteur nicht.

§ 39

a) Der Spediteur ist, wenn der Auftraggeber es nicht ausdrücklich schriftlich untersagt, verpflichtet, die Schäden, die dem Auftraggeber durch den Spediteur bei der Ausführung des Auftrages erwachsen können, bei Versicherern seiner Wahl auf Kosten des Auftraggebers zu versichern. Die Police für die Versicherung muß, insbesondere in ihrem Deckungsumfang, mindestens dem mit den Spitzenorganisationen der Wirtschaft und des Speditionsgewerbes abgestimmten Speditions- und Rollfuhrversicherungsschein (SVS/RVS) entsprechen. Der Spediteur hat auf Verlangen des Versicherten anzugeben, nach welcher Police er versichert.

b) Mit der Versicherung nach § 39a sind auch Schäden zu versichern, die denjenigen Personen erwachsen können, denen das versicherte Interesse z. Z. des den Schaden verursachenden Ereignisses zugestanden hat.

c) gestrichen

§ 41

a) Hat der Spediteur infolge ausdrücklichen oder vermuteten Auftrages eine Speditionsversicherung abgeschlossen (§ 39), so ist er von der Haftung für jeden durch diese Versicherung gedeckten Schaden frei.

b) Dies gilt insbesondere auch für den Fall, daß infolge fehlender oder ungenügender Wertangabe des Auftraggebers die Versicherungssumme hinter dem wirklichen Wert oder Schadensbetrag zurückbleibt.

c) Hat der Spediteur keine Speditionsversicherung nach § 39 abgeschlossen, so darf er sich dem Auftraggeber gegenüber nicht auf die ADSp berufen.

d) gestrichen

§ 43

a) Die Lagerung erfolgt nach Wahl des Lagerhalters in dessen eigenen oder fremden (privaten oder öffentlichen) Lagerräumen. Lagert der Lagerhalter in einem fremden Lager ein, so hat er den Lagerort und den Namen des fremden Lagerhalters dem Einlagerer schriftlich bekannt zu geben oder, falls ein Lagerschein ausgestellt ist, auf diesem zu vermerken. Diese Bestimmung gilt nicht, wenn es sich um eine Lagerung im Ausland oder um eine mit dem Transport zusammenhängende Lagerung handelt.

b) Hat der Lagerhalter das Gut in einem fremden Lager eingelagert, so sind für das Verhältnis zwischen ihm und seinem Auftraggeber gemäß § 2c die gleichen Bedingungen maßgebend, die im Verhältnis zwischen dem Lagerhalter und dem fremden Lagerhalter gelten. Der Lagerhalter hat auf Wunsch diese Bedingungen dem Auftraggeber zu übersenden. Die Bedingungen des fremden Lagerhalters sind insoweit für das Verhältnis zwischen dem Auftraggeber und dem Lagerhalter nicht maßgebend, als sie ein Pfandrecht enthalten, das über das im § 50 dieser Bedingungen festgelegte Pfandrecht hinausgeht.

c) Eine Verpflichtung des Lagerhalters zur Sicherung oder Bewachung von Lagerräumen besteht nur insoweit, als es sich um eigene oder von ihm gemietete Lagerräume handelt und die Sicherung und Bewachung unter Berücksichtigung aller Umstände geboten und ortsüblich ist. Der Lagerhalter genügt seiner Bewachungspflicht, wenn er bei der Anstellung oder Annahme von Bewachung die nötige Sorgfalt angewandt hat.

d) Dem Einlagerer steht es frei, die Lagerräume zu besichtigen oder besichtigen zu lassen. Einwände oder Beanstandungen gegen die Unterbringung des Gutes oder gegen die Wahl des Lagerraumes muß er unverzüglich vorbringen. Macht er von dem Besichtigungsrecht keinen Gebrauch, so begibt er sich aller Einwände gegen die Art und Weise der Unterbringung, soweit die Wahl des Lagerraumes und die Unterbringung unter Wahrung der Sorgfalt eines ordentlichen Lagerhalters erfolgt ist.

§ 44

a) Das Betreten des Lagers ist dem Einlagerer nur in Begleitung des Lagerhalters oder eines vom Lagerhalter beauftragten Angestellten erlaubt.

b) Das Betreten darf nur in bei dem Lagerhalter eingeführten Geschäftsstunden verlangt werden, und auch nur dann, wenn ein Arbeiten bei Tageslicht möglich ist.

§ 45

a) Nimmt der Einlagerer irgendwelche Handlungen mit dem Gut vor (z. B. Probeentnahme), so hat er danach dem Lagerhalter das Gut aufs neue in einer den Umständen und der Verkehrssitte entsprechenden Weise zu übergeben und erforderlichenfalls Anzahl, Gewicht und Beschaffenheit des Gutes gemeinsam mit ihm festzustellen. Andernfalls ist jede Haftung des Lagerhalters für später festgestellte Schäden ausgeschlossen.

b) Der Lagerhalter behält sich das Recht vor, die Handlungen, die der Einlagerer mit dem Lagergut vorzunehmen wünscht, durch seine Angestellten ausführen zu lassen.

§ 46

a) Der Einlagerer haftet für alle Schäden, die er, seine Angestellten oder Beauftragten beim Betreten des Lagers oder beim Betreten oder Befahren des Lagergrundstückes dem Lagerhalter, anderen Einlagerern oder dem Hauswirt zufügen, es sei denn, daß den Einlagerer, seine Angestellten oder Beauftragten kein Verschulden trifft. Als Beauftragte des Einlagerers gelten auch Dritte, die auf seine Veranlassung das Lager oder das Lagergrundstück aufsuchen.

b) Der Lagerhalter darf die ihm gemäß Absatz a) zustehenden Ansprüche, soweit sie über die gesetzlichen Ansprüche hinausgehen, an Dritte nicht abtreten.

§ 47

a) Der Lagerhalter darf, wenn nicht schriftlich etwas anderes vereinbart ist, den Lagervertrag jederzeit mit einmonatiger Frist durch eingeschriebenen Brief an die letzte ihm bekanntgegebene Adresse kündigen.

b) Eine Kündigung ohne Kündigungsfrist ist insbesondere hinsichtlich solcher Güter zulässig, die andere Güter gefährden; im übrigen bleibt § 422 Abs. 2 HGB unberührt.

c) Entstehen dem Lagerhalter Zweifel, ob seine Ansprüche durch den Wert des Gutes sichergestellt sind, so ist er berechtigt, dem Einlagerer eine angemessene Frist zu setzen, in der dieser entweder für Sicherstellung der Ansprüche des Lagerhalters oder für anderweitige Unterbringung des Lagergutes Sorge tragen kann. Kommt der Einlagerer diesem Verlangen nicht nach, so ist der Lagerhalter zur Kündigung ohne Kündigungsfrist berechtigt.

§ 48

A. Sobald das Gut ordnungsgemäß eingelagert ist, wird auf Verlangen hierüber entweder ein „Lager-Empfangsschein" ausgehändigt oder ein „Namenslagerschein", ein „Inhaberlagerschein" oder, soweit der Lagerhalter dazu die staatliche Ermächtigung erhalten hat, ein „an Order" lautender, durch Indossament übertragbarer Lagerschein (§ 363 Absatz 2 HGB) ausgestellt. Im Zweifel gilt die vom Lagerhalter erteilte Bescheinigung nur als „Lager-Empfangsschein".

B. a) Der „Lager-Empfangsschein" ist lediglich eine Bescheinigung des Lagerhalters über den Empfang des Gutes. Für den Fall seiner Ausstellung gilt die Vorschrift des § 808 BGB. Der Lagerhalter ist nicht verpflichtet, das Gut nur dem Vorzeiger des Scheines herauszugeben.

b) Der Lagerhalter ist berechtigt, aber nicht verpflichtet, die Legitimation des Vorzeigers des Empfangsscheins zu prüfen; er ist ohne weiteres berechtigt, gegen Aushändigung des Scheines das Gut an den Vorzeiger herauszugeben.

c) Eine Abtretung oder Verpfändung der Rechte des Einlagerers aus dem Lagervertrag ist gegenüber dem Lagerhalter erst wirksam, wenn sie ihm schriftlich vom Einlagerer mitgeteilt worden ist. In solchen Fällen ist dem Lagerhalter gegenüber nur derjenige, dem die Rechte abgetreten oder verpfändet worden sind, zur Verfügung über das Lagergut berechtigt.

C. a) Ist ein „Namenslagerschein" ausgestellt, so ist der Lagerhalter verpflichtet, das eingelagerte Gut nur gegen Aushändigung des Namenslagerscheins, insbesondere nicht lediglich gegen einen Lieferschein, Auslieferungsschein oder dgl., und im Falle der Abtretung nur an denjenigen Inhaber des Lagerscheins herauszugeben, der durch eine zusammenhängende Kette von auf dem Lagerschein stehenden Abtretungserklärungen legitimiert ist.

b) Der Lagerhalter ist zur Prüfung

1. der Echtheit der Unterschriften der Abtretungserklärungen,
2. der Echtheit der Unterschriften auf Lieferscheinen und dgl.,
3. der Befugnis der Unterzeichner zu 1 und 2

nicht verpflichtet, es sei denn, daß mit dem Auftraggeber etwas anderes vereinbart worden oder der Mangel der Echtheit oder Befugnis offensichtlich erkennbar ist.

c) Die Abtretung oder Verpfändung der Rechte des Einlagerers aus dem Lagervertrage ist dem Lagerhalter gegenüber nur dann wirksam, wenn sie auf dem Lagerschein schriftlich erklärt und im Falle der Verpfändung außerdem dem Lagerhalter mitgeteilt ist.

d) Der Lagerhalter kann dem nach vorstehenden Bestimmungen legitimierten Rechtsnachfolger des Einlagerers nur solche Einwendungen entgegensetzen, welche die Gültigkeit der Ausstellung des Scheines betreffen oder sich aus dem Schein ergeben oder dem Lagerhalter unmittelbar gegen den Rechtsnachfolger zustehen. Das gesetzliche Pfand- oder Zurückbehaltungsrecht des Lagerhalters wird durch diese Bestimmung nicht berührt.

D. a) Den „Inhaberlagerschein", in welchem der Lagerhalter dem Inhaber der Urkunde die Herausgabe des Lagergutes verspricht, hat der Lagerhalter zu unterschreiben. Im übrigen finden die gesetzlichen Vorschriften, insbesondere die §§ 793ff. BGB Anwendung.

b) Der Lagerhalter gibt das Gut nur gegen Aushändigung des Lagerscheins heraus. Er ist dazu ohne besondere Prüfung der Legitimation des Inhabers berechtigt.

E. Ist ein „an Order" lautender, durch Indossament übertragbarer Lagerschein von einem dazu ermächtigten Lagerhalter ausgestellt, so gelten die Vorschriften der §§ 364, 365, 424 HGB.

§ 49

Die Bestimmungen dieses Abschnittes gelten auch bei nur vorübergehender Aufbewahrung von Gütern, z. B. zwecks Versendung, soweit nicht § 43 etwas anderes bestimmt.

§ 50

a) Der Spediteur hat wegen aller fälligen und nichtfälligen Ansprüche, die ihm aus den im § 2a genannten Verrichtungen an den Auftraggeber zustehen, ein Pfandrecht und ein Zurückbehaltungsrecht an den in seiner Verfügungsgewalt befindlichen Gütern oder sonstigen Werten. Soweit das Pfand- oder Zurückbehaltungsrecht aus Satz 1 über das gesetzliche Pfand- oder Zurückbehaltungsrecht hinausgehen würde, ergreift es nur solche Güter und Werte, die dem Auftraggeber gehören.

b) Soweit das Pfand- oder Zurückbehaltungsrecht aus Abs. a) über das gesetzliche Pfand- oder Zurückbehaltungsrecht hinausgehen würde, ergreift es bei Aufträgen eines Spediteurs an einen anderen Spediteur nur solche Güter und sonstige Werte, die dem auftraggebenden Spediteur gehören oder die der beauftragte Spediteur für Eigentum des auftraggebenden Spediteurs hält und halten darf (z. B. Möbelwagen, Decken und dgl.).

c) Der Spediteur darf ein Pfand- oder Zurückbehaltungsrecht wegen solcher Forderungen, die mit dem Gut nicht in Zusammenhang stehen, nur ausüben, soweit sie nicht strittig sind oder wenn die Vermögenslage des Schuldners die Forderung des Spediteurs gefährdet.

d) Der Spediteur darf bei einem Auftrag, das Gut zur Verfügung eines Dritten zu halten oder einem Dritten herauszugeben, ein Pfand- oder Zurückbehaltungsrecht wegen Forderungen gegen den Dritten, die mit dem Gut nicht in Zusammenhang stehen, nicht ausüben, soweit und solange die Ausübung der Weisung den berechtigten Interessen des ursprünglichen Auftraggebers zuwiderlaufen würde.

e) Etwa weitergehende gesetzliche Pfand- und Zurückbehaltungsrechte des Spediteurs werden durch die vorstehenden Bestimmungen nicht berührt.

f) gestrichen

g) An die Stelle der in § 1234 BGB bestimmten Frist von einem Monat tritt in allen Fällen eine solche von einer Woche.

h) Für den Pfand- oder Selbsthilfeverkauf kann der Spediteur in allen Fällen eine Verkaufsprovision vom Bruttoerlös in Höhe der ortsüblichen Sätze berechnen.

§ 51

a) Der Spediteur haftet bei allen seinen Verrichtungen (s. § 2 a) grundsätzlich nur, soweit ihn ein Verschulden trifft. Die Entlastungspflicht trifft den Spediteur; ist jedoch ein Schaden am Gut äußerlich nicht erkennbar gewesen oder kann dem Spediteur die Aufklärung der Schadensursache nach Lage der Umstände billigerweise nicht zugemutet werden, so hat der Auftraggeber nachzuweisen, daß der Spediteur den Schaden verschuldet hat. Im Schadensfall hat der Auftraggeber nachzuweisen, daß ein Gut bestimmter Menge und Beschaffenheit dem Spediteur übergeben worden ist. Der Spediteur hat zu beweisen, daß er das Gut, wie er es erhalten hat, abgeliefert hat; das gilt auch für den Zwischenspediteur. Der Spediteur ist verpflichtet, durch Einholung von Auskünften und Beweismitteln für die Feststellung zu sorgen, wo der geltend gemachte Schaden entstanden ist.

b) Im übrigen ist die Haftung des Spediteurs nach Maßgabe der vorangegangenen und folgenden Bestimmungen beschränkt bzw. aufgehoben. Dies gilt vorbehaltlich des § 41 a nicht, wenn der Schaden durch Vorsatz oder grobe Fahrlässigkeit des Spediteurs oder seiner leitenden Angestellten verursacht worden ist.

c) Dem Auftraggeber steht – abgesehen von der Versicherungsmöglichkeit (siehe §§ 35 ff., 39 ff.) – frei, mit dem Spediteur eine über diese Bedingungen hinausgehende Haftung gegen besondere Vergütung zu vereinbaren.

§ 52

a) Ist ein Schaden bei einem Dritten, namentlich einem Frachtführer, Lagerhalter, Schiffer, Zwischen- oder Unterspediteur, Versicherer, einer Eisenbahn oder Gütersammelstelle, bei Banken oder sonstigen an der Ausführung des Auftrags beteiligten Unternehmern entstanden, so tritt der Spediteur seinen etwaigen Anspruch gegen den Dritten dem Auftraggeber auf dessen Verlangen ab, es sei denn, daß der Spediteur auf Grund besonderer Abmachungen die Verfolgung des Anspruchs für Rechnung und Gefahr des Auftraggebers übernimmt. Die vorstehend erwähnten Dritten gelten nicht als Erfüllungsgehilfen des Spediteurs.

b) Eine weitergehende Verpflichtung oder eine Haftung besteht für den Spediteur nur, wenn ihm eine schuldhafte Verletzung der Pflichten aus § 408 Abs. 1 HGB zur Last fällt.

c) Der Spediteur haftet auch in den Fällen der §§ 412, 413 HGB nur nach Maßgabe dieser Bedingungen; § 2 c bleibt unberührt.

§ 54

a) Soweit der Spediteur haftet, gelten die folgenden Höchstgrenzen für seine Haftung:

1. DM 3,75 je kg brutto jedes beschädigten oder in Verlust geratenen Kollos, höchstens jedoch DM 3.750,– je Schadensfall.
2. Für alle sonstigen Schäden, mit Ausnahme der Ziffer 3 höchstens DM 3.750,– je Schadensfall.

3. DM 50.000,– je Schadensfall für Schäden, die auf Unterschlagung oder Veruntreuung durch einen Arbeitnehmer des Spediteurs beruhen. Hierzu gehören nicht gesetzliche Vertreter und Prokuristen, für deren Handlungen keine Haftungsbegrenzung besteht.
Ein Schadensfall im Sinne der Vorschrift der Ziff. 3 ist jeder Schaden, der von ein und demselben Arbeitnehmer des Spediteurs durch Veruntreuung oder Unterschlagung verursacht wird, gleichviel, ob außer ihm noch andere Arbeitnehmer des Spediteurs an der schädigenden Handlung beteiligt sind und ob der Schaden einen Auftraggeber oder mehrere voneinander unabhängige Auftraggeber des Spediteurs trifft. Der Spediteur ist verpflichtet, seinem Auftraggeber auf Verlangen anzugeben, ob und bei welcher Versicherungsgesellschaft er dieses Haftungsrisiko abgedeckt hat.

b) Ist der angegebene Wert des Gutes niedriger als die Beträge zu 1–2, so wird der angegebene Wert zugrunde gelegt.

c) Ist der nach b) in Betracht kommende Wert höher als der gemeine Handelswert bzw. in dessen Ermangelung der gemeine Wert, den Gut derselben Art und Beschaffenheit zur Zeit und am Ort der Übergabe an den Spediteur gehabt hat, so tritt dieser gemeine Handelswert bzw. gemeine Wert an die Stelle des angegebenen Wertes.

d) Bei etwaigen Unterschieden in den Wertangaben gilt stets der niedrigere Wert.

§ 56

a) Bei allen Gütern, deren Wert mehr als DM 50,– für das kg brutto beträgt sowie bei Geld, Urkunden und Wertzeichen haftet der Spediteur für jeden wie auch immer gearteten Schaden nur, wenn ihm eine schriftliche Wertangabe vom Auftraggeber so rechtzeitig zugegangen ist, daß er seinerseits in der Lage war, sich über Annahme oder Ablehnung des Auftrages und über die für Empfangnahme, Verwahrung oder Versendung zu treffenden Vorsichtsmaßregeln schlüssig zu werden.

b) Die Übergabe einer Wertangabe an Kutscher oder sonstige gewerbliche Angestellte ist ohne rechtliche Wirkung, solange sie nicht in den Besitz des Spediteurs oder seiner zur Empfangnahme ermächtigten kaufmännischen Angestellten gelangt ist, es sei denn, daß eine andere Vereinbarung getroffen ist.

c) Unzulässig ist der Einwand, der Spediteur hätte von dem Wert des Gutes auf andere Weise Kenntnis haben müssen. Sind die Güter jedoch für den Spediteur als wertvoll erkennbar, ist er verpflichtet, den Auftraggeber auf die Notwendigkeit der Wertangabe und die Folgen ihrer Unterlassung hinzuweisen.

d) Beweist der Auftraggeber, daß der Schaden auf andere Umstände als auf die Unterlassung der Wertangabe zurückzuführen ist oder auch bei erfolgter Wertangabe entstanden wäre, so findet Absatz a) keine Anwendung.

e) Die Bestimmungen der übrigen Paragraphen, soweit sie über die Bestimmungen dieses Paragraphen hinaus die Haftung beschränken oder aufheben, bleiben unberührt.

§ 57

a) Konnte ein Schaden den Umständen nach aus einer im folgenden bezeichneten Gefahr entstehen, so wird vermutet, daß er aus dieser Gefahr entstanden sei:

1. aus nicht oder mangelhaft erfolgter Verpackung der Güter.
2. aus der Aufbewahrung im Freien, wenn solche Aufbewahrung vereinbart oder eine andere Aufbewahrung nach der Art der Ware oder nach den Umständen untunlich war.
3. aus besonders schwerem Diebstahl im Sinne der §§ 243 und 244 oder aus Raub im Sinne des § 249 StGB.
4. aus höherer Gewalt, Witterungseinflüssen, Schadhaftwerden irgendwelcher Geräte oder Leitungen, Einwirkung anderer Güter, Beschädigung durch Tiere, natürlicher Veränderung des Gutes.

Der Spediteur haftet in diesen Fällen nur insoweit, als nachgewiesen wird, daß er den Schaden schuldhaft verursacht hat.

b) Die Haftung des Spediteurs ist ausgeschlossen für Verluste und Schäden in der Binnenschiffahrtsspedition (einschl. der damit zusammenhängenden Vor- und Anschlußtransporte mit Landtransportmitteln sowie der Vor-, Zwischen- und Anschlußlagerungen), die durch Transport-

bzw. Lagerversicherung gedeckt sind oder durch eine Transport- bzw. Lagerversicherung allgemein üblicher Art hätten gedeckt werden können oder nach den herrschenden Gepflogenheiten sorgfältiger Kaufleute über den Rahmen einer Transport- bzw. Lagerversicherung allgemein üblicher Art hinaus gedeckt werden, es sei denn, daß eine ordnungsgemäß geschlossene Versicherung durch fehlerhafte Maßnahmen des Spediteurs unwirksam wird.

c) Sonstige Bestimmungen, die über die vorstehenden Absätze hinaus die Haftung des Spediteurs beschränken oder aufheben, bleiben unberührt.

§ 60

a) Alle Schäden, auch soweit sie äußerlich nicht erkennbar sind, müssen dem Spediteur unverzüglich schriftlich mitgeteilt werden. Ist die Ablieferung des Gutes durch einen Spediteur erfolgt, so muß der abliefernde Spediteur spätestens am sechsten Tag nach der Ablieferung im Besitze der Schadensmitteilung sein.

b) Bei Nichteinhaltung vorstehender Bestimmungen gelten die Schäden als erst nach der Ablieferung entstanden.

c) Geht dem Spediteur eine Schadensmitteilung in einem Zeitpunkt zu, in dem ihm die Wahrung der Rechte gegen Dritte nicht mehr möglich ist, so ist der Spediteur für die Folgen nicht verantwortlich.

§ 64

Alle Ansprüche gegen den Spediteur, gleichviel aus welchem Rechtsgrunde, verjähren in acht Monaten. Die Verjährung beginnt mit der Kenntnis des Berechtigten von dem Anspruch, spätestens jedoch mit der Ablieferung des Gutes.

§ 65

a) Der Erfüllungsort ist für alle Beteiligten der Ort derjenigen Handelsniederlassung des Spediteurs, an die der Auftrag gerichtet ist.

b) Der Gerichtsstand für alle Rechtsstreitigkeiten, die aus dem Auftragsverhältnis oder im Zusammenhang damit entstehen, ist für alle Beteiligten, soweit sie Vollkaufleute sind, der Ort derjenigen Handelsniederlassung des Spediteurs, an die der Auftrag gerichtet ist; für Ansprüche gegen den Spediteur ist dieser Gerichtsstand ausschließlich.

c) Für die Rechtsbeziehungen des Spediteurs zum Auftraggeber oder zu seinen Rechtsnachfolgern gilt deutsches Recht.

Anhang II nach § 416
Allgemeine Lagerbedingungen des deutschen Möbeltransports

Die Mannigfaltigkeit des Lagergeschäftes macht die Aufstellung bestimmter allgemeiner Grundsätze notwendig, welche die Rechte und die Pflichten des Einlagerers und des Lagerhalters ordnen. Diese Bedingungen gelten in Ergänzung der gesetzlichen Bestimmungen.

§ 1

Der Lagerhalter hat seine Verpflichtungen mit der verkehrsüblichen Sorgfalt eines ordentlichen Lagerhalters auszuführen. Er haftet, wenn ihn oder seine Beauftragten ein Verschulden trifft, nach Maßgabe der folgenden Bestimmungen.

Die Entschädigung ist auf den Betrag des Lagergeldes für zwölf Monate beschränkt, es sei denn, daß dem Lagerhalter oder leitenden Angestellten von ihm Vorsatz oder grobe Fahrlässigkeit nachgewiesen wird.

Der Lagerhalter hat den Schaden unter Ausschluß der Haftung für etwaige Wertminderung in Natur zu beseitigen, jedoch steht ihm in jedem Fall frei, die Entschädigung in Geld zu leisten.

Für Vermögensschäden, die nicht auf Verlust oder Beschädigungen zurückzuführen sind, insbesondere für entgangenen Gewinn und für Schäden aus Verzögerungen haftet der Lagerhalter nur, wenn ihm oder einem seiner leitenden Angestellten Vorsatz oder grobe Fahrlässigkeit nachgewiesen wird.

§ 2

Für den Inhalt von Kisten, Körben, Schränken und sonstigen Behältnissen haftet der Lagerhalter nicht, es sei denn, daß das Ein- und Auspacken durch die Leute des Lagerhalters bewirkt worden ist. Für Zahl, Art und äußere Beschaffenheit des Lagergutes ist das Lagerverzeichnis allein maßgebend.

Weist der Lagerhalter nach, daß ein Gut in derselben äußeren Beschaffenheit, wie er es bekommen hat, ausgeliefert ist, ist jeder Schadensanspruch gegen ihn ausgeschlossen.

Die Haftung für Geld, Kostbarkeiten, echte Teppiche und Kunstgegenstände tritt nur ein, wenn dem Lagerhalter der wirkliche Wert des Lagergutes unter besonderem Hinweis auf seine Beschaffenheit bei der Übergabe zur Lagerung angegeben worden ist und der Lagerhalter die Haftung nicht abgelehnt hat. Unzulässig ist der Einwand, der Lagerhalter hätte von dem Wert des Gutes auf andere Weise Kenntnis haben müssen.

Beweist der Einlagerer, daß der Schaden auf andere Umstände als auf die Unterlassung der Wertangabe zurückzuführen ist oder auch bei erfolgter Wertangabe entstanden wäre, so findet Absatz 3 keine Anwendung.

Kostbarkeiten sind Gegenstände, deren Wert je Kilogramm DM 150,– übersteigt.

§ 3

Die Haftung ist ausgeschlossen:

a) Für Schäden, insbesondere auch Beraubungsschäden, an nicht verpackten oder nicht sachgemäß oder mangelhaft verpackten Gütern, wenn eine Verpackung mit Rücksicht auf die Beschaffenheit des Gutes üblich ist, es sei denn, daß eine vorherige besondere schriftliche Vereinbarung über die Haftung erfolgt ist.

b) Für Schäden, welche die unmittelbare oder mittelbare Folge von höherer Gewalt, Feuer, Explosion, Sabotage oder dgl. sind.

c) Für Schäden, die die unmittelbare oder mittelbare Folge von Witterungseinflüssen aller Art sind, ebenso für Schäden an lebenden Pflanzen, für Leimlösungen und für Schrammen in der Politur.

d) Für Schäden, die dem Lagergut aus der Auswirkung anderer Lagergüter entstehen.

e) Für Schäden von Ratten, Mäusen, Motten oder sonstigem Ungeziefer und infolge von Verunreinigungen durch Katzen.

f) Für Schäden, die durch inneren Verderb, Auslaufen, Bruch, Rost, Ein- und Austrocknung, Schimmel, Fäulnis oder dgl. oder die durch die natürliche oder eigentümliche Beschaffenheit des Lagergutes oder seiner Verpackung oder seiner Umhüllung entstehen.

g) Für Schäden, die durch schweren Diebstahl im Sinne des § 243 oder durch Raub im Sinne der §§ 249ff. des deutschen Reichsstrafgesetzbuches entstehen.

Konnte ein Schaden den Umständen nach aus einer dieser vorbezeichneten Gefahren entstehen, so wird vermutet, daß er aus dieser Gefahr entstanden ist.

Der Lagerhalter kann sich auf diesen Haftungsausschluß nicht berufen, wenn ihm oder einem leitenden Angestellten ein Verschulden nachgewiesen wird, das den eingetretenen Schaden verursacht hat.

§ 4

Unbeschadet der Vorschrift des § 1 Abs. 2 beschränkt sich der von dem Lagerhalter zu leistende Schadensersatz für Schäden am Gut auf den gemeinen Wert des Gutes. Der Schadensberechnung ist der Zeitpunkt zugrunde zu legen, in welchem der Berechtigte von dem Schaden benachrichtigt worden ist oder in anderer Weise davon Kenntnis erlangt hat.

Bei Schäden an einem Sachteil, der für sich selbst einen selbständigen Wert hat, oder bei Schäden an einer von mehreren zusammengehörigen Sachen bleibt die etwaige Wertminderung des Restes der Sache oder der übrigen Sachteile oder Sachen außer Betracht.

In allen Fällen, in denen der Schadensbetrag den vollen gemeinen Wert des Gutes erreicht, ist der Lagerhalter zur Zahlung nur verpflichtet, Zug um Zug gegen Übereignung des Gutes und gegen Abtretung der Ansprüche, die dem Einlagerer oder dem Zahlungsempfänger hinsichtlich des Gutes gegen Dritte zustehen.

§ 5

Der Einlagerer erhält über die eingelagerten Güter einen Lagerschein, der vor Auslieferung des Gutes zurückzugeben ist. Der Lagerschein gilt nur als Empfangsbekenntnis. Der Lagerhalter ist daher insbesondere nicht verpflichtet, das Gut nur dem Vorzeiger des Lagerscheines auszuhändigen. Der Lagerhalter ist berechtigt, aber nicht verpflichtet, die Legitimation des Vorzeigers des Lagerscheines zu prüfen. Er ist ohne weiteres berechtigt, gegen Rückgabe des Lagerscheines das Gut an den Vorzeiger des Scheines auszuliefern.

Eine Abtretung oder Verpfändung der Rechte aus dem Lagervertrag ist gegenüber dem Lagerhalter nur verbindlich, wenn sie ihm schriftlich vom Einlagerer mitgeteilt worden ist. In solchen Fällen ist dem Lagerhalter gegenüber nur derjenige, dem die Rechte abgetreten oder verpfändet worden sind, zur Verfügung über das Lagergut berechtigt.

Der Lagerhalter ist nicht verpflichtet, die Echtheit der Unterschriften auf den das Gut betreffenden Schriftstücken oder die Befugnis der Unterzeichner zu prüfen.

§ 6

Die Lagerung erfolgt in betriebseigenen oder fremden Lagerräumen. Lagert der Lagerhalter nicht in eigenem Lager, so hat er den Lagerort dem Einlagerer schriftlich bekanntzugeben.

Eine Verpflichtung des Lagerhalters zur Sicherung oder Bewachung von Lagerräumen besteht nur insoweit, als die Sicherung und Bewachung unter Berücksichtigung aller Umstände geboten und ortsüblich ist. Der Lagerhalter genügt seiner Bewachungspflicht, wenn er bei Einstellung, Annahme und Durchführung der Bewachung die notwendige Sorgfalt angewendet hat.

Dem Einlagerer steht es frei, die Lagerräume zu besichtigen oder besichtigen zu lassen. Einwände oder Beanstandungen gegen die Unterbringung des Gutes oder gegen die Wahl des Lagerraumes muß er unverzüglich vorbringen. Macht er von dem Besichtigungsrecht keinen Gebrauch, so begibt er sich aller Einwände gegen die Art und Weise der Unterbringung, soweit die Wahl des Lagerraumes und die Unterbringung unter Wahrung der Sorgfalt eines ordentlichen Lagerhalters erfolgt ist.

§ 7

Der Zutritt zum Lager ist dem Einlagerer oder seinem Beauftragten nur während der Geschäftsstunden in der Begleitung des Lagerhalters oder berufenen Angestellten erlaubt, wenn der Besuch mindestens drei Tage vorher angemeldet ist und der Lagerschein vorgelegt wird.

Nimmt der Einlagerer irgendwelche Handlungen mit dem Gute vor, so hat er danach dem Lagerhalter das Gut aufs neue zu übergeben und erforderlichenfalls Zahl, Art und Beschaffenheit des Gutes gemeinsam mit ihm festzustellen. Andernfalls ist jede Haftung des Lagerhalters für später festgestellte Schäden, die den Umständen nach durch den Eingriff des Einlagerers verursacht sein können, ausgeschlossen. Der Lagerhalter behält sich das Recht vor, die Handlungen, die der Einlagerer mit seinem Lagergut vornehmen will, durch seine Angestellten ausführen zu lassen. Die durch die Besichtigung oder Heraussuchung entstehenden Kosten sind nach dem in dem Geschäft des Lagerhalters geltenden Tarif oder in Ermangelung dessen nach ortsüblichen Preisen zu zahlen. In den ersten und letzten drei Tagen jeden Quartalswechsels ist eine Besichtigung des Lagers nicht gestattet.

§ 8

Der Einlagerer hat seine Adresse oder etwaige Adressenänderung unverzüglich mittels eingeschriebenen Briefes anzuzeigen, anderenfalls ist die letzte dem Lagerhalter bekanntgewesene Adresse maßgebend.

§ 9

Der Transport der Lagergüter nach der künftigen Wohnung des Einlagerers oder nach einem sonstigen Bestimmungsort darf nur durch den Lagerhalter erfolgen. Durch Schaffung von Scheintatbeständen darf diese Bestimmung nicht umgangen werden.

Liegt die Verbindung eines Beförderungsgeschäftes mit der Einlagerung vor, so sind auf das Beförderungsgeschäft unbeschadet der Lagerbedingungen, die jeweils im Möbeltransportgewerbe in Geltung stehenden Beförderungsbedingungen anzuwenden.

§ 10

Ohne besonderen schriftlichen Auftrag ist der Lagerhalter zur Vornahme von Arbeiten zur Erhaltung oder Bewahrung des Gutes oder seiner Verpackung nicht verpflichtet.

§ 11

Der Lagerhalter darf den Lagervertrag jederzeit durch eingeschriebenen Brief mit Monatsfrist kündigen.

Der Einlagerer darf den Lagervertrag jederzeit ohne Frist kündigen, unbeschadet des Anspruchs des Lagerhalters auf Lagergeld gemäß § 12.

In den ersten und letzten drei Tagen jeden Quartalswechsels werden die Lagergüter weder sämtlich noch einzelne Stücke herausgegeben. Dem Einlagerer entstehen hierdurch keine zusätzlichen Lagergelder.

§ 12

Das Lagergeld wird monatlich berechnet. Jeder angefangene Kalendermonat gilt für voll. Das monatliche Lagergeld ermäßigt sich um einen Drittel, und zwar bei Einlagerung nach dem Zehnten eines Kalendermonats, bei Auslagerung vor dem Zehnten eines Kalendermonats. Ändern sich nach erfolgter Gebührenvereinbarung die ortsüblichen Sätze oder die örtlichen Tarife des Gewerbes, so ändern sich auch entsprechend die vereinbarten Gebühren.

Die Kosten der Einlagerung, Aufstapelung und der späteren Auslagerung werden nach den ortsüblichen oder tarifmäßigen Preisen besonders berechnet. Ist ein Angebot für die Lagerung erfolgt, setzt die Berechnung dieser Gebühren einen Hinweis hierauf im Angebot voraus.

Die Urkundensteuer sowie durch Ausstellung des Lagerscheins erwachsende öffentlich-rechtliche Gebühren hat der Einlagerer zu tragen.

Die Lagerkosten sind, soweit es sich um Auslagen handelt, sofort, sonst monatlich am ersten Wochentag jedes Monats ohne Erteilung einer besonderen Rechnung zu zahlen.

§ 13

Der Lagerhalter hat wegen aller fälligen Ansprüche, die ihm aus laufender Rechnung oder aus sonstigen Gründen an den Einlagerer zustehen, ein Pfandrecht und ein Zurückbehaltungsrecht an den Lagergütern.

Für den Pfand- oder Selbsthilfe-Verkauf kann der Lagerhalter in allen Fällen eine Verkaufsprovision bis zu 5% des Bruttoerlöses berechnen.

§ 14

Feuer- und explosionsgefährliche, zur Selbstentzündung neigende, ätzende und übelriechende und überhaupt solche Güter, welche Nachteile für das Lager oder für andere Lagergüter befürchten lassen, sind – abgesehen von besonderer schriftlicher Vereinbarung – von der Lagerung ausgeschlossen. Dasselbe gilt von solchen Gütern, die schnellem Verderben oder Fäulnis ausgesetzt sind.

Werden solche Güter dennoch eingelagert, so haftet der Einlagerer für jeden daraus entstehenden Schaden. Diese Haftung tritt nicht ein, wenn dem Lagerhalter die nachteilige Eigenschaft des Gutes bei der Übergabe zur Lagerung angegeben worden ist und der Lagerhalter die Annahme des Gutes nicht abgelehnt hat.

Der Lagerhalter ist außerdem berechtigt, derartige Güter auch ohne vorherige Benachrichtigung des Einlagerers öffentlich im Wege der Selbsthilfe zu verkaufen oder verkaufen zu lassen.

§ 15

Alle Ansprüche des Lagerhalters aus dem Fracht- oder Lagervertrag unterliegen einer Verjährungsfrist von 2 Jahren. Für den Beginn der Verjährung gilt § 201 des deutschen Bürgerlichen Gesetzbuches. Kürzere gesetzliche Verjährungsfristen bleiben hierdurch unberührt.

Die Verjährung der Ansprüche hindert den Lagerhalter nicht, seine Befriedigung aus den seinem Pfand- und Zurückbehaltungsrecht unterliegenden Gegenständen zu suchen.

§ 16

Zur Versicherung des Gutes ist der Lagerhalter nur verpflichtet, soweit eine ausdrückliche, schriftliche Weisung unter Angabe des Versicherungswertes und der zu deckenden Gefahren dazu vorliegt. Eine bloße Wertangabe und ungenaue oder unausführbare Versicherungsweisungen genügen nicht zur Begründung einer Versicherungspflicht des Lagerhalters. Der Lagerhalter ist verpflichtet, den Auftrag zur Versicherung unverzüglich im ordnungsmäßigen Geschäftsgang durchzuführen.

Im Falle der Versicherung ist der Anspruch des Einlagerers gegen den Lagerhalter aus den durch die Versicherung gedeckten Gefahren im Schadensfalle auf das beschränkt, was der Lagerhalter selbst von der Versicherung ausgezahlt erhält, nach Abzug etwaiger Forderungen, die dem Lagerhalter gegen den Einlagerer zustehen. Der Lagerhalter genügt seinen Verpflichtungen, indem er die Ansprüche gegen den Versicherer an den Einlagerer abtritt.

Eine weitergehende Verpflichtung besteht für den Lagerhalter nur, wenn ihm oder seinen leitenden Angestellten Vorsatz oder grobe Fahrlässigkeit nachgewiesen wird.

Versichert der Einlagerer selbst, so kommt der Lagerhalter für Schäden insoweit nicht auf, wie der verkehrsübliche Versicherungsschutz reicht.

§ 17

Ist das Gut dem Empfänger ausgeliefert, so können Ansprüche gegen den Lagerhalter wegen Verlust oder Beschädigung des Lagergutes nur erhoben werden, wenn der Verlust oder die Beschädigung, sofern sie äußerlich erkennbar sind, unverzüglich nach der Auslieferung dem Lagerhalter schriftlich angezeigt und die Feststellung des Verlustes oder der Beschädigung unter Zuziehung des Lagerhalters oder einer von diesem bestimmten Person beantragt wird. Ist der Verlust oder die Beschädigung äußerlich nicht erkennbar, so hat der Empfänger unverzüglich nach der Entdeckung und spätestens innerhalb einer Woche nach der Auslieferung den Verlust oder die Beschädigung dem Lagerhalter schriftlich anzuzeigen und die gleiche Feststellung zu beantragen. Unterläßt er dies, so kann ein Anspruch gegen den Lagerhalter nicht erhoben werden.

§ 18

Für Befolgung mündlicher oder telephonischer Anweisungen, die von keiner Seite schriftlich bestätigt werden, übernimmt der Lagerhalter keine Verantwortung.

§ 19

Gegenüber Ansprüchen des Lagerhalters ist eine Aufrechnung oder Zurückbehaltung nur mit fälligen Gegenansprüchen des Einlagerers zulässig, die der Höhe nach feststehen und dem Grunde nach unbestritten sind.

§ 20

Der Gerichtsstand für alle Streitigkeiten aus dem Auftragsverhältnis wird für alle Beteiligten durch den Ort derjenigen Handelsniederlassung des Lagerhalters bestimmt, in deren Geschäftsbetrieb der Anspruch entstanden ist; für Ansprüche gegen den Lagerhalter ist dieser Gerichtsstand ein ausschließlicher.

§ 417

(1) Auf die Rechte und Pflichten des Lagerhalters in Ansehung der Empfangnahme, Aufbewahrung und Versicherung des Gutes finden die für den Kommissionär geltenden Vorschriften der §§ 388 bis 390 Anwendung.

(2) Treten Veränderungen an dem Gute ein, welche dessen Entwertung befürchten lassen, so hat der Lagerhalter den Einlagerer hiervon unverzüglich zu benachrichtigen. Versäumt er dies, so hat er den daraus entstehenden Schaden zu ersetzen.

Inhaltsübersicht

Literatur siehe Angaben zu § 416 HGB

Anm. 1

A. Vorbemerkung

§ 417 I HGB regelt in Anlehnung an das Kommissionsrecht einige Rechte und Pflichten des Lagerhalters im Zusammenhang mit der Empfangnahme, Aufbewahrung und Versicherung des Gutes. Es geht hierbei im wesentlichen um folgende Fragen: Inwieweit hat der Lagerhalter Rechte des Einlagerers gegen Transportpersonen zu wahren; in welchem Umfang haftet der Lagerhalter für Schäden an dem Gut; wann obliegt ihm eine Versicherungspflicht; wie darf der Lagerhalter verfahren, falls es der Einlagerer unterläßt, über das Gut zu verfügen oder falls der Verderb bzw. die Entwertung des Gutes zu besorgen ist, ohne daß der Einlagerer benachrichtigt werden kann, oder dieser auf die Nachricht hin nicht reagiert.

§ 417 II HGB ergänzt die Pflichten zur Schadensverhinderung, indem er den Lagerhalter verpflichtet, den Einlagerer unverzüglich von einem drohenden Verderb des Gutes zu benachrichtigen, und daran eine Schadensersatzsanktion knüpft.

§ 417 HGB gilt nur im Rahmen von Lagerverträgen, die bereits zustandegekommen sind (dazu § 416 Anm. 18). Fehlt es an einem Lagervertrag, so ist der Lagerhalter damit nicht aller Pflichten ledig. Vielmehr treffen ihn die dem vorvertraglichen Vertrauensverhältnis entspringenden Schutzpflichten (dazu § 416 Anm. 15). Diese Schutzpflichten sind anhand der in § 417 HGB zum Ausdruck gekommenen Wertungen zu konkretisieren. Daneben kommen Ansprüche des Eigentümers aus unerlaubter Handlung sowie aus dem Eigentümer-Besitzerverhältnis in Betracht (s. dazu unten Anm. 13).

B. Pflichten des Lagerhalters

Anm. 2

I. Bei der Empfangnahme

Kraft des zwischen den Parteien vereinbarten Lagervertrages ist der Lagerhalter verpflichtet, sich den **vollen Gewahrsam** an dem an ihn gelieferten und von ihm zu verwahrenden Gut zu verschaffen (s. § 416 Anm. 35; zur Pflicht aus dem vorvertraglichen Schuldverhältnis, falls ein Vertrag noch nicht zustande gekommen war, s. § 416 Anm. 15). Kommt das Gut in beschädigtem oder mangelhaftem Zustand an, der äußerlich erkennbar ist, so hat der Lagerhalter gemäß §§ 417, 388 HGB die Rechte gegen die Frachtführer oder Schiffer zu wahren. Der Lagerhalter hat insoweit wie ein Geschäftsbesorger tätig zu werden. Im einzelnen heißt das:

1. Beschädigter oder mangelhafter Zustand des Gutes **Anm. 3**

Es braucht sich hierbei nicht notwendig um Transportschäden zu handeln. In Betracht kommen aber nur Schäden und Mängel, die die chemisch-physikalischen Eigenschaften des Gutes beeinträchtigen (s. § 388 Anm. 4). § 388 HGB ist im Hinblick auf Quantitätsmängel analog heranzuziehen. Ein Schaden in diesem Sinne liegt auch dann vor, wenn das Gut einer anderen Gattung angehört, als einzulagern vertraglich vereinbart worden war (Senckpiehl, Lagergeschäft, aaO, S. 72).

2. Äußerliche Erkennbarkeit **Anm. 4**

Der „Schaden" ist äußerlich erkennbar, wenn ihn der Lagerhalter bei einer mit zumutbarem Aufwand vorgenommenen Untersuchung ohne Beschädigung der Verpackung wahrzunehmen imstande ist (§ 388 Anm. 5). Eine Pflicht, das Gut auf äußerlich unerkennbare Mängel hin zu untersuchen, trifft den Lagerhalter nicht (Heymann/Kötter, HGB, § 417 Anm. 2). § 16 ADSp (abgedr. Anh. I zu § 415), der bestimmt, daß der Spediteur mangels schriftlicher Vereinbarung nur im Rahmen des Geschäftsüblichen zur Untersuchung verpflichtet ist, befreit den Lagerhalter nicht von der aus §§ 388 I, 417 I HGB abzuleitenden Untersuchungspflicht, wie sich aus § 16a S. 2 ADSp ergibt (Krien, Speditions- und Lagerrecht, § 16 ADSp Anm. 9). **§ 16a 1 ADSp** kommt mithin nur im Hinblick auf Erhaltungs- oder Besserungsmaßnahmen zum Tragen, die dem Lagerhalter ohne schriftliche Vereinbarung nur im Rahmen des Geschäftsüblichen obliegen. Aus **§ 7 ADSp** (abgedr. Anh. I zu § 416) kann keine Befreiung von der Pflicht abgeleitet werden, die angelieferte Ware abzuwiegen oder sonst nachzumessen, wenn sie dem Lagerhalter nach Gewicht oder z. B. Raummaßen angeliefert wird und dies zur Feststellung von Quantitätsmängeln (dazu oben Anm. 3) erforderlich ist. § 7 ADSp, der im Zweifel zu Lasten des Lagerhalters auszulegen ist (§ 5 AGBG), ist nur dann heranzuziehen, wenn der Einlagerer selbst das Gut angeliefert hat (vgl. auch Schlegelberger/Schröder, HGB, § 417 Anm. 2b). Mündliche Aufträge zu einer über § 388 I HGB hinausgehenden Untersuchung sind vertraglich nicht bindend (§ 16a ADSp; a.A. Schlegelberger/Schröder, HGB, § 417 Abs. 2b), wenn der Lagerhalter nur mündlich ihre Ausführung zugesagt hat. Nimmt er jedoch den Auftrag dadurch an, daß er ihn ausführt (§ 151 BGB), so hat er mit pflichtgemäßer Sorgfalt vorzugehen; denn § 16 ADSp soll den Lagerhalter nur davor schützen, daß ein mündlicher Auftrag in Vergessenheit gerät oder falsch verstanden wird und deshalb überhaupt nicht oder falsch ausgeführt wird.

3. Zugesandt **Anm. 5**

Das Gut muß dem Lagerhalter von einem Transportmittler, wie dem Frachtführer oder Schiffer, übergeben worden sein (vgl. oben § 388 Anm. 3). § 417 in Verbindung mit § 388 HGB greift nicht ein, falls der Einlagerer selbst oder seine Leute das Gut dem Lagerhalter übergeben haben.

4. Pflicht zur Rechtswahrung, Beweissicherung, Benachrichtigung **Anm. 6**

Bei den in § 388 HGB genannten Rechten handelt es sich um Rechte, die dem Lagerhalter als Empfänger im eigenen Namen zustehen. In analoger Anwendung des § 388 I HGB kommen ferner die Rechte aus §§ 408, 454ff., 606ff. HGB, 82ff. EVO in Betracht (s. oben § 388 Anm. 6). Der Lagerhalter ist nicht verpflichtet, die Rechte zu realisieren; er hat sie bloß vorläufig zu wahren (Schlegelberger/Schröder, HGB, § 417 Anm. 2a). Vielfach genügt hierzu ein bloßer Vorbehalt (s. oben § 388 Anm. 6). Der Lagerhalter hat ferner die Beweise so zu sichern, daß die Rechte, an deren Wahrung der Einlagerer ein Interesse besitzt, mit an Sicherheit grenzender Wahrscheinlichkeit durchgesetzt werden können (näher dazu oben § 388 Anm. 7). Schließlich hat der Lagerhalter dem Einlagerer unverzüglich Nachricht zu geben, damit dieser in die Lage versetzt wird, sachgerecht über das Gut zu verfügen. Zum Selbsthilfeverkauf in Fällen, in denen das mangelhaft angelieferte Gut dem Verderb ausgesetzt ist, s. unten Anm. 31f. Verletzt der Lagerhalter diese Pflichten, so hat er den gesamten daraus resultierenden Schaden auf sich zu nehmen. Zur Haftungsbeschränkung nach ADSp und ALB vgl. unten Anm. 15ff. Hingegen ist der Lagerhalter kraft dispositiven Rechts nicht verpflichtet, das Gut durch besondere Erhaltungsmaßnahmen vor weiterer Verschlechterung zu bewahren (Senckpiehl, Lagergeschäft, aaO, S. 73).

II. Haftung für Verlust und Beschädigung

Gemäß §§ 417 I, 390 I HGB ist der Lagerhalter für den Verlust und die Beschädigung des in seiner Verwahrung befindlichen Gutes verantwortlich, es sei denn, daß der Verlust oder die Beschädigung auf Umständen beruht, die durch die Sorgfalt eines ordentlichen Kaufmannes nicht abgewendet werden konnten.

Anm. 7 **1. Haftungsmaßstab im allgemeinen**

§ 417 I in Verbindung mit § 390 I HGB hält im Einklang mit § 347 HGB fest, daß der Lagerhalter für die **Sorgfalt eines ordentlichen Kaufmannes,** d. h. eines ordentlichen Lagerhalters einzustehen hat (näher dazu oben § 347 Anm. 4ff.). Dieser Haftungsmaßstab gilt nicht nur in Fällen, in denen das Gut verlorengeht oder beschädigt wird, sondern auch im Hinblick auf alle anderen Arten von Leistungsstörungen. Für Erfüllungsgehilfen haftet der Lagerhalter im Rahmen des § 278 BGB.

Anm. 8 Fraglich ist, ob die **Haftungsmilderung** des § 690 BGB eingreift, falls ein gewerbsmäßiger Lagerhalter die Aufbewahrung unentgeltlich übernimmt (bejahend: Schlegelberger/Schröder, HGB, § 416 Anm. 15b; verneinend: RGRKz HGB-Ratz, § 417 Anm. 9). Die Verweisung des § 417 I HGB auf § 390 I HGB steht jedenfalls der Haftungsmilderung nicht entgegen, da § 417 HGB ebenso wie die kommissionsrechtlichen Vorschriften vom Typus eines entgeltlichen Vertrages ausgeht. Mag es auch keinen allgemeinen Rechtsgrundsatz geben, daß derjenige, der unentgeltlich tätig wird, nicht für die verkehrserforderliche Sorgfalt einzustehen braucht (vgl. BGH, DB 63, 1604), so ist im Zweifel jedoch anzunehmen, daß derjenige, der für seine Leistung keine Vergütung erhält, nur in geringerem Umfang haftet; denn er vermag die auf ihn zukommenden Risiken nicht in die Vergütung einzukalkulieren (vgl. Koller, Risikozurechnung, aaO, S. 404f.). Dies gilt insbesondere dort, wo der Schuldner, wie der Verwahrer, üblicherweise die Leistung mit den ihm ohnehin zur Verfügung stehenden Mitteln erfüllt. Wer unentgeltlich etwas bei einem Lagerhalter einbringt, kann deshalb nur erwarten, daß der Lagerhalter sich so verhält, wie er sich üblicherweise verhält. Der Rechtsgedanke des § 690 BGB ist mithin im Bereich des Lagergeschäftes dahin zu modifizieren, daß es nicht darum geht, wie sich der Lagerhalter in Privatangelegenheiten, sondern wie er sich faktisch im Rahmen seiner Verwahrungstätigkeit verhält. Eine Ausnahme gilt dort, wo der Lagerhalter dem Einlagerer erkennbar durch eine Haftpflichtversicherung geschützt ist. Allerdings spricht der Umstand, daß der Einlagerer keine Vergütung zu bezahlen hat, noch nicht ohne weiteres dafür, daß die Verwahrung unentgeltlich erbracht wird. Als Entgelt kann nämlich z. B. auch die begründete Erwartung angesehen werden, daß der Einlagerer dem Lagerhalter provisionspflichtige Geschäfte verschafft, oder die Lagerung im Zusammenhang mit einem provisionspflichtigen Geschäft erfolgt, auch wenn für die Lagerung selbst keine Vergütung verlangt wird.

Die Verantwortlichkeit des Lagerhalters kann durch **Vertrag** zwischen Einlagerer und Lagerhalter **eingeschränkt** werden. Nachträgliche einseitige Erklärungen des Lagerhalters beschränken die Haftung nicht. Gibt der Lagerhalter vor oder bei Vertragsschluß Erklärungen des Inhalts ab, daß er nur in gemindertem Umfang haften wolle, so wird diese Haftungsbegrenzung Vertragsinhalt, falls der Lagerhalter aus seiner Sicht annehmen durfte, daß sich der Einlagerer damit einverstanden erklärt habe. Andernfalls kann Dissens vorliegen, so daß überhaupt kein Vertrag zustande gekommen ist. Dann bestimmt sich die Haftung des Lagerhalters nach Maßgabe der §§ 823ff. BGB (dazu unten Anm. 13) und den Regeln über die c.i.c. (dazu § 416 Anm. 15). Obliegt nach dem Lagervertrag die **Versicherung** des eingelagerten Gutes dem Einlagerer, so muß der Einlagerer den Lagerhalter so stellen, wie wenn der Lagerhalter selbst das Gut versichert und deshalb nicht für leicht fahrlässig verschuldete Schäden gehaftet hätte (BGH, VersR 76, 46). Zur Frage des Mitverschuldens des Einlagerers s. BGH, VersR 76, 46. **Anm.9**

Haftungseinschränkungen sind besonders häufig in allgemeinen Geschäftsbedingungen enthalten. Sie werden unter der Voraussetzung des § 2 AGBG Bestandteil des Vertrages, falls das Gut außerhalb des Rahmens eines Handelsgeschäftes und nicht von einer juristischen Person des öffentlichen Rechts bzw. von einem öffentlich-rechtlichen Sondervermögen eingelagert wird (§ 24 I AGBG). Ansonsten gelten die allgemeinen Grundsätze über die Auslegung von Willenserklärungen (vgl. BGH, BB 76, 1386; Ulmer in: Ulmer/Brandner/Hensen, AGBG, § 2 Anm. 64ff. m. Nachw.; zum Zusammentreffen von verschiedenen AGB, aaO, Anm. 74ff.). Zur Einbeziehung der ADSp in den Vertrag, die für das Lagerrecht wichtige Haftungsbeschränkungen regeln, siehe oben, § 416 Anm. 10. Im einzelnen zu den Haftungseinschränkungen nach ADSp s. unten Anm. 15ff.

2. Verlust und Beschädigung **Anm. 10**

Das eingelagerte Gut ist verlorengegangen, wenn der Lagerhalter dem Einlagerer auf unabsehbare Zeit nicht (mehr) den Besitz zu beschaffen vermag (s. oben, § 390 Anm. 5). Der Verlust kann mithin auf totaler Zerstörung des Gutes, aber auch auf dessen Abhandenkommen beruhen. Dagegen liegt kein Verlust des Gutes vor, wenn es lediglich jeden Wert verloren hat, der Lagerhalter aber noch im Besitz des Gutes ist.

Das Gut ist beschädigt, falls die Substanz des Gutes verändert worden ist. Eine bloße Wertminderung, die nicht durch eine Substanzänderung ausgelöst worden ist, stellt keine Beschädigung im Sinne der §§ 390, 417 HGB dar (s. oben § 390 Anm. 5).

3. Verantwortung **Anm. 11**

Der Lagerhalter hat den Verlust oder die Beschädigung zu verantworten, wenn er das Gut unter Verletzung seiner Pflichten als Lagerhalter verwahrt hat, der Schaden infolge des Pflichtverstoßes entstanden ist und der Lagerhalter seine Pflichten vorsätzlich oder fahrlässig verletzt hat. – Zu den dem Lagerhalter bei der Auswahl der Lagerräume, Kontrolle und Gefahrenabwehr obliegenden Pflichten s. oben § 416 Anm. 24ff. Da der Lagerhalter nach objektiven Maßstäben für die einem ordentlichen Lagerhalter zumutbare Sorgfalt einzustehen hat (s. oben Anm. 7), indiziert ein Pflichtenverstoß schuldhaftes Verhalten des Lagerhalters (vgl. Larenz, Schuldrecht I, 11. Aufl., § 20 IV). Verantworten im Sinn der §§ 390, 417 HGB heißt Ersatz des Schadens. Ferner bedeutet „verantworten" „vertreten müssen" im Sinne der allgemeinen Leistungsstörungsregeln (Unmöglichkeit, Verzug).

Anm. 12 **4. Beweislast**

Gemäß §§ 417 I, 390 I HGB wird vermutet, daß der Verlust bzw. die Beschädigung des Gutes, das der Lagerhalter in Aufbewahrung hat, durch eine Pflichtverletzung des Lagerhalters verursacht und vom Lagerhalter verschuldet worden ist (BGH, WM 74, 437; vgl. ferner oben § 390 Anm. 6). Der Lagerhalter muß daher nachweisen, daß die Veränderungen oder das Abhandenkommen des Gutes, das in seine Organisationssphäre (im weitesten Sinne) gelangt ist (vgl. BGH, VersR 64, 1015), nicht von ihm zu verantworten sind. Dazu muß er aufklären, wie der Schaden entstanden ist (BGH, VersR 64, 1015). Er hat ferner z. B. zu beweisen, daß die Lagerräume so beschaffen waren, daß Schäden nach Möglichkeit vermieden wurden und daß ihn und seine Erfüllungsgehilfen auch sonst kein Schuldvorwurf traf (BGH, WM 76, 437f.). Dabei kann sich der Lagerhalter nicht einfach darauf berufen, daß der Schaden durch von außen kommende Umstände verursacht worden ist; denn der Lagerhalter hat auch solche Gefahren im Rahmen des Zumutbaren abzuwehren (mißverständlich Schlegelberger/Schröder, HGB, § 417 Anm. 5). Der Einlagerer seinerseits hat darzulegen und zu beweisen, daß der Schaden eingetreten ist, nachdem der Lagerhalter das Gut in Empfang genommen (vgl. auch BGH, VersR 75,417) und bevor er es an den Einlagerer zurückgegeben hat (BGH, VersR 64, 1015; RGZ 126, 75; Schlegelberger/Schröder, HGB, § 417 Anm. 5). Der Beweis dafür, daß das Gut zur Zeit der Einlagerung mangelfrei war, kann nach den Grundsätzen des Anscheinsbeweises geführt werden (BGH, VersR 64, 1015). Steht fest, welche Mengen eingelagert worden sind und geht der Streit der Parteien nur darum, ob die Güter wieder vollständig ausgeliefert worden sind, so trifft den Lagerhalter die Beweislast dafür, daß er das Gut ausgeliefert hat (BGH, VersR 73, 343). Zur Beweislast im Falle einer Benutzung fehlerhaft arbeitender Waagen vgl. BGH, VersR 73, 343.

Anm. 13 **5. Außervertragliche Haftung**

Neben der Haftung aus §§ 417 I, 390 I HGB kommt eine Schadensersatzpflicht des Lagerhalters wegen unerlaubter Handlung (§§ 823ff. BGB) und nach den Regeln über das Eigentümer-Besitzerverhältnis (§§ 989ff. BGB) in Betracht. Bereits die Ausübung eines Gewerbebetriebes als Lagerhalter begründet, auch wenn Vertragsbeziehungen nicht oder noch nicht vorliegen, eine besondere Verantwortung hinsichtlich des Gutes, das in Ausübung des Gewerbebetriebes in die Obhut des Lagerhalters gelangt. Wird die Verantwortung nicht sorgfältig wahrgenommen, so stellt dies eine unerlaubte Handlung im Sinn der §§ 823f. BGB dar, die dem Eigentümer gegenüber zum Schadensersatz verpflichtet (BGHZ 9, 301; Schlegelberger/Schröder, HGB, § 416 Anm. 15d). Daneben kommt eine Haftung wegen c.i.c. in Betracht. War der Lagervertrag aus irgendeinem Grunde nichtig, so kann nach richtiger Ansicht ferner eine Haftung wegen positiver Forderungsverletzung eingreifen (vgl. Canaris, JZ 65, 475; a.A. Palandt/Heinrichs, BGB, § 276 Anm. 7abb m. Nachw.).

Anm. 14 **6. Vorteilsausgleichung**

Es gelten die allgemeinen Regeln über die Vorteilsausgleichung. Wird bei einer Bestandsaufnahme ein Manko an dem einen Gut und ein Überschuß bei einem anderen Gut festgestellt, so kommt entgegen Ruhle (BB 65, 1294) keine Vorteilsausgleichung in Betracht, da der „Vorteil" nicht durch das schädigende Ereignis verursacht worden ist.

Anm. 15 **7. Freizeichnungs- und Beweislastklauseln der ADSp**

Die ADSp enthalten insbesondere in den §§ 37, 41, 43, 51ff. Haftungsausschlüsse. Totale Haftungsausschlüsse statuieren die §§ 37, 41 ADSp. Die Freizeichnungen sind von Amts wegen zu berücksichtigen (OLG Düsseldorf, DB 76, 1374).

a) § 41 ADSp Anm. 16

§ 41 ADSp (abgedr. Anh. I zu § 416) schließt die Haftung des Spediteurs aus, falls dieser eine Speditionsversicherung getätigt hatte. Die Speditionsversicherung deckt auch in gewissem Umfang Lagerrisiken (siehe dazu §§ 1ff. SVS; abgedr. oben, Helm, Anh. II zu § 415). Die Freizeichnung erfaßt grundsätzlich nur solche Risiken, die im Einzelfall durch die Versicherung gedeckt sind (vgl. BGH, BB 78, 1236; Krien, Speditions- und Lagerrecht, § 41 ADSp Anm. 6). Zu wichtigen Einschränkungen dieses Grundsatzes, insbesondere im Hinblick auf Höchstbeträge, siehe oben, Helm, § 415 Anh. I, § 41 ADSp Anm. 3ff.; ferner Krien, aaO, vor § 41 ADSp Anm. 1 und § 41 ADSp Anm. 6c; BGH, BB 78, 322.

b) § 37 ADSp Anm. 17

Eine totale Freizeichnung scheint ferner § 37 ADSp (abgedr. Anh. I zu § 416) zu regeln, der bestimmt, daß im Falle der Versicherung dem Auftraggeber als Ersatz nur das zusteht, was der Spediteur vom Versicherer nach Maßgabe der Versicherungsbedingungen erhält. Im Rahmen des Lagergeschäftes erlangt diese Regelung insbesondere dann Bedeutung, wenn der Lagerhalter auf Rechnung des Einlagerers eine Lagerversicherung nimmt (Krien, Speditions- und Lagerrecht, vor § 37 ADSp Anm. 6). Schließt der Einlagerer hingegen selbst die Versicherung ab, so findet § 37 ADSp keine Anwendung (Helm, VersR 77, 586). Der § 37 ADSp bedarf einschränkender Auslegung; denn nur dann vermag er die Klippe der unangemessenen Benachteiligung (§ 9 AGBG) zu überwinden. Vgl. dazu näher Helm, oben § 415 Anh. I, § 37 ADSp Anm. 6; abweichend Krien, Speditions- und Lagerrecht, vor § 37 ADSp Anm. 4f., § 37 ADSp Anm. 4. Vgl. auch § 57b ADSp in der Binnenschiffahrtsspedition.

c) §§ 51ff. ADSp Anm. 18

Hat der Lagerhalter das Interesse des Einlagerers nicht versichert, sei es, weil dieser die Deckung durch eine Speditionsversicherung verboten, sei es, weil dieser keinen Auftrag für eine Lagerversicherung gegeben hat, so sollen dem Lagerhalter insbesondere die §§ 51ff. ADSp (abgedr. Anh. I zu § 416) Schutz vor Schadensersatzansprüchen bieten. Diese Regeln enthalten Freizeichnungen von Schadensersatzansprüchen dem Grunde und der Höhe nach. Nach ständiger Rechtsprechung des BGH (zuletzt BGH, VersR 78, 175ff.; w. Nachw. s. oben, Helm, § 415 Anh. I, ADSp Vorbem. Anm. 13) sind sie regelmäßig unwirksam, falls dem Lagerhalter selbst oder einem seiner leitenden Angestellten der Vorwurf grober Fahrlässigkeit (vgl. dazu auch OLG Hamm, BB 64, 1322) gemacht werden kann. Dabei wird der Kreis der leitenden Angestellten sehr weit gezogen (vgl. OLG Frankfurt, BB 76, 1387). Die Anforderungen an eine sachgerechte Organisation des Betriebes werden sehr streng gehandhabt (vgl. BGH, DB 78, 393; OLG Frankfurt, BB 76, 1387). Dem wurde in § 51b der ADSp (1978) Rechnung getragen.

An sich erscheint auch die Haftungsfreizeichnung für grobes Verschulden sonstiger Erfüllungsgehilfen vielfach als unangemessen (§ 9 AGBG; vgl. Koller, VersR 80, 3, 6; a. A. Helm, BB 77, 1111f.); doch wird man im Hinblick auf die ADSp die Zone der Angemessenheit weiter ziehen können, da unter Kaufleuten der Präventionseffekt der Haftung stärker zur Disposition steht und sich die maßgeblichen Verbände auch nach Inkrafttreten des AGBG darauf geeinigt haben (vgl. auch BGH, VersR 79, 187 (188)), das System der ADSp wegen der damit verbundenen Kostenbelastung nicht umzustellen, sondern im wesentlichen die ADSp nur dadurch einzuschränken, daß der Geltungsbereich auf die in § 24 I AGBG genannten Personen beschränkt wird (vgl. Hensen in: Ulmer/Brandner/Hensen, AGBG, 3. Aufl., Anh. §§ 9–11 Anm. 22).

Im einzelnen spielen folgende Freizeichnungsklauseln bei Lagergeschäften eine wesentliche Rolle:

Anm.19 **aa) Partielle Haftungsausschlüsse dem Grunde nach**

(1) § 43c ADSp

Die zur Bewachung des Gutes eingesetzten Personen sind an sich Erfüllungsgehilfen des Lagerhalters; denn zu den Kardinalpflichten des Lagerhalters zählt die Bewachung des Gutes (vgl. oben § 416 Anm. 31). In dem von § 24 AGBG erfaßten Bereich erscheint die Regelung des § 43c ADSp (abgedr. Anh. I zu § 416) wegen ihrer Gebräuchlichkeit im Rahmen der Versicherbarkeit der Risiken (ohne diese Beschränkung: Krien, Speditions- und Lagerrecht, § 43 ADSp Anm. 5c m. Nachw.; vgl. auch BGH, VersR 79, 187) als gerade noch tragbar, wenn man sie dahin versteht, daß nicht nur der Lagerhalter selbst, sondern auch seine Angestellten, soweit sie als Erfüllungsgehilfen tätig werden, bei der Anstellung oder Annahme (wozu auch die Überwachung gehört; a. A. für den Regelfall: Krien, Speditions- und Lagerrecht, § 43 ADSp Anm. 5c) der Bewacher die nötige Sorgfalt zu wahren haben (vgl. im übrigen oben § 416 Anm. 31). Außerdem ist § 43c ADSp in Anlehnung an § 52 ADSp (abgedr. Anh. I zu § 416) dadurch zu ergänzen, daß der Lagerhalter Regreßansprüche gegen die Bewacher abzutreten hat. Um den Präventionseffekt der Haftung nicht allzu sehr zu schmälern, darf er auf Regreßansprüche nur im Rahmen des § 9 AGBG verzichten und hat auch mit verkehrsüblicher Sorgfalt dafür zu sorgen, daß er solvente Bewachungsunternehmen auswählt.

Anm.20 **(2) § 56 ADSp**

Die Angemessenheit dieser Freizeichnungsklausel (abgedr. Anh. I zu § 416) ist im Prinzip nicht zu bezweifeln, da die Diebstahls- sowie Unterschlagungsgefahr bei höherwertigen Gütern stark steigt und daher besondere Schutzvorkehrungen erforderlich sind. Es darf deshalb die Gefahr der Externalisierung von Risiken verhindert werden. Angesichts der Aufklärungspflicht des Spediteurs gemäß § 56c S. 2 ADSp erscheint es auch zulässig, dem Kunden den Einwand abzuschneiden, der Spediteur habe den Wert des Gutes kennen müssen. Unangemessen erscheint die Freizeichnung für Schadensursachen, die durch die besonderen Eigenschaften der in § 56a ADSp genannten Güter in keiner Weise beeinflußt sein können. Das Risiko besonders hoher Schäden wird schon durch § 54 Ziff. 1 ADSp (abgedr. Anh. I zu § 416) ausreichend begrenzt.

Anm.21 **(3) § 52a und b ADSp**

Zum Wortlaut des § 52 ADSp siehe Anh. I zu § 416. § 52 ADSp ist bei Einlagerung der Güter bei dritten Lagerhaltern nur anwendbar, falls diese selbständig sind, d. h. insbesondere dem Lagerhalter nicht bloß ihre Betriebsorganisation zur Verfügung stellen. Der Lagerhalter haftet auch, wenn der Schaden bei einem Dritten eingetreten ist, sofern er auf schuldhaftem Verhalten des Lagerhalters beruht (OLG Düsseldorf, DB 76, 1374; vgl. ferner BGHZ 9, 63; Schlegelberger/Schröder, HGB, § 417 Anm. 7). Eingehender zur Reichweite dieser Freizeichnungsklausel oben, Helm, § 415 Anh. I Anm. 1ff. Auch hier wird man fordern müssen, daß der Lagerhalter für realisierbare Regreßmöglichkeiten gegenüber dem dritten Lagerhalter sorgt (vgl. Koller, VersR 80, 6).

Anm.22 **(4) Verlust aufgrund Herausgabe an Nichtberechtigte**

Zu einem Verlust des eingelagerten Gutes kann es dadurch kommen, daß der Lagerhalter das Gut an einen Nichtberechtigten herausgibt. §§ 10, 48 ADSp (abgedr. Anh. I zu § 415) schränken die Haftung des Lagerhalters dadurch ein, daß sie den Lagerhalter für nicht verpflichtet erklären, die Echtheit der Unterschriften, die Befugnis der Unterzeichner nachzuprüfen, es sei denn, daß mit dem Einlagerer etwas anderes vereinbart worden war oder der Mangel offensichtlich erkennbar war. Eine ähnliche Regelung trifft § 5 ALB. Näher dazu § 424 Anm. 24, 29, 33.

(5) Unterlassen der Besichtigung **Anm. 23**

Gemäß § 43d ADSp (abgedr. Anh. I zu § 416) muß der Einlagerer Einwände oder Beanstandungen gegen die Unterbringung des Gutes oder die Wahl des Lagerraumes unverzüglich vorbringen. Macht der Einlagerer von seinem Besichtigungsrecht keinen Gebrauch, so begibt er sich aller Einwände gegen die Art und Weise der Unterbringung, soweit die Wahl des Lagerraumes und die Unterbringung unter Wahrung der Sorgfalt eines ordentlichen Lagerhalters erfolgt sind. Diese Klauseln sind in ihrer Tragweite nicht ganz klar. Einerseits hat der Lagerhalter immer dafür einzustehen, daß er das Gut mit der Sorgfalt eines ordentlichen Kaufmannes (§ 1 I ALB spricht von üblicher Sorgfalt) eingelagert hat. Andererseits soll den Einlagerer die Obliegenheit treffen, das Gut unverzüglich zu besichtigen. Dieser Widerspruch läßt sich dadurch beseitigen, daß § 43d ADSp dahin interpretiert wird, daß er die Verpflichtung des Lagerhalters zur Wahl des Lagerraumes sowie der Unterbringung mit der Sorgfalt eines ordentlichen Lagerhalters unberührt läßt und dem Lagerhalter nur dort Entlastung verschafft, wo der Lagerhalter deshalb keine bessere Lagerungsform gewählt hatte, weil er nicht über die besondere Warenkenntnis des Einlagerers verfügte oder verfügen mußte (vgl. Krien, Speditions- und Lagerrecht, § 43 ADSp Anm. 6c; enger wohl Schlegelberger/Schröder, HGB, § 417 Anm. 4). Jedenfalls bezieht sich § 43d ADSp nicht auf Schäden, die durch verkehrserforderliche Kontroll- und Abwehrmaßnahmen hätten verhindert werden können (OLG Celle, VersR 58, 440).

bb) Haftungsausschlüsse der Höhe nach **Anm. 24**

Die Freizeichnung ist gemäß § 51b S. 2 ADSp (abgedr. Anh. I zu § 416) davon abhängig, daß der Lagerhalter oder seine leitenden Angestellten nicht grob fahrlässig gehandelt haben. Angesichts der niedrigen Haftungsgrenzen in § 54 ADSp (abgedr. Anh. I zu § 416) erscheint die zusätzliche Freizeichnung im § 55 ADSp (abgedr. Anh. I zu § 415) als unangemessen (§ 9 AGBG; a. A. Krien, Speditions- und Lagerrecht, § 55 ADSp Anm. 2).

d) Beweislast **Anm. 25**

Die Beweislast ist in § 51a ADSp (abgedr. Anh. I zu § 416) geregelt. § 57a ADSp (abgedr. Anh. I zu § 416) statuiert eine Beweislastumkehr zu Lasten des Einlagerers (unklar Krien, Speditions- und Lagerrecht, vor § 57 ADSp Anm. 2bff.), die gegen § 9 AGBG verstößt; denn die dort genannten Schadensfälle werden nahezu immer aus Störungen resultieren, die aus der Sphäre des Lagerhalters stammen oder in seiner Sphäre zuerst erkannt und bekämpft werden können (a.A. Krien, Speditions- und Lagerrecht, vor § 57 ADSp Anm. 1b).

e) Ausschlußfristen **Anm. 26**

§ 60 ADSp

Diese Regelung (abgedr. Anh. I zu § 416) erscheint nur dann als angemessen, wenn man die mit dem Haftungsausschluß sanktionierte (Krien, Speditions- und Lagerrecht, § 60 ADSp Anm. 1a) Rügepflicht, die spätestens am 6. Tag nach Ablieferung erfüllt sein muß, nur dort eingreifen läßt, wo Schäden bei mit verkehrserforderlicher Sorgfalt durchgeführter Untersuchung erkennbar waren (vgl. dazu BGH, VersR 79, 447ff., der betont, daß der Kunde Gelegenheit gehabt haben muß, die Ansprüche geltend zu machen; a.A. Krien, Speditions- und Lagerrecht, § 60 ADSp Anm. 1; zurückhaltender Helm, VersR 77, 588f.).

Anm. 27 **8. Freizeichnungsklauseln der ALB (Lagerung von Möbeln)**

Zum Text siehe Anh. II zu § 416.

Die Freizeichnungsklauseln der ALB verstoßen, da die ALB in aller Regel nur im Geschäftsverkehr mit Nichtkaufleuten Anwendung finden werden, durchwegs gegen die zwingenden Klauselverbote der §§ 11 Nr. 7, 8 AGBG. Zur Zulässigkeit von Haftungsausschlüssen auf dem Gebiet der Möbellagerung vgl. Koller, VersR 80, 1ff. Zu den den ADSp nachgebildeten Klauseln des § 6 ALB siehe ferner oben § 416 Anm. 33.

§§ 1 IV, 3 ALB legen dem Einlagerer die Beweislast für Umstände auf, die zur Sphäre des Lagerhalters gehören. Diese Beweislastverteilung steht im Widerspruch zu § 11 Nr. 15 AGBG und ist deshalb unwirksam.

Eine Ausschlußfrist für Schadensersatzansprüche enthält § 17 ALB. Diese Regelung enthält eine unangemessene Benachteiligung, soweit sie dem Einlagerer Ansprüche wegen Schäden abschneidet, die binnen einer Woche nach Auslieferung nicht erkennbar waren (§ 9 AGBG). Vgl. auch oben Anm. 26.

Anm. 28 **III. Versicherung des Gutes**

Gemäß §§ 417, 390 II HGB braucht der Lagerhalter das Gut nicht von sich aus versichern. Er muß Schadensrisiken nur dann durch eine Versicherung abdecken, wenn ihn der Einlagerer dazu angewiesen hat. Eine solche Weisung kann auch konkludent erteilt werden. Die bloße Wertangabe, wie sie bei der Einlagerung von Kostbarkeiten erfolgt, stellt nicht ohne weiteres einen Auftrag zur Versicherung dar (vgl. auch § 35b ADSp, abgedr. Anh. I zu § 416). Eine Weisung kann aber darin liegen, daß der Einlagerer zu erkennen gibt, er wolle auf jeden Fall vor Schaden geschützt sein (BGH, VersR 74, 328). Zur Auswahl der Versicherung siehe § 390 Anm. 9.

Zur **Versicherung** ist der Lagerhalter nicht ohne weiteres **berechtigt.** Aus § 420 I HGB („Aufwendungen") darf man nicht ableiten, daß der Lagerhalter umfassend als Geschäftsbesorger tätig werde (a.A. Senckpiehl, Lagergeschäft, aaO, S. 196; vgl. auch Sellschopp, Haftung, aaO, S. 45). Der Lagerhalter ist in erster Linie zur Obhut verpflichtet. Im Rahmen der Obhut erforderlich werdende Aufwendungen kann er ohne weiteres tätigen; er kann sie indessen nicht erstattet verlangen. Die Versicherung als solche ist keine Obhutsmaßnahme, sondern eine Nebenleistung. Ob derartige Nebenleistungen zulässigerweise erbracht werden, darf nicht aus § 420 I HGB abgelesen werden, der nur besagt, daß Aufwendungen im Rahmen zulässiger Nebenleistungen zu ersetzen sind. Daraus ergibt sich, daß das „Ob" der Zulässigkeit einer Nebenleistung nicht nach pflichtgemäßem Ermessen des Lagerhalters (vgl. Koller, BB 79, 1727), sondern nach Maßgabe der konkreten Parteivereinbarung zu bestimmen ist. Entscheidend ist mithin für die Berechtigung des Lagerhalters, das Gut ohne besondere Weisung zu versichern, der Handelsbrauch bzw. die Verkehrsüblichkeit der Versicherung. Ist die Versicherung üblich und ergibt sich aus dem Vertrag nichts Gegenteiliges, so darf der Lagerhalter versichern, muß es aber nicht tun (vgl. Sellschopp, Haftung, aaO, S. 65f.).

Diese Regelung wird durch die ADSp und ALB modifiziert.

Anm. 29 **1. ADSp**

Die in § 35a ADSp (abgedr. Anh. I zu § 416) aufgestellte Schriftform wird auch durch fernschriftliche und telegraphische Weisungen erfüllt. Es genügen auch allgemeine, für eine Vielzahl von Geschäften bestimmte Weisungen (Krien, Speditions- und Lagerrecht, § 35 ADSp Anm. 4b, c). Ist die Schriftform nicht gewahrt, muß dem Lagerhalter aber der Wunsch des Einlagerers nach Versicherungsdeckung bekannt sein, so entsteht im kaufmännischen Bereich keine Pflicht zur Rückfrage. Der Lagerhalter kann davon ausgehen, daß der Einlagerer das Schriftformerfordernis kennt, das Streitigkeiten über die Existenz einer Weisung verhüten soll, und sich daran hält (a. A. Schlegelberger/Schröder, HGB, § 417 Anm. 9). Die Formulierung „nur verpflichtet" schneidet dem Lagerhalter nicht ohne weiteres das Recht ab, das Gut zu versichern (a. A. Senckpiehl, Lagergeschäft, aaO, S. 197).

Gemäß § 39a ADSp (abgedr. Anh. I zu § 416) ist der Lagerhalter als Spediteur verpflichtet, die Schäden, die dem Auftraggeber durch die Ausführung des Auftrages erwachsen können, auf Kosten des Auftraggebers durch eine Speditionsversicherung abzudecken, es sei denn, daß der Kunde dies ausdrücklich untersagt hatte. Die Speditionsversicherung deckt dem Speditionsversicherungsschein n. F. (abgedruckt in a. F. oben, Helm, § 415 Anh. II; § 3 SVS) zufolge in gewissem Umfang auch Lagerschäden (siehe dazu die Erläuterungen oben Helm, § 415 Anh. II, insbesondere § 3 SVS Anm. 4).

2. ALB **Anm. 30**

§ 16 ALB (abgedr. Anh. II zu § 416) erklärt den Lagerhalter ebenfalls nur dann zur Versicherung verpflichtet, wenn eine ausdrückliche schriftliche Weisung des Einlagerers erteilt wird, die den Versicherungswert und die zu deckenden Gefahren (z. B. „Feuer"; „Sturm"; „Einbruch") enthält. Im Unterschied zu der Klausel des § 35 ADSp (abgedr. Anh. I zu § 416) erscheint § 16 ALB, der vorwiegend im nichtkaufmännischen Bereich Anwendung findet, nur dann als angemessen, wenn man ihn unter den Vorbehalt stellt, daß der Lagerhalter den Einlagerer über die Möglichkeit und die Arten einer Versicherung hinreichend aufgeklärt hat. Dadurch werden dem Lagerhalter keine unzumutbaren Bedingungen auferlegt, da sich eine derartige Aufklärung leicht durch entsprechende drucktechnische Gestaltung der Auftragsformulare erreichen läßt.

IV. Veränderungen am Gut **Anm. 31**

§ 417 II HGB verpflichtet den Lagerhalter, dem Einlagerer anzuzeigen, daß an dem eingelagerten Gut Veränderungen aufgetreten sind, die dessen Entwertung befürchten lassen. Die Güter sind dem Lagerhalter zur Obhut übergeben. Da der Lagerhalter regelmäßig nicht über ausreichende Warenkenntnis verfügt, ist er grundsätzlich nicht verpflichtet, das Gut in irgendeiner Weise zu behandeln, z. B. zu trocknen, von Ungeziefer zu befreien (Senckpiehl, Lagergeschäft, aaO, S. 81 ff.). Ausnahmen können sich aus besonderen, auch konkludent getroffenen Vereinbarungen, den Umständen oder aus dem Handelsbrauch ergeben (dazu oben § 416 Anm. 30). Der Umstand, daß der Lagerhalter grundsätzlich nicht gehalten ist, in einer besondere Warenkenntnis verlangenden Weise Veränderungen zu beseitigen, die bei dem Gut bereits eingetreten sind, schließt nicht aus, daß er das Gut laufend mit zumutbaren Mitteln daraufhin zu untersuchen hat, ob solche Veränderungen bemerkbar sind. Er darf sich also nicht darauf beschränken, im Rahmen der Überwachung seiner Obhutsmaßnahmen Schäden zu notieren. Auch wenn der Lagerhalter über keine spezialisierten Warenkenntnisse verfügt, so besitzt er doch in aller Regel ausreichende Informationen, um nachteilige Veränderungen an dem Gut erkennen zu können. Er wird durch die Pflicht zur aktiven Kontrolle, die ohnehin nur mit zumutbarem Aufwand erfolgen muß, nicht über Gebühr belastet, da die Kontrollmaßnahmen auf äußerliche Stichproben beschränkt werden können (a. A. Sellschopp, Haftung, S. 49 f.). So muß z. B. ein Getreidelagerhaus Getreideproben entnehmen. Eingelagerte Gegenstände, bei denen die Möglichkeit besteht, daß sie schimmeln oder faulen, müssen gegebenenfalls zur Seite gerückt werden, wenn sie anders nicht kontrolliert werden können. Die abweichende Entscheidung des BGH (LM Nr. 1 zu § 417 HGB; zustimmend Schlegelberger/Schröder, HGB, § 417 Anm. 11) ist nur unter Berücksichtigung der Kriegsverhältnisse verständlich (vgl. Sellschopp,

Haftung, aaO, S. 130). Behältnisse, in denen der Einlagerer das Gut angeliefert hatte, braucht der Lagerhalter nicht zu öffnen (Schlegelberger/Schröder, HGB, § 417 Anm. 11). Eine „Veränderung" des Gutes kann auch aus der Beschlagnahme des Gutes drohen (OGH, NJW 49, 504; Schlegelberger/Schröder, HGB, § 417 Anm. 11).

Hat der Lagerhalter drohende Schäden entdeckt, so braucht er sie mangels besonderer Vereinbarung oder eines Handelsbrauches nicht zu beseitigen oder einzudämmen; denn dies setzt besondere Warenkenntnis voraus, über die der Lagerhalter im allgemeinen nicht verfügt. Er hat dem Einlagerer lediglich ohne schuldhaftes Zögern (§ 121 BGB) die Veränderung anzuzeigen. Unterläßt er die Anzeige oder sendet er die Anzeige verspätet ab, so ist er für den Schaden verantwortlich, der daraus resultiert, daß der Einlagerer nicht rechtzeitig eingreifen konnte (§ 417 II 2 HGB).

Anm. 32 **§ 16 ADSp** (abgedr. Anh. I zu § 415) ordnet an, daß der Spediteur als Lagerhalter mangels abweichender schriftlicher Vereinbarung nur im Rahmen des Geschäftsüblichen zur Erhaltung oder Besserung des Gutes verpflichtet sei. Im Rahmen des Geschäftsüblichen hält sich das, was im Speditions- und Lagereigewerbe allgemein üblich ist oder aufgrund ständiger Geschäftsverbindungen erwartet werden kann (Krien, Speditions- und Lagerrecht, § 16 ADSp Anm. 9). „Geschäftsüblich" heißt nicht Handelsbrauch. Die Klausel bewegt sich in der Zone des Angemessenen (§ 9 AGBG); denn sie befreit den Lagerhalter lediglich vom Risiko des Übersehens mündlicher Sondervereinbarungen und der Gefahr, bestimmen zu müssen, welche Sorgfaltsmaßnahmen verkehrserforderlich sind.

Anm. 33 Ist das Gut **gänzlich zerstört** worden oder ist es **verloren**gegangen, so greift zwar § 417 II HGB seinem Wortlaut zufolge nicht ein. Die ratio legis des § 417 II HGB, die darin liegt, den Einlagerer instand zu setzen, alsbald schadensmindernde Dispositionen zu treffen, paßt indessen auch dort, wo das Gut völlig untergegangen ist, der Lagerhalter aber noch auf dessen Fortbestand vertraut. § 417 II HGB ist deshalb in solchen Konstellationen analog anzuwenden (ebenso i. E. Schlegelberger/Schröder, HGB, § 417 Anm. 14).

Anm. 34

C. Rechte des Lagerhalters zum Selbsthilfeverkauf

Gemäß § 417 I HGB in Verbindung mit den §§ 388 II, 373 HGB ist der Lagerhalter berechtigt, das Gut, dessen Entwertung infolge von Substanzveränderungen zu besorgen ist, nach Maßgabe der Vorschriften über den Selbsthilfeverkauf zu veräußern, falls der Einlagerer nicht rechtzeitig Weisungen gibt oder geben kann. Unter Umständen ist der Lagerhalter sogar verpflichtet, zum Selbsthilfeverkauf zu schreiten (Schlegelberger/Schröder, HGB, § 417 Anm. 12). Näher dazu die Erläuterungen zu § 388 HGB, Anm. 11ff.

§ 5c ADSp (abgedr. Anh. I zu § 415) gewährt ein Recht zum Selbsthilfeverkauf, falls Güter eingelagert werden, die Nachteile für andere Güter, sonstige Gegenstände, Tiere oder Personen zur Folge haben können, oder die schnellem Verderben oder Fäulnis ausgesetzt sind.

§ 418

Der Lagerhalter hat dem Einlagerer die Besichtigung des Gutes, die Entnahme von Proben und die zur Erhaltung des Gutes notwendigen Handlungen während der Geschäftsstunden zu gestatten.

Inhaltsübersicht

Literatur siehe Angaben zu § 416 HGB

A. Vorbemerkung

Anm.35

Der Lagerhalter hat nicht die genaue Warenkenntnis, über die der Einlagerer verfügt, der regelmäßig zum Kreis der Produzenten, Händler oder Verbraucher gehört. Deshalb erfolgt die Lagerung normalerweise nach Durchschnittsstandards. Da die Lagerung nicht exakt auf die Eigenschaften des Gutes abgestimmt ist, erhöht sich natürlich die Gefahr eines Schadens. Auch Kontrollmaßnahmen braucht der Lagerhalter lediglich mit der Sorgfalt eines ordentlichen Lagerhalters, der über oberflächliche Warenkenntnis verfügt, durchzuführen. Ferner hat der Lagerhalter nur Einfluß auf die Lagerbedingungen zu nehmen, nicht ohne weiteres aber auf das Gut selbst, da letzteres exakte Warenkenntnisse voraussetzen würde, die vom Lagerhalter nicht erwartet werden können (vgl. § 416 Anm. 30; § 417 Anm. 31). Um die Erhaltung des Gutes besser zu gewährleisten, räumt deshalb § 418 HGB dem Einlagerer ein Besichtigungs- und Kontrollrecht sowie die Befugnis ein, Konservierungsmaßnahmen zu treffen. § 418 HGB dient darüber hinaus dem Zweck, dem Einlagerer Gelegenheit zu verschaffen, im Rahmen von Verkaufs- oder Kreditverhandlungen die Güter Dritten zu zeigen, um diese von deren Qualität zu überzeugen.

§ 418 HGB statuiert eine **Kardinalpflicht** des Lagerhalters. Sie kann durch Individualvereinbarung eingeschränkt oder auch ganz ausgeschlossen werden (a.A. Schlegelberger/Schröder, HGB, § 418 Anm. 1), es sei denn, der Ausschluß der Rechte aus § 418 HGB stellt einen Monopolmißbrauch dar (§§ 826 BGB, 22 GWB). Ein Mißbrauch ist dort, wo der Lagerhalter über die gleiche Warenkenntnis wie der Einlagerer verfügt und Erhaltungsmaßnahmen übernommen hat, regelmäßig zu verneinen. Durch AGB kann das Besichtigungs- und Kontrollrecht sowie die Befugnis zur Vornahme von Erhaltungsmaßnahmen nur unter der erschwerten Bedingung beschnitten werden, daß sich die AGB in der Zone der Angemessenheit (§ 9 AGBG) halten. Für die Zulässigkeit eines totalen Ausschlusses ist etwa zu fordern, daß die Besichtigung der Güter besonders große und schwer kalkulierbare Aufwendungen oder Risiken verursacht und daß dem Einlagerer das Substanzrisiko weitgehend abgenommen wird.

Der dem § 418 HGB entspringende Anspruch geht primär auf Duldung des Lagerhalters und in begrenztem Umfang auf Handlungen (Senckpiehl, Lagergeschäft, aaO, S. 120f.).

B. Ansprüche nach Abschluß des Lagervertrages

Anm. 2

I. Besichtigungsrecht

Der Lagerhalter hat dem Einlagerer die Besichtigung des Gutes zu gestatten. Einlagerer in diesem Sinne ist der Vertragspartner des Lagerhalters oder derjenige, an den die Herausgabeansprüche abgetreten worden sind, bzw. dort, wo ein Lagerschein ausgestellt ist, der Inhaber des Lagerscheins oder derjenige, den der Lagerschein als Berechtigten ausweist (vgl. Krien, Speditions- und Lagerrecht, § 44 ADSp Anm. 2b). Zum Zweck der Besichtigung hat der Lagerhalter dem Einlagerer den Zutritt zu den Lagerräumen zu erlauben. Er braucht das Gut aber nicht von seinem Lagerplatz zu entfernen, um es dem Einlagerer vorzuweisen, sondern dem Einlagerer nur den exakten Lagerort zu zeigen, um die Voraussetzungen für eine Besichtigung am Lagerort zu schaffen. Der Lagerhalter ist nicht verpflichtet, seine Lagerräume zu Kaufverhandlungen zur Verfügung zu stellen. Der Anspruch auf Besichtigung aus § 418 HGB entsteht mit Abschluß des Lagervertrages und mit der Einlagerung. Die ratio des § 418 HGB, die Gefahrenabwehr, spricht aber dafür, den Lagerhalter in Analogie zu § 418 HGB auch zu verpflichten, dem Einlagerer den in Aussicht genommenen Lagerplatz zu zeigen (ebenso i. E. Senckpiehl, Lagergeschäft, aaO, S. 120; a. A. Krien, Speditions- und Lagerrecht, § 44 ADSp Anm. 2d).

Das Besichtigungsrecht erfährt ohne entsprechende Vereinbarung nicht dadurch eine Einschränkung, daß der Lagerhalter mit zumutbaren Mitteln die Erhaltung des Gutes übernommen hat; denn es bleibt Sache des Einlagerers zu entscheiden, ob er Gefahren mit einem höheren Aufwand unterbinden will (Krien, aaO, § 45 ADSp Anm. 4c). Dazu und zur Kontrolle der Lagerbedingungen bedarf der Einlagerer des Besichtigungsrechts.

Dem Recht zur Besichtigung sind durch § 418 HGB **Schranken** gezogen. Es besteht zunächst nur während der Geschäftsstunden. Die Geschäftsstunden sind objektiv, d. h. nach der am Ort der Lagerung im Lagereigewerbe üblichen Geschäftszeit, zu bestimmen (Senckpiehl, Lagergeschäft, aaO, S. 122; Schlegelberger/Schröder,HGB, § 418 Anm. 2; Krien, Speditions- und Lagerrecht, § 44 ADSp Anm. 3 a; RGRKz HGB-Ratz, § 418 Anm. 2). Darüber hinaus muß sich der Einlagerer nach **Treu und Glauben** weitere Schranken seines Besichtigungsrechts gefallen lassen. Er darf es nicht so ausüben, daß der ordnungsgemäße Lagerbetrieb unzumutbar gestört wird, z. B. durch ständige oder lange dauernde Besichtigungen, die einen wesentlichen Teil des Lagerhauses blockieren. Der Einlagerer hat ferner die Sicherheitseinrichtungen zu beachten. Der Einlagerer braucht die Besichtigung nicht selbst vorzunehmen. Er kann dazu seine Leute einsetzen. Er darf auch Dritte, z. B. potentielle Käufer, mitbringen (Senckpiehl, Lagergeschäft, aaO, S. 122; Schlegelberger/Schröder, HGB, § 418 Anm. 2).

Zur Einschränkung des Besichtigungsrechts durch die ADSp und ALB s. unten Anm. 10, 13.

Anm. 3

II. Entnahme von Proben

Proben im Sinne des § 418 HGB sind kleine Mengen des eingelagerten Gutes, die dazu geeignet sind, die Qualität des Gutes zu überprüfen. Sie darf der Einlagerer jederzeit entnehmen, ohne daß ihm der Lagerhalter sein Pfandrecht entgegenhalten darf (Krien, aaO, § 45 ADSp Anm. 4e stellt auf das übliche Maß an Proben ab). Zur Prüfung der Proben braucht der Lagerhalter seine Räume nicht zur Verfügung zu stellen. Soll der Lagerhalter die Proben ziehen, so bedarf dies grundsätzlich einer besonderen Vereinbarung (siehe auch unten Anm. 7, 11). Das Recht zur Probenentnahme steht im übrigen unter den gleichen Schranken wie das Besichtigungsrecht.

Zur Regelung der Probenentnahme nach ADSp siehe unten Anm. 11.

III. Erhaltungsmaßnahmen

Anm.4

Der Einlagerer ist befugt, in den Lagerräumen Maßnahmen zu treffen, die der Erhaltung des Gutes dienen. Die Maßnahmen dürfen hingegen nicht die Werterhöhung des Gutes durch Verarbeitung, Verpackung, Sortierung bezwecken.

Die Maßnahmen müssen sich unmittelbar auf die Substanz des Gutes beziehen, nicht auf die Lagerbedingungen. Letztere zu regeln, ist allein Sache des Lagerhalters. Insoweit hat der Einlagerer ein Recht zur Selbsthilfe nur unter den Voraussetzungen der §§ 228f. BGB. Der Einlagerer ist daher insbesondere nicht berechtigt, das Gut umzulagern. Zu den sonstigen Schranken der Befugnis zu Erhaltungsmaßnahmen, insbesondere zur Einhaltung der Geschäftsstunden des Lagerhalters, siehe oben Anm. 2.

IV. Anspruch auf Auskunft

Anm.5

Die §§ 417, 418 HGB gründen auf der Vorstellung, daß es grundsätzlich Sache des Einlagerers ist, sich über den Zustand des Gutes zu informieren, wenn er derartige Informationen benötigt, und daß den Lagerhalter nur bei Gefahr in Verzug eine Anzeigepflicht trifft. Diese Regelung bedarf der Modifikation. In Fällen, in denen sich der Einlagerer weit entfernt vom Lagerort befindet, wird man den Lagerhalter für verpflichtet ansehen müssen, Proben zu ziehen und über den Zustand des Gutes Auskunft zu geben, falls dies ohne Schwierigkeiten möglich ist und sich der Lagerhalter zu derartigen Handlungen üblicherweise bereiterklärt (weiter: Schlegelberger/Schröder, HGB, § 418 Anm. 7). Der Lagerhalter darf hierfür eine besondere Vergütung fordern (§ 354 I HGB).

V. Zurückbehaltungsrecht

Anm.6

Der Lagerhalter kann dem Anspruch aus § 418 HGB kein Zurückbehaltungsrecht entgegensetzen, weil dies die Sicherheit des Gutes gefährden würde. Außerdem soll § 418 HGB dem Einlagerer trotz der Einlagerung eine laufende Fortführung seiner Geschäfte ermöglichen. Damit ist ein Zurückbehaltungsrecht unvereinbar. Falls freilich die naheliegende Gefahr besteht, daß der Einlagerer im Rahmen der Besichtigung etc. seine Befugnisse überschreitet, kann nach Treu und Glauben der Anspruch aus § 418 HGB nicht geltend gemacht werden. Der Lagerhalter, der sich hierauf beruft, führt kein Zurückbehaltungsrecht ins Feld (a. A. Senckpiehl, Lagergeschäft, aaO, S. 125).

VI. Vergütung

Anm.7

Eine besondere Vergütung darf der Lagerhalter nach dispositivem Recht weder dafür fordern, daß er dem Einlagerer den Zutritt zu seinen Gütern gestattet, noch dafür, daß er ihn ermöglicht (Senckpiehl, Lagergeschäft, aaO, S. 120). Einen Anspruch auf besondere Vergütung besitzt der Lagerhalter jedoch dort, wo bei der Probenentnahme bzw. Erhaltungsmaßnahmen seine Leute eingesetzt wurden, oder wo er die wertverbessernde Bearbeitung des Gutes in seinen Räumen gestattet hatte (§ 354 HGB; Krien, Speditions- und Lagerrecht, § 44 ADSp Anm. 3e).

VII. Haftung des Lagerhalters

Anm.8

Verletzt der Lagerhalter seine Verpflichtungen aus § 418 HGB, so hat der Lagerhalter dem Einlagerer den hieraus entspringenden Schaden zu ersetzen. Die Schadensersatzpflicht hängt nicht davon ab, daß der Einlagerer den Lagerhalter zuvor durch

Mahnung in Verzug gesetzt hat (a. A. Senckpiehl, Lagergeschäft aaO, S. 124); denn § 418 HGB statuiert zugunsten des Einlagerers eine Schutzpflicht, deren Verletzung nach den Regeln über die positive Forderungsverletzung zu behandeln ist (so i. E. auch Schlegelberger/Schröder, HGB, § 418 Anm. 6). Ein Rücktrittsrecht gemäß § 326 BGB kann aus einer Verletzung der Ansprüche gemäß § 418 HGB nicht hergeleitet werden. Der Einlagerer hat aber das Recht, fristlos zu kündigen.

Anm. 9

VIII. Haftung des Einlagerers

Überschreitet der Einlagerer seine Befugnisse oder schädigt er den Lagerhalter anläßlich der Besichtigung des Gutes etc., so ist er nach den Grundsätzen der positiven Forderungsverletzung und der §§ 823ff. BGB schadensersatzpflichtig. Für seine Angestellten haftet der Einlagerer gemäß § 278 BGB (a.A. Krien, aaO, § 46 ADSp Anm. 3b m. Nachw.). Gleiches gilt für potentielle Käufer, die der Einlagerer zur Besichtigung mitgebracht hat (vgl. Schlegelberger/Schröder, HGB, § 418 Anm. 1; vgl. auch Erman/Schopp, BGB, § 548 Anm. 3 „Gast des Mieters"). Soweit Angestellte des Lagerhalters durch den Einlagerer oder seine Leute geschädigt werden, entfaltet der Lagervertrag Schutzwirkungen zugunsten Dritter. Dritte Einlagerer, die geschädigt werden, können nur nach Maßgabe der deliktsrechtlichen Schadensersatzvorschriften vorgehen, da der Kreis der „anderen Einlagerer" unübersehbar ist und der Lagerhalter auch kein eigenes dringendes Interesse daran hat, daß der Schutz dieses Personenkreises gewährleistet ist.

IX. Einfluß der ADSp

Anm. 10

1. Besichtigungsrecht

Vgl. §§ 43d, 44 ADSp (abgedr. Anh. I zu § 416). Zur Obliegenheit des Einlagerers, das Lager zu besichtigen, vgl. oben § 417 Anm. 23. Gemäß § 44 ADSp ist dem Einlagerer das Betreten der Lagerräume nur in Begleitung des Lagerhalters oder eines von diesem beauftragten Angestellten zu den beim Lagerhalter eingeführten Geschäftsstunden während einer Zeit erlaubt, zu der Arbeiten bei Tageslicht möglich sind. Die Klausel, daß die vom Lagerhalter bestimmte Geschäftszeit maßgeblich ist, erscheint als angemessen (§ 9 AGBG), wenn die Geschäftsstunden des Lagerhalters nicht allzu stark von den allgemein üblichen Geschäftsstunden abweichen. Die Bedingung, daß die Besichtigung nur während der Zeit des Tageslichtes erlaubt sei, muß unter der Einschränkung gesehen werden, daß in den Lagerräumen keine ausreichende elektrische Beleuchtung vorhanden ist (vgl. Krien, Speditions- und Lagerrecht, § 44 ADSp Anm. 3d). Zur Verhütung von kurz bevorstehenden Schäden ist der Lagerhalter verpflichtet, auch außerhalb seiner Geschäftszeit Zutritt zu gewähren (vgl. Krien, aaO, § 44 ADSp Anm. 3c).

Anm. 11

2. Probenentnahme und Behandlung des Gutes

Dazu § 45 ADSp (abgedr. Anh. I zu § 416). Nach Krien (aaO, § 45 ADSp Anm. 5a) ist der Anspruch des Einlagerers auf Zutritt zum Lager, um Proben zu entnehmen oder das Gut zu behandeln, gegenstandslos, wenn der Lagerhalter von der ihm in § 45b ADSp eröffneten Befugnis Gebrauch macht, die Handlungen, die der Einlagerer mit dem Lagergut vorzunehmen wünscht, selbst vorzunehmen. § 45b ADSp bedarf indessen der einschränkenden Auslegung, wenn er nicht als unangemessen im Sinne des § 9 AGBG qualifiziert werden soll. An sich ist das Interesse des Lagerhalters berechtigt, dafür zu sorgen, daß der Betriebsablauf nicht durch betriebsfremde Personen gestört wird. Andererseits ist aber zu bedenken, daß der Lagerhalter die Probenentnahme und die Erhaltungsmaßnahmen nur mit der Sorgfalt eines ordentlichen Lagerhalters durchzuführen verpflichtet ist (Krien, aaO, § 45 ADSp Anm. 5a m. w. Nachw.). Vielfach bedarf es aber besonderer Warenkenntnisse, um die eingelagerten Güter sachgerecht zu behandeln. Weisungen des Einlagerers an den Lagerhalter können die mangelnde Erfahrung des Lagerhalters mit den Gütern nicht immer ersetzen. Außerdem muß der Lagerhalter nur im Rahmen der Speditionsversicherung bzw. der engen Haftungsschranken der §§ 51ff. ADSp für Schäden einstehen (vgl. Krien, aaO, § 45 ADSp Anm. 5a). Der Einlagerer hat daher ein großes Interesse daran, Handlungen an seinem Gut, die Warenkenntnisse und spezialisierte Fähigkeiten voraussetzen, die über die eines ordentlichen Lagerhalters hinausgehen, selbst vornehmen zu dürfen. Diesem Interesse wird nicht dadurch abgeholfen, daß man den Lagerhalter für verpflichtet erachtet, geeignete Personen anzustellen (Krien, aaO, § 45 ADSp Anm. 5a); denn auch die Auswahl dieser Personen erfordert Fachkenntnisse, zumal der Einlagerer ein Interesse daran haben kann, daß die Beschaffenheit seiner Ware geheim bleibt. § 45b ADSp ist daher einschränkend dahin auszulegen, daß der Lagerhalter die Probenentnahme und Erhaltungsmaßnahmen nur dann selbst vornehmen darf, wenn hierfür die Fähigkeiten eines (unter Umständen entsprechend spezialisierten) Lagerhalters ausreichen.

Die Funktion des § 45a ADSp liegt darin, zugunsten des Lagerhalters Beweisschwierigkeiten dort zu vermeiden, wo der Schaden gerade in dem Zeitraum eingetreten sein kann, innerhalb dessen der Einlagerer Zugriff auf das Gut hatte; denn der Schaden kann auch vom Einlagerer verursacht worden sein. Der in § 45a S. 2 ADSp statuierte völlige Haftungsausschluß (vgl. Krien, aaO, § 45 ADSp Anm. 6) erscheint als angemessen (§ 9 AGBG), wenn man beachtet, daß keine bestimmte Form der erneuten Übergabe erforderlich ist und daß dem Lagerhalter grundsätzlich nur Gelegenheit verschafft werden muß, sich alsbald nach Abschluß der Aktivitäten des Einlagerers von dem Gewicht, der Stückzahl und Beschaffenheit des Gutes zu überzeugen (vgl. Krien, aaO, § 45 ADSp Anm. 7).

3. Haftung des Einlagerers Anm. 12

§ 46 ADSp (abgedr. Anh. I zu § 416) erweitert die deliktische und vertragliche Haftung des Einlagerers. Er stellt klar, daß die Leute des Einlagerers, aber auch Dritte, die auf Veranlassung des Einlagerers das Lager aufsuchen, Erfüllungsgehilfen sind. Er schützt über das dispositive Recht hinaus dritte Einlagerer und den Vermieter des Lagerhalters, die sich sonst nur auf die §§ 823ff. BGB berufen könnten. Gleichzeitig bürdet er zulässigerweise dem Einlagerer die Beweislast auf. Neben § 46 ADSp ist § 5 ADSp (abgedr. Anh. I zu § 415; vgl. auch § 416 Anm. 67) zu beachten. Der Einlagerer haftet demnach auch insoweit für schuldhaft verursachte Schäden, als sie durch schuldhafte Verletzungen der dem Lagerhalter obliegenden Obhutspflicht begünstigt wurden; doch muß sich der Lagerhalter nach den Grundsätzen der Unklarheitenregel sein Mitverschulden zurechnen lassen (vgl. Krien, aaO, § 46 ADSp Anm. 5). – § 46b ADSp beschränkt nicht die Befugnis, Schadensersatzansprüche gegen den Einlagerer geltend zu machen. Er soll lediglich den Übergang der nicht-deliktischen Ansprüche auf den Versicherer verhindern (vgl. Krien, aaO, § 46 ADSp Anm. 6). Soweit Dritte geschädigt worden sind, hat der Lagerhalter die eingezogenen Beträge an sie abzuführen.

X. Einfluß der ALB Anm. 13

Eine den §§ 43f. ADSp vergleichbare Regelung trifft § 7 ALB (abgedr. Anh. II zu § 416), der freilich in Abs. 1 das Besichtigungsrecht etc. weiter dahin einschränkt, daß sich der Einlagerer mindestens 3 Tage vorher anzumelden hat. Diese Klausel ist einschränkend dahin auszulegen, daß sie nicht gilt, wenn Gefahr in Verzug ist.

Anm.14

C. Ansprüche bei Fehlen eines Lagervertrages

Ist ein Lagervertrag (noch) nicht wirksam zustandegekommen, so stellt es eine Verletzung der dem Lagerhalter nach Treu und Glauben obliegenden Schutzpflichten dar, die ihn zum Schadensersatz nach den Grundsätzen der c. i. c. und der positiven Forderungsverletzung verpflichtet, wenn er dem Einlagerer keinen Zutritt zum Lager gewährt, um diesem die Verhütung von Schäden zu ermöglichen (weiter: Schlegelberger/Schröder, HGB, § 418 Anm. 1). Hingegen braucht der Lagerhalter z. B. nicht die Entnahme von Proben im Zusammenhang mit Kaufverhandlungen zu gestatten; der Einlagerer mag sein Gut sogleich zurücknehmen.

§ 419

(1) Im Falle der Lagerung vertretbarer Sachen ist der Lagerhalter zu ihrer Vermischung mit anderen Sachen von gleicher Art und Güte nur befugt, wenn ihm dies ausdrücklich gestattet ist.

(2) Der Lagerhalter erwirbt auch in diesem Falle nicht das Eigentum des Gutes; aus dem durch die Vermischung entstandenen Gesamtvorrate kann er jedem Einlagerer den ihm gebührenden Anteil ausliefern, ohne daß er hierzu der Genehmigung der übrigen Beteiligten bedarf.

(3) Ist das Gut in der Art hinterlegt, daß das Eigentum auf den Lagerhalter übergehen und dieser verpflichtet sein soll, Sachen von gleicher Art, Güte und Menge zurückzugewähren, so finden die Vorschriften dieses Abschnitts keine Anwendung.

Inhaltsübersicht

Literatur siehe Angaben zu § 416 HGB.

A. Vorbemerkung

Anm. 1

§ 419 HGB trifft Regelungen für die Sammelverwahrung. Sie werden bei Ausstellung eines Orderlagerscheines durch die §§ 23, 28ff. OLSchVO (abgedr. Anh. I zu § 424) ergänzt. Unter Sammellagerung ist hierbei die Lagerung in der Form zu verstehen, daß die von verschiedenen Einlagerern eingelieferten Güter vermischt und als einheitlicher Bestand gelagert werden. Diese Art der Lagerung ist besonders kostengünstig, da sie die Trennung der einzelnen Güter durch Säcke, Kisten, getrennte Räume entbehrlich macht und es nicht nur ermöglicht, die Güter in Großräumen zu lagern, sondern auch Transportvorrichtungen rationeller einzusetzen.

Durch die Sammellagerung wird nach h. M. eine Miteigentumsgemeinschaft aller an der Sammellagerung beteiligten Einlagerer begründet (Senckpiehl, Lagergeschäft, aaO, S. 177ff.; Schlegelberger/Schröder, HGB, § 419 Anm. 7; RGRKz HGB-Ratz, § 419 Anm. 3; Heymann/Kötter, HGB, § 419 Anm. 1; Baumbach/Duden, HGB, § 419 Anm. 2 unter Berufung auf die §§ 948, 947 BGB sowie auf §§ 23 II, 30 II OLSchVO). Schulze-Osterloh (Das Prinzip der gesamthänderischen Bindung (1971) S. 150ff.) steht demgegenüber auf dem Standpunkt, die Sammellagerung führe zur Entstehung gesamthänderisch gebundenen Eigentums, weil nicht über den Anteil an einzelnen eingelagerten Sachen, sondern nur über den Anteil am Gesamtvorrat verfügt werden könne. Dies ist im Ergebnis richtig (s. Anm. 13). Gleichwohl darf die Regelung der §§ 948, 947 BGB, deren Anwendbarkeit der Gesetzgeber in §§ 23 II, 30 II OLSchVO bestätigt hat, nicht einfach mit dem Argument beiseite geschoben werden, Vorstellungen des Gesetzgebers über die juristische Konstruktion seien ohne entscheidende Bedeutung. Wie nämlich Canaris (oben, Anh. § 357 Anm. 958) im Rahmen der parallel gelagerten Problematik der Sammelverwahrung nach §§ 5ff. DepG hervorgehoben hat, ist der Gesetzgeber bei der Ausformung der Sammelverwahrung davon ausgegangen, bindende Rechtsfolgenverweisungen aufzustellen. Gleiches gilt im Bereich der Sammellagerung.

B. Die Zulässigkeit der Sammellagerung

Anm. 2

An sich steht es den Parteien nach allgemeinen schuldrechtlichen und sachenrechtlichen Grundsätzen unbeschränkt offen, dem Lagerhalter zu gestatten, das eingelagerte Gut vermischt mit anderen Gütern zu verwahren. § 419 I HGB schränkt die Möglichkeit einer solchen Vereinbarung durch die Statuierung eines Formerfordernisses ein. Insoweit enthält § 419 I HGB kein dispositives Recht, da § 419 I HGB nicht nur Beweis-, sondern auch Warnzwecke verfolgt.

I. Lagerung vertretbarer Sachen

1. Vermischung mit Sachen von gleicher Art und Güte

Anm. 3

Vertretbare Sachen sind gemäß § 91 BGB dadurch gekennzeichnet, daß sie nach den Anschauungen des Verkehrs nach Zahl, Maß oder Gewicht näher bestimmt zu werden pflegen. Eine Sammellagerung dieser Sachen mit anderen Sachen gleicher Art und Güte bietet sich besonders an, weil die Sachen ohne Qualitäts- und Wertverluste leicht vermischt und wieder getrennt werden können.

Zu einer Vermischung im Rahmen der Sammellagerung ist der Lagerhalter jedoch nur befugt, falls ihm der Einlagerer die Vermischung **ausdrücklich gestattet** hatte. Die Erlaubnis muß mithin vor der Vermischung erteilt werden und darf nicht stillschweigend geschehen. „Ausdrücklich" bedeutet nicht, daß Schriftform gewahrt sein müßte. Es genügt jede mündliche Erklärung, selbst wenn sie in geringem Umfang auslegungsbedürftig sein sollte. Die Gestattung der Sammelverwahrung muß nicht von Fall zu Fall erfolgen. Sie kann ein für allemal, auch im Rahmen von allgemeinen Geschäftsbedingungen, erklärt werden (Schlegelberger/Schröder, HGB, § 419 Anm. 4; Heymann/Kötter, HGB, § 419 Anm. 1). Die Erlaubnis zur Sammelverwahrung hat von dem Einlagerer auszugehen. Dort, wo der Einlagerer fremdes Gut einlagert, wird man den Lagerhalter nur dann als zur Sammellagerung befugt ansehen dürfen, wenn er im Hinblick auf das Eigentum des Einlagerers oder auf dessen Verfügungsermächtigung gutgläubig war (Wertung des § 366 HGB; Schlegelberger/Schröder, HGB, § 419 Anm. 4: nur Kenntnis des Lagerhalters schadet; enger Heymann/Kötter, HGB, § 419 Anm. 1: bereits fahrlässige Unkenntnis schadet).

Die Zustimmung zur Sammellagerung muß von jedem der Einlagerer erklärt worden sein, dessen Gut mit den Sachen der anderen vermischt werden soll. Der Lagerhalter kann auch sein Gut in die Sammellagerung einbeziehen.

Die nach der Vermischung erteilte Genehmigung zur Sammellagerung gibt dem Lagerhalter nicht mit ex tunc-Wirkung die Befugnis zur Sammellagerung. Neben der Gestattung der Sammellagerung für die Zukunft wird sie aber in aller Regel den Erlaß der Ersatzansprüche enthalten, die der unbefugten Sammellagerung entspringen. Eine Ausnahme wird man für den Fall machen müssen, daß der Lagerhalter die Sachen des Einlagerers unbefugt mit Sachen anderer Art oder Güte vermischt hatte.

Anm. 4 **2. Vermischung mit Sachen von anderer Art oder Güte**

§ 419 I HGB stellt das Formerfordernis der ausdrücklichen Gestattung nur für die Vermischung mit anderen Sachen „von gleicher Art und Güte" auf. Daraus könnte man ableiten, daß eine Sammellagerung unbeschränkt zulässig sei, wenn die Güter mit Sachen vermengt werden sollen, die von anderer Art oder anderer Qualität sind. Diese Schlußfolgerung widerspricht der Funktion des § 419 I HGB (s. oben Anm. 2). Bei der Sammellagerung ungleichartiger Güter sind die aus der Vermischung resultierenden Risiken erheblich höher, so daß erst recht eine ausdrückliche Gestattung seitens des Einlagerers zu fordern ist (Heymann/Kötter, HGB, § 419 Anm. 1). Andererseits ginge es zu weit, aus der Formulierung des § 419 I HGB zu folgern, kraft zwingenden Rechts sei eine Sammellagerung nur zulässig, wenn gleichartige Sachen vermischt werden sollen. Für eine derartige Einschränkung der Privatautonomie lassen sich keinerlei überragende Interessen der Allgemeinheit anführen.

Anm. 5 **II. Lagerung unvertretbarer Sachen**

Hier wird es praktisch kaum jemals zur Sammelverwahrung kommen. Vom Standpunkt der Rechtsordnung steht dieser Form der Sammellagerung (z. B. nur gattungsmäßig bezeichneter Güter) kein Hindernis im Wege. Der Lagerhalter muß sich von den jeweiligen Einlagerern die ausdrückliche Zustimmung dafür einholen, die vom Einlagerer eingelieferten Güter mit anderen unvertretbaren und nur gattungsmäßig bezeichneten Sachen vermischen zu dürfen.

Anm. 6 **III. Sammellagerung bei Ausstellung von Orderlagerscheinen**

§§ 23, 28ff. OLSchVO (s. Anh. I zu § 424) regeln die Sammellagerung, falls Orderlagerscheine ausgestellt werden sollen. § 23 OLSchVO konkretisiert § 419 HGB und stellt klar, daß bei einer Mischlagerung Miteigentum entsteht. Dort, wo Güter eingelagert werden sollen, für die Handelsklassen gesetzlich eingeführt oder allgemein anerkannt sind, können die Parteien vereinbaren, daß die besonderen Regeln über die Sammellagerung der OLSchVO (§§ 28ff. OLSchVO) gelten sollen. Die Vereinbarung muß in Analogie zu § 23 OLSchVO ausdrücklich getroffen werden. Ist eine derartige

Abrede erfolgt, so ist der Lagerhalter nicht darauf beschränkt, das Gut mit anderen Sachen gleicher Art und Qualität zu vermischen. Er darf es auch mit Lagergut derselben Handelsklasse und Gütergruppe vermengen.

IV. Ansprüche des Einlagerers bei unberechtigter Sammellagerung Anm. 7

Lagert der Lagerhalter das Gut ohne Einverständnis des Einlagerers in Form der Sammellagerung, so kann Miteigentum dadurch entstehen, daß die Güter untrennbar miteinander vermischt werden (§§ 948, 947 BGB). Diese dingliche Rechtsfolge tritt unabhängig davon ein, ob die vermischten Sachen gleichwertig oder gleichartig sind (z. B. Vermischung von Getreide verschiedener Sorten). Zur Untrennbarkeit kann es auch bei der Vermischung unvertretbarer Sachen kommen (a. A. wohl Schlegelberger/Schröder, HGB, § 419 Anm. 6). Für den Verlust des Alleineigentums muß der Lagerhalter voll einstehen, wenn ihm ein Verschuldensvorwurf gemacht werden kann. Er haftet dann wegen Verlust des Gutes nach Lagerrecht (§§ 417, 390 HGB) und nach Deliktsrecht (§§ 823ff. BGB). Der Schadensersatzanspruch des Einlagerers geht gemäß § 249 BGB auf Geld oder Naturalrestitution. Im Rahmen der Naturalrestitution ist beim Verlust vertretbarer Sachen grundsätzlich ein Anspruch auf Lieferung einer gleichartigen Sache gegeben (vgl. Larenz, Schuldrecht II, 12. Aufl., S. 386f.; ablehnend, bezogen auf den Fall der Sammellagerung, Schlegelberger/Schröder, HGB, § 419 Anm. 4). Fraglich ist es, ob der Lagerhalter diesen Anspruch dadurch erfüllen kann, daß er dem Sammellager eine entsprechende Menge entnimmt. Seinem Wortlaut zufolge ist § 419 II HGB auf die hier behandelte Konstellation nicht anwendbar. Man wird ihn aber aus Gründen der Praktikabilität analog anwenden müssen (a. A. wohl Baumbach/Duden, HGB, § 419 Anm. 2B); denn Interessen der anderen Einlagerer werden hierdurch nicht tangiert. Gibt der Lagerhalter dem Einlagerer die den eingelieferten Sachen nach Menge, Qualität und Art gleichen Güter zurück oder nimmt er sie auf Sonderlager, so entfällt ein Schaden des Einlagerers. Gleicht der Lagerhalter den Schaden dadurch aus, daß er aus dem Vorrat Waren gleicher Qualität und Quantität bereitstellt, so verstößt es gegen Treu und Glauben, wenn der Einlagerer gemäß § 249 S. 2 BGB Schadensersatz in Geld fordert (a. A. im Ergebnis wohl RGRKz HGB-Ratz, § 419 Anm. 2). Schadensersatz in Geld hat der Lagerhalter hingegen zu leisten, wenn er die Güter des Einlagerers mit Gütern anderer Art oder Qualität vermischt hatte. Erfüllt der Lagerhalter den Schadensersatzanspruch in Geld, so kann er die Übertragung des Miteigentumsrechtes verlangen (§ 255 BGB analog). Der Lagerhalter hat ferner Schadensersatz in Geld zu leisten, falls der Sammelbestand ohne sein Verschulden ganz oder teilweise zerstört worden ist und er nicht nachweisen kann, daß die Güter des Einlagerers von der Schadensursache auch dann betroffen gewesen wären, wenn er sie gesondert gelagert hätte.

C. Die Rechtsbeziehungen zwischen den Einlagerern

I. Sammellagerung nach HGB

1. Dingliche Lage Anm. 8

Gemäß § 419 I HGB ist die normale Sammellagerung dadurch gekennzeichnet, daß die eingelagerten Güter vermischt werden. Die Vermischung begründet Miteigentum der Einlagerer an dem Sammelbestand, wenn die Trennung faktisch unmöglich ist oder nur mit unverhältnismäßigen Kosten als durchführbar erscheint (§§ 948, 947 BGB; Schlegelberger/Schröder, HGB, § 419 Anm. 10; Baumbach/Duden, HGB, § 419 Anm. 2A; Heymann/Kötter, § 419 Anm. 2; a. A. RGRKz HGB-Ratz, § 419 Anm. 3).

Keine Vermischung resultiert demnach aus der bloßen Aufbewahrung gleichartiger Güter im selben Lagerhaus oder in denselben Räumen. Die Sammelbestände müssen auch nicht alle gleichartigen, beim Lagerhalter lagernden Güter erfassen. Es ist durchaus möglich, daß mehrere Sammelbestände gleichartiger Waren gebildet werden.

An die Stelle des Alleineigentums des Einlagerers tritt mit der Vermischung **ohne besonderen Verfügungsakt** unmittelbar kraft Gesetzes das Miteigentum des Einlagerers bzw. desjenigen Eigentümers, dessen Gut der Lagerhalter in den Sammelbestand eingebracht hatte. § 6 DepG, dem zufolge Miteigentum bereits mit dem Eingang der Papiere beim Sammelverwahrer entsteht, ist auf die Sammellagerung nach § 419 HGB nicht analog anwendbar (Schlegelberger/Schröder, HGB, § 419 Anm. 10).

Miteigentümer werden somit die Eigentümer, deren Güter untrennbar vermengt worden sind. § 419 II 1. HS HGB stellt klar, daß der Lagerhalter durch die bloße Vermischung weder Eigentümer noch Miteigentümer wird. Der Lagerhalter kann allerdings dadurch Miteigentümer werden, daß er eigene Güter in das Sammellager einbringt.

Die Größe der **Miteigentumsanteile** bestimmt sich nach dem Verhältnis der von jedem Einlagerer eingelieferten Güter zur Gesamtmenge. Maßgeblich ist hierbei die reale Gesamtmenge in dem Moment, in dem die neu hinzukommenden Sachen vermischt werden (Heymann/Kötter, HGB, § 419 Anm. 2). Der Miteigentumsanteil bezieht sich entgegen Schulze-Osterloh (Gesamthänderische Bindung, aaO, S. 152f.; wohl auch Schlegelberger/Schröder, HGB, § 419 Anm. 8) auf jede einzelne individualisierbare Sache. Freilich spielt diese rechtliche Qualifikation praktisch keine Rolle. Man wird sogar noch einen Schritt weiter gehen müssen und die Verfügung über den Anteil an einzelnen Gegenständen nach Sinn und Zweck der Sammellagerung für grundsätzlich ausgeschlossen erachten müssen (Schulze-Osterloh, aaO, S. 153). Relevant werden nur die Anteile an der Summe der eingelagerten Sachen, d. h. die Anteile am Sammelbestand. In der Praxis braucht in aller Regel die Höhe dieser „Anteile" nicht berechnet zu werden; denn in all den Fällen, in denen der Sammelbestand keine Verluste erlitten hat, muß der Einlagerer nicht eine bestimmte Miteigentumsquote angeben, sondern kann einfach Herausgabe „seines Anteils" im Wege der Teilung, d. h. Lieferung derselben Menge und Qualität an Gütern verlangen, wie er sie eingelagert hatte. Bei Verlusten ist die auszuliefernde Menge entsprechend den Miteigentumsanteilen zu kürzen (näher dazu unten Anm. 14).

Anm. 9 **2. Besitzlage**

Der Lagerhalter ist, falls er selbst lagert, unmittelbarer Besitzer, andernfalls mittelbarer Besitzer. Die Einlagerer sind, solange der Lagerhalter für sie besitzen will, mittelbare Mitbesitzer jeder einzelnen zum Sammelbestand gehörenden Sache und damit mittelbare Mitbesitzer am Gesamtvorrat (§ 866 BGB).

Anm.10 **3. Verfügungen über den Anteil**

Der Miteigentumsanteil (s. oben Anm. 8) kann übertragen oder belastet werden. Die Übertragung erfolgt nach Maßgabe der §§ 929ff. BGB. Dabei sind mehrere **Varianten** denkbar: Der Einlagerer kann seinen Anteil an einen Dritten dadurch übertragen, daß er sich mit ihm über den Eigentumsübergang einigt und ihm seinen primären Herausgabeanspruch (Einräumung des Mitbesitzes zugunsten aller Einlagerer; vgl. Koller, DB 72, 1860f. zum Parallelproblem der Sammelverwahrung von Wertpapieren) abtritt (§ 931 BGB). Eine Mitwirkung des Lagerhalters ist bei dieser Form der Eigentumsübertragung nicht erforderlich. Zum anderen kann das Miteigentum dadurch übertragen werden, daß der Einlagerer sich mit dem Dritten über den Eigentumsübergang einigt und der Lagerhalter auf Weisung des Einlagerers seinen Besitzmittlungswillen auf den Erwerber umstellt (§ 929 BGB). Schließlich ist auch eine Eigentumsübertragung nach Maßgabe des § 930 BGB durch Begründung gestuften mittelbaren Mitbesitzes möglich.

Problematisch ist es, inwieweit ein Dritter den Miteigentumsanteil **gutgläubig erwerben** kann, falls der Einlagerer weder Miteigentümer geworden noch verfügungsberechtigt ist. Der gutgläubige Erwerb nach Maßgabe der §§ 932ff. BGB, 366 HGB beruht maßgeblich auf dem Gedanken, daß der Besitz den Rechtsschein des Eigentums oder der Verfügungsberechtigung schafft. Schon dem unmittelbaren Mitbesitz fehlt aber eine ausreichende Legitimationskraft für den gutgläubigen Erwerb; denn er bietet keinerlei Anhaltspunkte über die Größe der ideellen Anteile. Gleiches gilt erst recht für den mittelbaren Mitbesitz (vgl. Koller, JZ 72, 648 ff.; ders., DB 72, 1860; Palandt/Bassenge, BGB, § 932 Anm. 1). Anders als bei der Sammelverwahrung (dazu Canaris, oben Anh. § 357 Anm. 893) läßt sich der Rechtsschein einer bestimmten Miteigentumsquote auch nicht aus einer Buchung in einem Verwahrungsbuch entnehmen. Da in aller Regel die übrigen Miteigentümer an der Übertragung des Anteils nicht beteiligt sein werden (Koller, JZ 72, 650), scheidet normalerweise im Hinblick auf die durch Sammellagerung gebildeten Miteigentumsanteile ein gutgläubiger Erwerb vom Nichtberechtigten aus. Der Erwerber erlangt erst dann Eigentum in der Form von Alleineigentum, wenn ihm der Lagerhalter seinen angeblichen „Anteil" gemäß § 419 II HGB in Form individualisierter Sachen ausliefert und der Erwerber ohne grobe Fahrlässigkeit darauf vertraut, daß er Miteigentümer gewesen sei. § 419 II HGB enthält nämlich eine besondere Form einer gesetzlichen Ermächtigung des Lagerhalters (vgl. unten Anm. 16), auf die § 366 I HGB analog anzuwenden ist (vgl. Schlegelberger/Schröder, HGB, § 419 Anm. 16). – Der Anteil kann belastet (z. B. verpfändet) und gepfändet werden. Die Verpfändung ist dem Lagerhalter anzuzeigen (§ 1205 BGB).

4. Früchte **Anm. 11**

Jedem der Miteigentümer gebührt ein seinem Anteil entsprechender Anteil an den Früchten des Sammelbestandes (§ 743 BGB).

5. Verwaltung des Miteigentums **Anm. 12**

Die Verwaltung obliegt nach dem Recht der Bruchteilsgemeinschaft gemäß §§ 744ff. BGB grundsätzlich unmittelbar den Miteigentümern. Diese Form der Verwaltung widerspricht jedoch der Funktion der Sammelverwahrung, derzufolge die Einlagerer regelmäßig nur in der Weise auf das Gut Zugriff nehmen können sollen, daß sie ihren Anteil fordern (Schlegelberger/Schröder, HGB, § 419 Anm. 14).

6. Auflösung der Gemeinschaft – Teilung **Anm. 13**

Gemäß § 749 BGB kann jeder der Miteigentümer von den anderen jederzeit Aufhebung der Miteigentumsgemeinschaft (§ 749 BGB) und Teilung in Natur verlangen (§ 752 BGB). Die Teilung erfolgt dadurch, daß die Gesamtheit der Miteigentümer auf den einzelnen Miteigentümer ein seinem Anteil entsprechendes Quantum zu Alleineigentum überträgt. Diese Form der Auseinandersetzung wird man im Bereich der Sammellagerung für den Normalfall als ausgeschlossen und durch die Rückgabe nach Maßgabe des § 419 II HGB ersetzt ansehen müssen (Schulze-Osterloh, Gesamthänderische Bindung, aaO, S. 152 spricht von totalem Ausschluß). Die Auseinandersetzung nach den Regeln der Bruchteilsgemeinschaft greift nur dort Platz, wo die Einlagerer in ihrer Gesamtheit den unmittelbaren Mitbesitz am Sammelbestand erlangt haben. Jedenfalls kann vor Aufhebung der Gemeinschaft der einzelne Einlagerer gemäß § 985 BGB nur Einräumung des unmittelbaren Besitzes in Gemeinschaft mit allen anderen Miteigentümern fordern (§ 1011 BGB).

Anm. 14 **7. Verteilung von Verlusten**

Da sich das Miteigentum der Einlagerer streng genommen auf jeden einzelnen eingelagerten Gegenstand bezieht, haben die Einlagerer Quantitäts- oder Qualitätsverluste nach Maßgabe ihrer Anteile auf sich zu nehmen (Schlegelberger/Schröder, HGB, § 419 Anm. 12; RGRKz HGB-Ratz, § 419 Anm. 6). Soweit sie wegen des Verlustes einen Anspruch gegen Dritte erlangen, steht ihnen der Anspruch nicht gemeinschaftlich zu (§ 432 BGB). Den Schadensersatzanspruch gegen den Lagerhalter aus §§ 417, 390 HGB vermag vielmehr jeder Einlagerer getrennt geltend zu machen (s. unten Anm. 15). Jedenfalls wird man den Lagerhalter in Analogie zu § 419 II HGB als ermächtigt ansehen dürfen, die einzelnen Einlagerer anteilsmäßig zu entschädigen.

D. Rechtsbeziehungen zwischen Einlagerern und Lagerhalter

Anm. 15

I. Verwaltung des Sammelbestandes

Solange die vom Einlagerer angelieferten Sachen nicht vermischt sind, bezieht sich die Pflicht des Lagerhalters zur Aufbewahrung auf diese Sachen. Nach ihrer Vermischung richten sich die Verwahrungspflichten auf den Miteigentumsanteil des Einlagerers. Da der Miteigentumsanteil jede zum Sammelbestand gehörende Sache ergreift, ist der Lagerhalter zwangsläufig verpflichtet, die geschuldete Sorgfalt auf die ganze Sache zu verwenden. Verletzt er seine Pflichten, so **haftet** er jedem der Einlagerer (vgl. Heymann/Kötter, HGB, § 419 Anm. 3; RGRKz HGB-Ratz, § 419 Anm. 6) nach Maßgabe der übernommenen Pflichten für die Verletzung des Miteigentumsanteils. Der Lagerhalter kann im Rahmen des Lagervertrages Pflichten in unterschiedlicher Intensität übernehmen. Dies hat zur Folge, daß er bei einer Beschädigung oder Zerstörung des Lagerbestandes unter Umständen den einzelnen Einlagerern in unterschiedlicher Höhe haftet.

II. Auslieferung des Gutes

Anm. 16 **1. Befugnis des Lagerhalters zur Auslieferung**

Gemäß § 419 II HGB ist der Lagerhalter berechtigt, jedem Einlagerer den ihm gebührenden Anteil auszuliefern, ohne daß er hierzu der Genehmigung durch die übrigen Beteiligten bedarf. Auslieferung heißt (partielle) Auflösung der Miteigentumsgemeinschaft und Teilung in Natur. An sich kann sie nur unter Mitwirkung aller Miteigentümer erfolgen. Da diese Form der Auseinandersetzung die Sammellagerung unpraktikabel machen würde, „ermächtigt" § 419 II HGB den Lagerhalter zur Teilung durch Auslieferung. Auslieferung heißt grundsätzlich Verschaffung des Alleineigentums und des Alleinbesitzes. Mit der Auslieferung erwirbt der Einlagerer, der bis zu diesem Zeitpunkt an den Sachen nur Miteigentum und Mitbesitz gehabt hatte, das Vollrecht. Die aus § 419 II HGB fließende Ermächtigung stellt keine Ermächtigung im Sinne des § 185 BGB dar (Senckpiehl, Lagergeschäft, aaO, S. 183; Heymann/Kötter, HGB, § 419 Anm. 3; a. A. wohl RGRKz HGB-Ratz, § 419 Anm. 3). Die gewollte Auslieferung in Form der Übergabe der ausgesonderten Teilmenge ist vielmehr als Realakt zu qualifizieren (a. A. Heymann/Kötter, HGB, § 419 Anm. 3), an den sich unter den in § 419 II HGB normierten Bedingungen die Rechtsfolge des Erwerbs von Alleineigentum knüpft; denn andernfalls wäre es nur schwer zu erklären, wie sich der Lagerhalter das Alleineigentum verschafft, wenn er selbst eigene Güter in das Sammellager eingebracht hatte, oder wie er sein Pfandrecht ausüben will.

Dem Wortlaut des § 419 II HGB zufolge darf der Lagerhalter das Gut an den Einlagerer ausliefern. In dieser Formulierung ist die Norm zu eng und zu weit. Er darf z. B. nicht mehr an den Einlagerer ausliefern, wenn dieser seinen Herausgabeanspruch abgetreten hatte. Andererseits ist der Lagerhalter in **analoger Anwendung des § 419 II HGB** befugt, dem Sammellager die zur Realisierung seines Lagerhalterpfandrechts nötige Menge oder den Anteil zu entnehmen, der den von ihm selbst eingelagerten Gütern entspricht (Schlegelberger/Schröder, HGB, § 419 Anm. 15). Er darf den Anteil des Einlagerers auch an Dritte ausliefern, falls diese den Miteigentumsanteil oder ein Pfandrecht an ihm erworben haben, zu dessen Durchsetzung sie das Alleineigentum des Miteigentümers und den Alleinbesitz an der dem Anteil des Einlagerers entsprechenden Menge benötigen.

Der Lagerhalter ist berechtigt, dem Einlagerer bzw. anderen befugten Personen eine dem gesamten Anteil entsprechende Menge oder auch nur eine Teilmenge herauszugeben (vgl. Schulze-Osterloh, Gesamthänderische Bindung, aaO, S. 153). Die Entnahme von Proben aus dem Sammellager stellt z. B. eine Teilauslieferung dar.

Liefert der Lagerhalter an einen **Nichtberechtigten** aus, so kann dieser Alleineigen- **Anm. 17**
tum in analoger Anwendung des § 366 HGB erwerben (a. A. Heymann/Kötter, HGB, § 419 Anm. 3). Nichtberechtigter kann auch ein Einlagerer sein, wenn ihm eine größere Menge ausgeliefert wird, als seinem Miteigentumsanteil entspricht. Entgegen Schlegelberger/Schröder (HGB, § 419 Anm. 16) wird man im Rahmen der Analogie zu § 366 HGB keine besondere Einigung im Hinblick auf die überschießende Menge fordern dürfen. Der Empfänger muß nur im Hinblick auf die Befugnis des Lagerhalters, das Gut an ihn auszuliefern, gutgläubig gewesen sein. War der Empfänger gutgläubig, so hat er das Gut im Rahmen des Bereicherungsausgleichs unter Übereignung an alle geschädigten Miteigentümer an den Lagerhalter zurückzugeben (a. A. Heymann/Kötter, HGB, § 419 Anm. 3). Der Rückforderungsanspruch basiert mithin unmittelbar auf der Miteigentümerstellung der geschädigten Einlagerer (a. A. Senckpiehl, Lagergeschäft, aaO, S. 187).

Aus dem Vertrag kann als Nebenpflicht ein **Rückforderungsanspruch** gegen diejenigen Personen hergeleitet werden, mit denen der Lagerhalter den Lagervertrag geschlossen hatte (a. A. wohl Schlegelberger/Schröder, HGB, § 419 Anm. 16).

Hat der Lagerhalter an einen nichtberechtigten Dritten ausgeliefert, weil er ihn für den Einlagerer einer bestimmten Menge oder für den Rechtsnachfolger eines bestimmten Einlagerers hielt, so **trifft** der volle **Rechtsnachteil** den wahren Einlagerer bzw. den Miteigentümer, zu dessen Lasten der Lagerhalter ausliefern wollte. Dieser verliert seinen Miteigentumsanteil (vgl. Koller, DB 72, 1907; a. A. Schlegelberger/Schröder, HGB, § 419 Anm. 16). In einer solchen Konstellation ist die bereicherungsrechtliche Rückgabepflicht durch Besitzverschaffung und Übereignung an den geschädigten Miteigentümer zu Alleineigentum zu erfüllen. Zu etwaigen Schadensersatzansprüchen gegen den Lagerhalter wegen unberechtigter Auslieferung vgl. oben Anm. 15.

2. Pflicht zur Auslieferung **Anm. 18**

§ 419 II HGB statuiert keine Pflicht zur Auslieferung einer dem Anteil entsprechenden Menge. § 695 BGB, der die Rückgabepflicht regelt, ist auf die Sonderverwahrung zugeschnitten. Er gibt dem Einlagerer nur einen Anspruch auf die hinterlegte Sache; d. h. im Falle der Sammelverwahrung einen Anspruch auf Verschaffung des Mitbesitzes an der im Miteigentum stehenden Sache. Diese Ausformung des Rückgabeanspruchs ist indessen gänzlich unpraktikabel. Man hat daher aus dem Institut der Sammelverwahrung und in Analogie zu § 23 III OLSchVO die Pflicht des Lagerhalters abzuleiten, den Anteil des Einlagerers bzw. sonstiger berechtigter Dritter nach Maßgabe des § 419 II HGB herauszugeben (vgl. Schlegelberger/Schröder, HGB, § 419 Anm. 15; RGRKz HGB-Ratz, § 419 Anm. 5; Heymann/Kötter, HGB, § 419 Anm. 2, 3). Die Voraussetzungen dieses Herausgabeanspruches gleichen denen der Sonderverwahrung (dazu § 416 Anm. 44ff.).

Anm. 19

E. Beziehung des Einlagerers zu Dritten

Der Einlagerer bzw. derjenige, dessen Alleineigentum sich in Miteigentum verwandelt hat, bleibt dinglich berechtigt. Gegen eine Pfändung des Sammellagerbestandes kann er daher die Drittwiderspruchsklage erheben (§ 771 ZPO); im Konkurs des Lagerhalters ist er zur Aussonderung (§ 43 KO) berechtigt. Herausgabe des dem Lagerhalter abhanden gekommenen Gutes können die Einlagerer grundsätzlich nur an alle Miteigentümer verlangen (s. oben Anm. 17).

Anm. 20

F. Besonderheiten bei der Ausstellung von Orderlagerscheinen

§ 23 OLSchVO stellt klar, daß durch die Vermischung Miteigentum nach Bruchteilen entsteht. Ist ein Gut zur Sammellagerung bestimmt, für das Handelsklassen gesetzlich eingeführt oder allgemein anerkannt sind, so entsteht, falls die Anwendbarkeit des 2. Titels der OLSchVO vereinbart wird, Miteigentum schon im Zeitpunkt der Einlagerung (§ 30 II OLSchVO). Anders als § 419 II HGB verpflichten die §§ 23 III, 31 OLSchVO den Lagerhalter ausdrücklich, dem Einlagerer den ihm gebührenden Anteil in Form von Alleineigentum auszuliefern (zum Begriff der Auslieferung s. oben Anm. 16). Eine besondere Regelung für Gewichtsverluste ist in § 32 OLSchVO getroffen. Ein gutgläubiger Erwerb ist möglich, da der Orderlagerschein eine hinreichende Rechtsscheingrundlage bietet (§ 36 II OLSchVO).

Anm. 21

G. Unregelmäßige Lagerung (§ 419 III HGB)

Die normale Lagerung ist dadurch gekennzeichnet, daß der Lagerhalter nur die Obhut über das Gut zu übernehmen hat, ohne das Eigentum an ihm zu erlangen. Soll er Eigentümer werden, so kann auf das zugrundeliegende Kausalgeschäft gemäß § 700 BGB unter den dort geregelten Bedingungen Darlehensrecht (§§ 607ff. BGB) Anwendung finden. Denkbar ist auch, daß die Parteien ein Treuhandgeschäft gewollt haben. Bei vertretbaren Sachen greift Darlehensrecht ferner dann ein, wenn der Lagerhalter befugt sein sollte, die eingelagerten Güter im eigenen Interesse zu verbrauchen (§ 700 I 2 BGB).

§ 420

(1) Der Lagerhalter hat Anspruch auf das bedungene oder ortsübliche Lagergeld sowie auf Erstattung der Auslagen für Fracht und Zölle und der sonst für das Gut gemachten Aufwendungen, soweit er sie den Umständen nach für erforderlich halten durfte.

(2) Von den hiernach dem Lagerhalter zukommenden Beträgen (Lagerkosten) sind die baren Auslagen sofort zu erstatten. Die sonstigen Lagerkosten sind nach dem Ablaufe von je drei Monaten seit der Einlieferung oder, wenn das Gut in der Zwischenzeit zurückgenommen wird, bei der Rücknahme zu erstatten; wird das Gut teilweise zurückgenommen, so ist nur ein entsprechender Teil zu berichtigen, es sein denn, daß das auf dem Lager verbleibende Gut zur Sicherung des Lagerhalters nicht ausreicht.

Inhaltsübersicht

Literatur siehe Angaben zu § 416 HGB.

A. Vorbemerkung

Anm. 1

Die Lagerkosten setzen sich, wie sich aus § 420 II S. 1 HGB ergibt, aus dem Lagergeld und den erstattungsfähigen Aufwendungen zusammen. Das Lagergeld stellt die eigentliche Vergütung des Lagerhalters für die Lagerung und Aufbewahrung des Gutes dar. Neben das Lagergeld können besondere Vergütungen für nach den §§ 416ff. HGB nicht geschuldete Dienste, z. B. Erhaltungsmaßnahmen am Gut, Vorzeigen des Gutes, treten (§ 354 HGB). § 420 I HGB stellt klar, daß die Dienste des Lagerhalters nicht unentgeltlich geleistet werden und wiederholt damit den § 354 I HGB. Außerdem stellt er klar, daß der Lagerhalter, soweit er zulässigerweise im Interesse des Einlagerers Aufwendungen macht (z. B. Fracht verauslagt hat), wie ein Geschäftsbesorger den Ersatz von Aufwendungen fordern darf.

§ 420 II HGB regelt die Fälligkeit der Lagerkosten. Er enthält dispositives Recht.

B. Anspruch auf Lagerkosten

I. Voraussetzungen des Anspruches

Anm. 2

Voraussetzung des Anspruches auf Lagergeld und Aufwendungsersatz ist das Zustandekommen eines entgeltlichen Lagervertrages. Ist überhaupt kein Vertrag wirksam zustande gekommen, so vermag der Lagerhalter eine Vergütung nur nach den Regeln über die ungerechtfertigte Bereicherung (§§ 812ff. BGB) oder Geschäftsführung ohne Auftrag (§§ 677ff. BGB) zu fordern.

Das Gesetz geht in erster Linie davon aus, daß sich die Parteien über die **Höhe des Lagergeldes** geeinigt und den Vertrag auf diese Weise zu einem entgeltlichen gemacht haben. Haben sie dies nicht ausdrücklich getan, so sind die Vereinbarungen auszulegen. Für diesen Fall statuiert § 689 BGB die Vermutung, daß die Verwahrung des Gutes entgeltlich erfolgt, wenn die Lagerung den Umständen zufolge nur gegen eine Vergütung zu erwarten ist. Für eine Vergütung spricht insbesondere der Umstand, daß der Lagerhalter ein auf Gewinnerzielung angelegtes Lagergewerbe betreibt. Obwohl § 689 BGB als Fiktion formuliert ist, enthält er keine unwiderlegliche Vermutung (so aber Erman/Seiler, BGB, § 689 Anm. 2), da alle Umstände heranzuziehen sind. Gegen die Entgeltlichkeit spricht z. B. möglicherweise der Umstand, daß der Lagerhalter mit dem Einlagerer befreundet war, oder daß der Einlagerer dem Lagerhalter erkennbar davon ausging, die Einlagerung erfolge unentgeltlich. § 689 BGB wird durch die §§ 354 I, 420 I HGB ergänzt (OLG Düsseldorf, VersR 79, 286).

Anm. 3 Der Anspruch auf Ersatz der **Aufwendungen** (§ 420 I HGB) setzt ebenfalls einen gültigen Vertrag voraus. Andernfalls kann der Lagerhalter nur nach den §§ 812ff., 677ff. BGB vorgehen. Unerheblich ist es hingegen, ob die Verwahrung entgeltlich erfolgte. – Anders als z. B. ein Kommissionär darf der Lagerhalter nicht nach pflichtgemäßem Ermessen Aufwendungen tätigen. Der Lagerhalter ist primär kein Geschäftsbesorger. Die Zulässigkeit von erstattungsfähigen Aufwendungen kann daher auch nicht allein an § 420 I HGB abgelesen werden. Die Begriffe „den Umständen nach erforderlich" geben dem Lagerhalter einen zu weiten Spielraum. Die vom Lagerhalter gemachten Aufwendungen müssen deshalb im Rahmen von Nebenleistungen liegen, zu denen der Lagerhalter nach dem Vertrag selbst berechtigt ist. Dazu ist der Vertrag gegebenenfalls nach Maßgabe der §§ 157 BGB, 346 HGB auszulegen. Nur in diesem Kreis der Nebenleistungen kann der Lagerhalter als Geschäftsbesorger tätig werden (z. B. Auslagen für Fracht, Zoll). Soweit der Lagerhalter als Geschäftsbesorger tätig werden darf, ist er auch in der Lage, den Ersatz von Schäden zu fordern, die ihm im Rahmen dieser Tätigkeit entstanden sind (vgl. oben, Koller, § 396 Anm. 33). Keine Aufwendungen stellen all die Investitionen dar, die der Lagerhalter in Erfüllung seiner Obhutspflicht tätigt (KG, BB 73, 446; Senckpiehl, Lagergeschäft, aaO, S. 246).

Passiv legitimiert ist der Einlagerer als Vertragspartner. An seiner Rolle als Anspruchsgegner ändert sich nichts dadurch, daß der Einlagerer – dem Lagerhalter erkennbar – seine Herausgabeansprüche abgetreten hat. Der Einlagerer bleibt ferner auch dann Schuldner des Lagergeldes, falls er den Lagerhalter angewiesen hat, die Lagerkosten bei einem Dritten einzuziehen. Wurde das Gut von Anfang an unter der Abrede eingelagert, daß sich der Lagerhalter seine Vergütung bei einem Dritten zu holen habe, so kann damit ein Leistungsverweigerungsrecht zugunsten des Einlagerers begründet worden sein.

Anm. 4

II. Höhe des Lagergeldes

Die Höhe des Lagergeldes bestimmt sich primär nach der Vereinbarung. Ist eine besondere Vereinbarung nicht nachzuweisen, die der Einlagerer zu beweisen hat, wenn sie zu seinen Gunsten spricht, so ist gemäß §§ 354 I, 420 HGB das ortsübliche Lagergeld geschuldet (OLG Düsseldorf, VersR 79, 286). Fehlt es an ortsüblichen Tarifen, so hat der Lagerhalter die Vergütung, das Lagergeld, nach billigem Ermessen (§ 315 BGB) festzusetzen (Schlegelberger/Schröder, HGB, § 420 Anm. 2).

Anm. 5

III. Höhe des Aufwendungsersatzes

Der Umfang des Anspruches auf Aufwendungsersatz bestimmt sich danach, welche Auslagen der Lagerhalter aus seiner Perspektive heraus bei Anwendung verkehrserforderlicher Sorgfalt als im Interesse des Einlagerers gelegen erachten durfte.

IV. Einfluß von Vertragsstörungen auf den Anspruch auf Lagergeld

Anm. 6

1. Gläubigerverzug des Einlagerers

Nach der hier vertretenen Auffassung ist der Lagervertrag ein Konsensualvertrag (s. § 416 Anm. 20). Liefert der Einlagerer das Gut überhaupt nicht oder verspätet an, so gerät der Einlagerer im Zweifel nicht in Gläubigerverzug; denn die Lagerung ist vielfach nicht nachholbar (vgl. MünchKomm-Walchshöfer, BGB, § 293 Anm. 6; Koller, Risikozurechnung, aaO, S. 12 m. Nachw.; a. A. Staudinger/Otto, BGB, § 324 Anm. 19), da ein bestimmter oder bestimmbarer Erfüllungszeitraum vorgesehen ist. In solchen Konstellationen sind die allgemeinen Regeln über Unmöglichkeit (Primärzweckstörungen) anzuwenden (s. dazu Koller, Risikozurechnung, aaO, S. 280ff.). Dort, wo die Lagerung nachholbar ist, sind die §§ 615, 552 BGB analog heranzuziehen. Daraus ergibt sich z. B., daß der Einlagerer das volle Lagergeld abzüglich der Ersparnisse und anderweitigen Verdienste des Lagerhalters zu bezahlen hat, wenn ein Festbetrag als Lagergeld vereinbart oder üblich war und der für die Lagerung vorgesehene Zeitraum (Erfüllungszeitraum) verstrichen ist (§ 324 II BGB). Auf ein Verschulden des Einlagerers kommt es hierbei nicht an (a. A. Heymann/Kötter, HGB, § 420 Anm. 1). Eine Ausnahme gilt nur dort, wo allen potentiellen Einlagerern die Anlieferung des Gutes unmöglich geworden ist; z. B. Streik des Transportpersonals (vgl. Koller, Risikozurechnung bei Vertragsstörungen in Austauschverträgen (1979), S. 289; a. A. Schlegelberger/Schröder, HGB, § 420 Anm. 3a). Der Einlagerer kann allerdings kündigen. Die Kündigung steht dann im Sinne einer analogen Anwendung des § 699 II BGB der vorzeitigen Rücknahme gleich (näher dazu unten Anm. 9).

Wurde ein **zeitabhängiges Lagergeld** vereinbart bzw. ist es ortsüblicherweise von der Lagerzeit abhängig, so kann der Lagerhalter unter den oben genannten Voraussetzungen das Lagergeld bis zu dem Zeitpunkt fordern, zu dem der Einlagerer den Lagervertrag zulässigerweise kündigt (Senckpiehl, Lagergeschäft, aaO, S. 241; a. A. Schlegelberger/Schröder, HGB, § 418 Anm. 3a: nur für den ersten Zeitabschnitt, der wohl die in § 699 II BGB niedergelegte Wertung überbetont).

2. Schlechterfüllung des Lagervertrages **Anm.7**

Der h. M. zufolge geht der Lagerhalter seines Anspruchs auf das Lagergeld nicht dadurch verlustig, daß er seine Pflicht zur Lagerung mangelhaft erfüllt. Der Einlagerer könne nur mit einem Schadensersatzanspruch aufrechnen, den er wegen der Verletzung der Lagerhalterpflichten zu erheben in der Lage sei (Schlegelberger/Schröder, HGB, § 420 Anm. 4; RGRKz HGB-Ratz, § 420 Anm. 2; Senckpiehl, Lagergeschäft, aaO, S. 242 m. Nachw.). Der Einlagerer dürfe die Zahlung des Lagergeldes allerdings dann verweigern, wenn die Handlungen des Lagerhalters praktisch überhaupt keine Erfüllung des Lagergeschäftes darstellten. Die h. M. stützt wohl – ähnlich wie im Rahmen der Schlechterfüllung von reinen Dienstverträgen – ihre These auf den Umstand, daß das Verwahrungsrecht keine Regeln über die Gewährleistung oder Schlechterfüllung enthält. Dies allein rechtfertigt es indessen nicht, den Einlagerer grundsätzlich ausschließlich auf etwaige Schadensersatzansprüche zu verweisen. Das Verwahrungsgeschäft setzt sich aus Elementen des Miet- und Dienstvertrages zusammen (vgl. Sellschopp, Haftung, aaO, S. 73). Es erscheint daher angebracht, die diesen Vertragstypen entsprechenden Regeln über die Schlechterfüllung auf den Verwahrungsvertrag zu übertragen. Dabei hat man als Besonderheit des Lagergeschäftes z. B. zu berücksichtigen, daß das Lagergeschäft anders als die Miete keinen Vertragstypus darstellt, der auf Vereinbarungen mit sozial schutzbedürftigen Vertragspartnern (vgl. Koller, Risikozurechnung bei Vertragsstörungen in Austauschverträgen (1979), S. 118f.) zugeschnitten ist. Hieraus folgt, daß man dort, wo der Lagerhalter das Gut in Räumen lagert, die die Voraussetzungen für eine sachgemäße Lagerung nicht voll erfüllen, unabhängig davon, wann der Mangel entstanden ist, dem Einlagerer lediglich analog § 537 I BGB die Minderung des Lagergeldes zu gestatten hat. Im Hinblick auf die mit der Verwahrung verbundenen Obhutspflichten hat man eine Parallele zum Dienstvertrag mit Selbständigen zu ziehen, die, wie Roth (VersR 79, 494ff., 600ff.) nachgewiesen hat, sich ebenfalls eine Minderung ihrer Vergütung gefallen lassen müssen, wenn sie ihre Dienstleistungen nicht mit dem vertragsgemäßen Standard erbringen. Diese Rechtsfolge erscheint auch im Bereich des Lagergeschäftes z. B. in einer Konstellation als angemessen, in der der Lagerhalter die geschuldete Bewachung des Gutes unterläßt und nur durch Zufall kein Schaden entsteht.

Anm. 8 **3. Unmöglichkeit**

S. dazu oben § 416 Anm. 71f.

Anm. 9 **4. Vorzeitige Rücknahme des Gutes**

Für den Fall der vorzeitigen Rücknahme des Gutes ordnet § 699 II BGB, der auf das Lagergeschäft analog anzuwenden ist, an, daß der Verwahrer einen seiner bisherigen Leistung entsprechenden Teil der Vergütung verlangen kann, sofern sich nicht aus der Vereinbarung über die Vergütung etwas anderes ergibt. Der Sache nach regelt § 699 II BGB die Rechtsfolgen eines fristlosen Rechts zur Rücknahme (§ 695 BGB),– setzt also voraus, daß dem Lagerhalter mitgeteilt wird, daß die Lagerung enden soll. § 699 II BGB kann deshalb nicht unmittelbar in Situationen angewandt werden, in denen der Lagerhalter nicht weiß, wie lange er noch seine Lagermöglichkeiten für die versprochene Lagerung offenzuhalten hat (Beispiel: „Gläubigerverzug"; siehe oben Anm. 6). Anders als § 649 BGB schützt § 699 II BGB im Zweifel jedoch nicht das Vertrauen des Lagerhalters, Lagergeld in bestimmter Höhe zu verdienen (vgl. auch Heymann/Kötter, HGB, § 420 Anm. 1). Die Sachgerechtigkeit dieser Regelung leuchtet angesichts der Befugnis des Einlagerers, das Gut jederzeit zurückzunehmen, dort sofort ein, wo das Lagergeld nach Zeiteinheiten bemessen wird.

Ist als **Lagergeld ein fester Betrag** vereinbart worden, so kann daraus allerdings nicht ohne weiteres abgeleitet werden, daß dieser Betrag auf jeden Fall dem Lagerhalter in voller Höhe verbleiben müsse. Auf der anderen Seite werden die Interessen des Einlagerers zu stark geschützt, wenn dem Lagerhalter nur dort die volle Vergütung zuerkannt wird, wo dies besonders vereinbart worden war oder ausnahmsweise eine bestimmte Dauer der Lagerung mit der Abrede ausbedungen worden war, daß das Gut nur gegen Zahlung einer entsprechenden „Entschädigung" zurückgenommen werden dürfe (vgl. Schlegelberger/Schröder, HGB, § 416 Anm. 3). Ausschlaggebend erscheint vielmehr der Grund, warum die Parteien einen festen Betrag als Lagergeld vereinbart haben. Geschah dies, weil der Lagerhalter ein besonderes Interesse an gesicherter Kalkulation hatte, so muß der Einlagerer den vollen Betrag zahlen, auf den sich der Lagerhalter anderweitigen Verdienst und ersparte Aufwendungen anrechnen zu lassen hat (Wertung des § 649 BGB; a. A. RGRKz HGB-Ratz, § 420 Anm. 2). Für eine Entrichtung des vollen Lagergeldes spricht auch eine Vereinbarung, derzufolge das Gut nicht vor Ende der Lagerzeit zurückgenommen werden darf (vgl. Schlegelberger/Schröder, HGB, § 416 Anm. 20). – Wurde ein fester Betrag verabredet, weil der Einlagerer daran interessiert war, schon im Moment des Vertragsschlusses die Kosten der Lagerung exakt abschätzen zu können, auch wenn die Lagerung unter Umständen länger als erwartet dauern sollte, so ist dieser Betrag nach dem Verhältnis zwischen tatsächlicher Lagerzeit und deren vertraglicher Höchstdauer zu kürzen. Dabei hat man zu beachten, daß bei der Bemessung des Lagergeldes berücksichtigt worden sein kann, daß die Lagerung nicht ständig die gleiche Mühe bereitet. Der unterschiedlichen Intensität der für die Lagerung notwendigen Anstrengungen ist bei der Bemessung des anteiligen Lagergeldes Rechnung zu tragen (RGRKz HGB-Ratz, § 420 Anm. 2; Schlegelberger/Schröder, HGB, § 420 Anm. 3; Senckpiehl, Lagergeschäft, aaO, S. 240f.).

Anm. 10 Stärker zugunsten des Lagerhalters ist die in **§ 21 ADSp** (abgedr. Anh. I zu § 416) niedergelegte Regelung ausgestaltet. Ihr zufolge hat der Spediteur, dem ein Auftrag entzogen wird, nach seiner Wahl entweder einen Anspruch auf die vereinbarte Vergütung, unter Anrechnung der ersparten Aufwendungen, oder auf eine angemessene Provision. Weist der Auftraggeber nach, daß der Auftrag aus berechtigten, vom Spediteur zu vertretenden Gründen entzogen wurde, so darf der Spediteur lediglich einen Anspruch auf Ersatz der Aufwendungen und der verdienten Nebenprovisionen geltend machen. Diese Regelung, die sich an § 649 BGB orientiert, erscheint im Sinne des § 9 AGBG als angemessen.

§ 12 ALB (abgedr. Anh. II zu § 416) statuiert, daß das Lagergeld pro Monat berechnet wird und sich um ein Drittel ermäßigt, wenn das Gut vor dem Zehnten eines Kalendermonats ausgelagert wird. Da Hausrat typischerweise nur am Ende eines Monats ausgelagert wird, erscheint auch diese Regelung als tragbar.

V. Einfluß von Vertragsstörungen und vorzeitiger Rücknahme auf den Anspruch auf Aufwendungsersatz

1. Gläubigerverzug des Einlagerers Anm.11

Der Einlagerer wird nicht dadurch von seiner Pflicht zur Erstattung der erforderlichen Aufwendungen frei, daß er in Gläubigerverzug gerät. Dies gilt auch dort, wo der Einlagerer das Gut deshalb nicht anzuliefern vermochte, weil Störungen wirksam wurden, die alle potentiellen Einlagerer an der Einlagerung des Gutes gehindert hätten.

2. Schlechterfüllung Anm.12

Die Schlechterfüllung im Hinblick auf Aufwendungen zeigt sich regelmäßig daran, daß Aufwendungen gemacht werden, die der Lagerhalter nicht für erforderlich halten durfte. Derartige Aufwendungen sind nicht zu ersetzen. Im übrigen kann die Schlechterfüllung des Vertrages zur Folge haben, daß Aufwendungen nachträglich nutzlos werden. Hat der Lagerhalter dies schuldhaft verursacht, so entfällt nicht automatisch sein Anspruch auf Aufwendungsersatz (vgl. oben, Koller, § 384 Anm. 60).

3. Unmöglichkeit Anm. 13

Für die Aufwendungen gelten im Falle der Unmöglichkeit die im Rahmen des Kommissionsrechts (oben § 384 Anm. 60) für den Anspruch auf Aufwendungsersatz entwickelten Regeln, da im Hinblick auf die Aufwendungen der Lagerhalter als Geschäftsbesorger tätig geworden ist.

4. Vorzeitige Rücknahme Anm. 14

Die vorzeitige Rücknahme ändert nichts an der Verpflichtung des Einlagerers, die bis dahin angefallenen und noch erforderlich werdenden Aufwendungen zu ersetzen.

VI. Lagerungskosten bei verspäteter Rücknahme oder bei Ausübung des Lagerpfandrechts

1. Verspätete Rücknahme Anm. 15

Nimmt der Einlagerer das Gut nicht rechtzeitig zurück, so schuldet er unter den Voraussetzungen des § 284 BGB gemäß § 286 BGB Schadensersatz, falls ihn hieran ein Verschulden trifft (§ 285 BGB). Jedenfalls darf der Lagerhalter weiter das bedungene, übliche bzw. angemessene Lagergeld sowie Ersatz der Aufwendungen fordern (Analogie zu § 557 I BGB). Haben die Parteien einen festen Betrag als Lagergeld vereinbart, so ist dieser entsprechend zu erhöhen.

2. Ausübung des Pfandrechts oder Zurückbehaltungsrechts Anm.16

Verbleibt das Gut infolge einer Ausübung des Lagerpfandrechts oder eines Zurückbehaltungsrechts über die vertraglich vereinbarte Zeit beim Lagerhalter, so steht dem Lagerhalter entgegen der h. M. (OLG Düsseldorf, VersR 79, 286; Schlegelberger/Schröder, HGB, § 421 Anm. 14; Heymann/Kötter, HGB, § 420 Anm. 1) kein Lagergeld, wohl aber Ersatz der Aufwendungen zu. § 354 HGB greift hier nicht ein, da der Lagerhalter nicht im Interesse des Einlagerers, sondern im eigenen Interesse lagert (RGRKz HGB-Ratz, § 420 Anm. 2 m. Nachw.); denn es ist nicht ersichtlich, warum die Lagerung als solche dem Interesse des Einlagerers dienen sollte, der mit seinem Auslieferungsverlangen gerade zeigt, daß er an einer weiteren Lagerung nicht mehr interessiert ist. Der Lagerhalter kann die Kosten der Lagerung nur als Verzugsschaden geltend machen.

C. Fälligkeit

Anm. 17

I. Bare Auslagen (§ 420 II 1 HGB)

Gemäß § 420 II 1 HGB sind bare Auslagen sofort zu erstatten. Unter baren Auslagen sind zunächst all die Aufwendungen zu verstehen, die der Lagerhalter in Form von Bargeld gemacht hat. Dem stehen Zahlungen durch Überweisung und Schecks gleich, sobald das Konto des Lagerhalters belastet worden ist. Auch von Verbindlichkeiten gegenüber Dritten, die sofort fällig sind, hat der Einlagerer den Lagerhalter sogleich zu befreien. Den Lagerhalter soll nämlich, wie § 420 II HGB zeigt, nur eine begrenzte Vorleistungspflicht treffen.

Anm. 18

II. Lagergeld und unbare Aufwendungen (§ 420 II 2 HGB)

§ 420 II 2 HGB modifiziert die Regelung des § 699 BGB. Er begrenzt die Pflicht des Lagerhalters zur Vorleistung. Spätestens nach Ablauf von je drei Monaten hat der Einlagerer das diesem Zeitabschnitt entsprechende Lagergeld und die bis dahin entstandenen unbaren Aufwendungen zu entrichten. § 420 II 2 HGB bezieht sich mithin auch auf Aufwendungen (Schlegelberger/Schröder, HGB, § 420 Anm. 8; a. A. Heymann/Kötter, HGB, § 420 Anm. 4). VoraussetzAnm.ler Erstattungspflicht unbarer Aufwendungen, die nur in der Form von Verpflichtungen denkbar sind, ist freilich, daß die Verpflichtungen bereits fällig geworden sind. Hat der Lagerhalter die im Interesse des Einlagerers eingegangene Verpflichtung bereits getilgt, so findet § 420 II 1 HGB Anwendung. – Wird das Gut vor Ablauf von 3 Monaten zurückgenommen, so ist der Anspruch bei Rücknahme fällig; erfolgt die Rücknahme nach Ablauf von 3 Monaten, so werden mit der Rücknahme die bis dahin nicht schon fällig gewordenen Ansprüche auf Lagergeld und unbare Aufwendungen fällig.

Der Umstand, daß die Parteien einen festen Betrag als Lagergeld vereinbart haben, kann dafür sprechen, daß der gesamte Betrag erst mit Ablauf der Lagerzeit fällig wird. Dafür fällt insbesondere die Tatsache ins Gewicht, daß die Parteien ungeachtet des Umstandes, daß die Lagerzeit noch nicht genau vorhersehbar war, einen Fixbetrag vereinbart haben.

Keine **vorzeitige Fälligkeit** begründet **§ 29 ADSp** (abgedr. Anh. I zu § 416; vgl. Schlegelberger/Schröder, HGB, § 420 Anm. 10; Krien, Speditions- und Lagerrecht, § 29 ADSp Anm. 1). Allerdings ist es heute allgemein üblich, daß die Spediteure und Lagerhalter dem Einlagerer Rechnungen über das Lagergeld je angefangenen Kalendermonat erteilen, so daß das Lagergeld kraft Handelsbrauches nach Ablauf des Kalendermonats fällig wird (vgl. Krien, aaO, § 29 ADSp Anm. 2). Gemäß § 12 I S. 1 ALB (abgedr. Anh. II zu § 416) wird das Lagergeld ebenfalls monatlich berechnet.

Anm. 19

D. Verjährung, Verwirkung

Die Ansprüche des Lagerhalters auf Lagergeld und Ersatz der Aufwendungen verjähren gemäß § 196 I Nr. 1 BGB in zwei Jahren, falls die Lagerung nicht für den Gewerbebetrieb des Einlagerers erfolgte. Andernfalls verlängert sich die Verjährungsfrist auf vier Jahre (§ 196 II BGB). Ist das Lagergeld nach Zeiteinheiten bemessen, so ändert sich angesichts der Regelung des § 420 II 2 HGB nichts an den Verjährungsfristen (RGRKz HGB-Ratz, § 423 Anm. 2; Heymann/Kötter, HGB, § 420 Anm. 4; a. A. Schlegelberger/Schröder, HGB, § 420 Anm. 11; Senckpiehl, Lagergeschäft, aaO, S. 265).

E. Erfüllungsort **Anm.20**

Erfüllungsort für Ansprüche des Lagerhalters ist im Zweifel gemäß § 269 BGB der Ort, an dem der Einlagerer seinen Wohnsitz bzw. seine gewerbliche Niederlassung besitzt (RGRKz HGB-Ratz, § 420 Anm. 5 m. Nachw.). Soweit die Lagerkosten bei Rücknahme zu erstatten sind (§ 420 II HGB), ist allerdings Erfüllungsort die Niederlassung des Lagerhalters bzw. der Lagerort, an dem das eingelagerte Gut zurückzugeben ist (Senckpiehl, Lagergeschäft, aaO, S. 237). Gemäß § 65 ADSp (abgedr. Anh. I zu § 416) ist Erfüllungsort immer der Ort der Handelsniederlassung des Spediteurs. § 20 ALB (abgedr. Anh. II zu § 416) regelt nur den Gerichtsstand und nicht den Erfüllungsort.

§ 421

Der Lagerhalter hat wegen der Lagerkosten ein Pfandrecht an dem Gute, solange er es im Besitze hat, insbesondere mittels Konnossements, Ladescheins oder Lagerscheins darüber verfügen kann.

Inhaltsübersicht

Literatur siehe Angaben zu § 416 HGB.

A. Vorbemerkung **Anm. 1**

§ 421 HGB regelt ein gesetzliches Pfandrecht des Lagerhalters. Es weist starke Ähnlichkeit mit den gesetzlichen Pfandrechten der Kommissionäre (§ 397 HGB), der Spediteure (§ 410 HGB) und der Frachtführer (§ 440 HGB) auf. Es ist ebenso wie diese Pfandrechte ein Besitzpfandrecht und sein Entstehen ist nicht von einer auf Begründung eines Pfandrechtes gerichteten Willenserklärung abhängig. Neben dem Lagerhalterpfandrecht kommen bürgerlich- und handelsrechtliche Zurückbehaltungsrechte (§§ 273 BGB, 369 HGB) in Betracht (vgl. Mauer, BB 59, 872). § 421 HGB steht der Vereinbarung weiterreichender vertraglicher Pfandrechte nicht im Wege.

B. Voraussetzungen des Pfandrechts

Anm. 2

I. Lagerhalter

Ein gesetzliches Pfandrecht an Gütern, die verwahrt werden, vermag gemäß § 421 HGB nur ein Lagerhalter zu erwerben. Lagerhalter ist § 416 HGB zufolge, wer gewerbsmäßig die Lagerung und Aufbewahrung von Gütern übernimmt (näher zum Typus des Lagerhalters oben § 416 Anm. 5).

Anm. 3

II. Gegenstand des Pfandrechts

Das gesetzliche Lagerhalterpfand kann gemäß § 421 HGB an allen Gütern begründet werden. Darunter sind Sachen zu verstehen, die der Lagerhalter mit Willen und Wissen des Einlagerers lagert. Das Pfandrecht erfaßt das Gut in seiner Gesamtheit, also einschließlich der Verpackung (RGRKz HGB-Ratz, § 421 Anm. 2). Das Gut braucht nicht pfändbar zu sein (LG Frankfurt, BB 54, 912; Schlegelberger/Schröder, HGB, § 421 Anm. 5), muß aber verwertbar sein. An letzterem mag es z. B. bei Briefen und Manuskripten fehlen, bei denen das Persönlichkeits- bzw. Urheberrecht der Verwertung entgegenstehen kann (RGRKz HGB-Ratz, § 421 Anm. 2).

Das Pfandrecht ergreift ferner das gesamte Gut unabhängig davon, wie hoch die gesicherte Forderung ist, auch wenn daraus eine exorbitante **Übersicherung** resultiert; denn das Gesetz enthält keinerlei Anhaltspunkte dafür, welche gegenständlich konkretisierten Sachen von der Belastung durch das Pfandrecht verschont bleiben sollen, wenn schon ein Teil des eingelagerten Gutes als Sicherung ausreichend erscheint. Der Lagerhalter ist grundsätzlich auch nicht gehalten, seinem Pfandrecht unterfallende Güter ohne (partielle) Befriedigung der gesicherten Ansprüche freizugeben (BGH, BB 66, 179), selbst wenn die verbleibenden Güter die gesicherten Forderungen wertmäßig decken würden. Will der Einlagerer einen **Teil der Güter zurücknehmen,** so hat er gemäß § 420 II 2 HGB den Anspruch auf Lagerkosten zu einem entsprechenden Teil zu berichtigen. Tut er dies, so vermag er dem Lagerhalter, der sich weiter auf sein Pfandrecht beruft, entgegenzuhalten, daß das auf dem Lager verbleibende Gut zur Sicherung ausreicht (§ 420 II 2 2. HS HGB; Heymann/Kötter, HGB, § 421 Anm. 1). Allerdings kann der Lagerhalter dort, wo die Parteien vereinbart haben, daß die Lagerkosten einheitlich zu einem bestimmten Zeitpunkt fällig werden sollen, arglistig handeln, falls er sich dem auf einen Teil des Lagergutes bezogenen Rückgabeverlangen des Einlagerers gegenüber auf sein Pfandrecht beruft, obwohl der auf Lager verbleibende Teil des Gutes evident ausreicht, die bislang angefallenen und in Zukunft zu erwartenden Lagerkosten abzusichern (Schlegelberger/Schröder, HGB, § 421 Anm. 3).

Anm. 4

III. Kreis der gesicherten Forderungen

§ 421 HGB spricht davon, daß das Lagerhalterpfand die Lagerkosten sichert. Der Legaldefinition des § 420 HGB zufolge fallen darunter das Lagergeld und die im Interesse des Einlagerers getätigten Aufwendungen. Das Lagerhalterpfandrecht sichert nur konnexe Forderungen. Die Lagerkosten müssen also dem Lagergeschäft entspringen, das die Kausalvereinbarung für die konkrete Einlagerung darstellt. Forderungen aus früheren oder darauffolgenden Lagergeschäften sind somit nicht gesichert. Insoweit kommt eine Sicherung des Lagerhalters nur durch Zurückbehaltungsrechte in Betracht (vgl. Mauer, BB 59, 872). Hingegen wird der Kreis der gesicherten Forderungen nicht dadurch eingeschränkt, daß ein Teil des Gutes zurückgenommen worden ist. Auch wenn der Einlagerer bei der Rücknahme entgegen § 420 II 2 2. HS HGB nicht den entsprechenden Teil der Lagerkosten berichtigt hat, haftet das verbleibende Gut für die dem zugrundeliegenden Vertrag entspringenden Lagerkosten in voller Höhe (vgl. RGZ 74, 398).

Gesichert sind nur Lagerkosten. Daraus ergibt sich die Konsequenz, daß **Anspruchsgrundlage ein Lagervertrag** sein muß. Es reicht mithin nicht aus, daß das Gut mit Wissen und Wollen des Einlagerers tatsächlich vom Lagerhalter aufbewahrt wird (RGRKz HGB-Ratz, § 421 Anm. 1, § 410 Anm. 4; Heymann/Kötter, HGB, § 421 Anm. 1, § 410 Anm. 1; a. A. Schlegelberger/Schröder, HGB, § 421 Anm. 2). Deshalb zerstört die Anfechtung des Lagervertrages auch das Pfandrecht (a. A. Schlegelberger/Schröder, HGB, § 421 Anm. 2).

Das gesetzliche Lagerhalterpfandrecht sichert ferner ausschließlich Forderungen auf Vergütung und Aufwendungsersatz aus Tätigkeiten, die für das Lagergeschäft typisch sind. Hat sich der Lagerhalter z. B. im Rahmen der Lagerung verpflichtet, das Gut zu bearbeiten, so entsteht im Hinblick auf die für die Bearbeitung anfallenden Entgelte allenfalls ein **Unternehmerpfandrecht im Sinne des § 647 BGB** (BGH, DB 66, 416; Schlegelberger/Schröder, HGB, § 421 Anm. 4a).

IV. Unerheblichkeit der Fälligkeit Anm. 5

Die gesicherten Forderungen müssen weder fällig noch als unbedingte entstanden sein. Das Pfandrecht kann daher auch dann dem Rücknahmerecht des Einlagerers entgegengesetzt werden, wenn der Lagerhalter seine Zahlungsansprüche noch nicht zu realisieren vermag. (Zur Einschränkung dieses Grundsatzes bei Teilrücknahme, s. oben Anm. 3).

V. Besitz des Gutes Anm. 6

Voraussetzung für den Erwerb des Pfandrechts ist ferner, daß der Lagerhalter den unmittelbaren Besitz am Gut erlangt hat. Dem steht grundsätzlich der mittelbare Besitz (z. B. aufgrund Einlagerung bei einem dritten Lagerhalter) gleich. Der Einlagerer darf allerdings nicht dem Lagerhalter den Besitz vermitteln. Der Besitz des Gutes wird durch die Herrschaft über das Gut mittels Konossement, Lade- oder Lagerschein (§§ 424, 450, 647 HGB) ersetzt. Voraussetzung hierfür ist, daß das kaufmännische Dispositionspapier dem Lagerhalter übergeben und entweder auf seinen Namen ausgestellt oder an ihn bzw. blanko indossiert worden ist.

VI. Verfügungsbefugnis des Einlagerers und gutgläubiger Erwerb Anm. 7

Grundsätzlich entsteht das Lagerhalterpfandrecht nur, wenn der Einlagerer verfügungsberechtigt ist. Gemäß § 366 HGB wird jedoch der gute Glaube des Lagerhalters geschützt. Danach erwirbt der Lagerhalter das Pfandrecht, falls er den Einlagerer ohne grobe Fahrlässigkeit für den Eigentümer des Gutes oder zumindest für vom wahren Eigentümer ermächtigt gehalten hatte, das Gut einzulagern. Eine Ausnahme gilt dort, wo das Gut abhandengekommen ist (§ 935 BGB), es sei denn, daß Gegenstand des Lagervertrages Geld oder Inhaberpapiere waren.

VII. Relevanz von Treu und Glauben Anm. 8

Der Entstehung des Lagerhalterpfandrechts kann unter Umständen die Einrede arglistigen oder widersprüchlichen Verhaltens entgegengehalten werden (vgl. RG, HRR 1930, 1041; BGH, WM 62, 1350ff.). Ist dem Lagerhalter bekannt, daß die Einlagerung von Ware der Sicherung des Einlagerers dient, und zieht der Lagerhalter aus der sicherungshalber erfolgten Lagerung mittelbar dadurch einen Vorteil, daß ihm gewinnbringende Geschäfte mit einem Dritten eröffnet werden, der die Ware zugunsten des Einlagerers einlagert, so schließt es der Sicherungszweck aus, daß der Lagerhalter an der für den Einlagerer (Bank als Kreditgeber) zu verwahrenden Ware irgendwelche Rechte geltend macht (BGH, WM 62, 1351; Schlegelberger/Schröder, HGB, § 421 Anm. 2). Ähnliches gilt in Konstellationen, in denen ein Gerichtsvollzieher gepfändete Sachen einlagert (Schlegelberger/Schröder, HGB, § 421 Anm. 10a).

C. Reichweite des Pfandrechts

Anm. 9

I. Rang des Pfandrechts

Der Rang des Pfandrechts bestimmt sich gemäß §§ 1257, 1209 BGB in erster Linie nach dem Zeitpunkt des Entstehens. Es gilt grundsätzlich das Prioritätsprinzip. Der Lagerhalter kann freilich gutgläubig einen besseren Rang dadurch erwerben, daß er bei der Einlagerung ohne grobe Fahrlässigkeit davon ausging, das Gut sei durch keine früher entstandenen Pfandrechte belastet (§§ 1203 BGB, 366 HGB). Ferner kann sich ein Rangvorrang aus § 443 HGB ergeben (s. dazu unten, Helm, § 443 Anm. 4ff.). Später entstehende Pfandrechte gehen im übrigen, von dem Fall guten Glaubens des Dritten an die Lastenfreiheit abgesehen, dem Lagerhalterpfandrecht nach. Das gilt immer für das Pfändungspfandrecht, das infolge einer Pfändung des auf Lager liegenden Gutes entstanden ist.

Anm. 10

II. Verwertung des Pfandrechts

Das Lagerhalterpfandrecht entspricht einem vertragsmäßigen Pfandrecht (§ 1257 BGB). Seine Verwertung erfordert daher keinen vollstreckbaren Titel (§§ 1228ff. BGB), sondern lediglich Fälligkeit der gesicherten Forderung. Die Frist zur Androhung der Versteigerung beträgt gemäß § 368 II HGB nur eine Woche, falls die Lagerung auf der Seite des Einlagerers ein Handelsgeschäft darstellte. Die Androhung hat gegenüber dem Eigentümer des Gutes zu erfolgen. Dabei kann der Lagerhalter gemäß § 1248 BGB im Zweifel davon ausgehen, daß der Einlagerer Eigentümer ist. Zur Verwertung vor Pfandreife s. §§ 1219ff. BGB. Der Lagerhalter, der zur Pfandverwertung schreitet, verfolgt seine eigenen Interessen. Daß er darüber die Interessen des Einlagerers nicht gänzlich vernachlässigen darf, ist lediglich Ausfluß des allgemeinen Gedankens von Treu und Glauben, den Einlagerer möglichst wenig zu schädigen, nicht aber der Pflicht, ein Geschäft des Einlagerers zu besorgen. Der Lagerhalter kann deshalb keine Provision für die Pfandverwertung verlangen; auch nicht dafür, daß er das Gut aufgrund seines Pfandrechts lagert (a. A. Schlegelberger/Schröder, HGB, § 421 Anm. 14; vgl. auch oben § 397 Anm. 15).

Anm. 11

D. Erlöschen des Pfandrechts

Gemäß § 1257 BGB gelten für das Lagerhalterpfandrecht die allgemeinen Regeln über dessen Untergang: z. B. Übertragung der Forderung unter Ausschluß des Übergangs des Pfandrechts (§ 1250 II BGB), einseitiger Verzicht des Pfandgläubigers (§ 1255 BGB) sowie Erlöschen der gesicherten Forderung unabhängig davon, worauf der Erlöschensgrund beruht (§ 1252 BGB). Einen weiteren Erlöschensgrund stellt der freiwillige Verlust des Besitzes dar. Wie zum parallel gelagertem Problem beim Kommissionspfandrecht (oben § 397 Anm. 16) ausgeführt wird, bleibt das Lagerhalterpfandrecht jedoch bestehen, falls der Lagerhalter den Besitz unfreiwillig verloren hat (a. A. RGRKz HGB-Ratz, § 421 Anm. 3, § 410 Anm. 7; wohl auch Schlegelberger/Schröder, HGB, § 421 Anm. 5).

E. Relevanz der ADSp und ALB

I. ADSp Anm. 12

Neben das gesetzliche Lagerhalterpfandrecht können vertragliche Pfandrechte treten, deren Ausgestaltung in allgemeinen Geschäftsbedingungen geregelt ist. § 50 ADSp (abgedr. Anh. I zu § 416) regelt eingehend ein derartiges Pfandrecht. Siehe dazu die Erläuterungen oben, Helm, Anh. I zu § 415 und § 410 Anm. 21ff., 33 zur alten Fassung der ADSp. In diesem Zusammenhang ist zu beachten, daß die Neufassung der ADSp (1978) die Haftung fremden Gutes für inkonnexe Forderungen aufgegeben hat (§ 50a S. 2 ADSp), es sei denn, daß der Eigentümer den Einlagerer zur Bestellung des vertraglichen Pfandrechts für inkonnexe Forderungen ermächtigt hatte (weitergehend Krien, Speditions- und Lagerrecht, vor § 50 ADSp Anm. 3bff.).

II. ALB Anm. 13

§ 13 ALB (abgedr. Anh. II zu § 416) sieht vor, daß dem Lagerhalter wegen aller fälligen Ansprüche, die ihm aus laufender Rechnung oder aus sonstigen Gründen gegen den Einlagerer zustehen, ein Pfandrecht an den Lagergütern zustehen soll. Soweit dieser Klausel zufolge ein Pfandrecht wegen inkonnexer Forderungen auch an Gütern begründet werden soll, die dem Einlagerer nicht gehören, ist die ALB-Klausel im Sinne des § 9 AGBG unangemessen (Schlegelberger/Schröder, HGB, § 421 Anm. 15). Tragbar erscheint hingegen das Recht, für die Pfandverwertung eine Provision zu berechnen. Sie ist nach billigem Ermessen (§ 315 BGB) festzusetzen und darf nicht mehr als 5% des Bruttoerlöses betragen.

F. Besonderheiten bei der Ausstellung von Lagerscheinen Anm. 14

Zur Reichweite des Pfandrechts im Falle der Ausstellung eines Orderlagerscheines siehe § 424 Anm. 15. Bei Ausstellung eines Lagerempfangsscheines siehe § 424 Anm. 24; eines Inhaberlagerscheines siehe § 424 Anm. 28; eines Namenslagerscheines siehe § 424 Anm. 32.

§ 422

(1) Der Lagerhalter kann nicht verlangen, daß der Einlagerer das Gut vor dem Ablaufe der bedungenen Lagerzeit und, falls eine solche nicht bedungen ist, daß er es vor dem Ablaufe von drei Monaten nach der Einlieferung zurücknehme. Ist eine Lagerzeit nicht bedungen oder behält der Lagerhalter nach dem Ablaufe der bedungenen Lagerzeit das Gut auf dem Lager, so kann er die Rücknahme nur nach vorgängiger Kündigung unter Einhaltung einer Kündigungsfrist von einem Monate verlangen.

(2) Der Lagerhalter ist berechtigt, die Rücknahme des Gutes vor dem Ablaufe der Lagerzeit und ohne Einhaltung einer Kündigungsfrist zu verlangen, wenn ein wichtiger Grund vorliegt.

Inhaltsübersicht

Literatur siehe Angaben zu § 416 HGB.

Anm. 1

A. Vorbemerkung

Für das Rücknahmerecht des Einlagerers fehlt im HGB eine besondere Vorschrift. Es findet insoweit Verwahrungsrecht (§ 695 BGB) Anwendung (s. dazu oben, § 416 Anm. 22). § 422 HGB regelt ausschließlich das Rückgaberecht des Lagerhalters und die damit korrelierende Rücknahmepflicht des Einlagerers. Er überlagert den § 696 BGB, der die Rücknahmepflicht des Hinterlegers regelt, indem er dem Umstand Rechnung trägt, daß der Lagerhalter die Lagerung gewerbsmäßig betreibt. § 422 HGB statuiert eine echte Pflicht des Einlagerers. Daneben gelten die Regeln über den Annahmeverzug (§§ 293ff. BGB), wenn die Lagerfrist abgelaufen ist und der Einlagerer die zur Realisierung seines Rücknahmeanspruchs notwendigen Mitwirkungshandlungen unterläßt.

Im einzelnen gilt für die Rücknahmepflicht des Einlagerers folgendes:

B. Die Rücknahmepflicht bei Fehlen eines wesentlichen Grundes (§ 422 I HGB)

I. Die Lagerzeit ist vertraglich festgelegt

Anm. 2

1. Rücknahmepflicht vor Ablauf der fest vereinbarten Lagerzeit

Haben die Parteien die Lagerzeit bedungen, so hat der Lagerhalter grundsätzlich das gelagerte Gut während der gesamten vereinbarten Lagerzeit aufzubewahren, es sei denn, daß die in § 422 II HGB geregelte Ausnahme (dazu unten Anm. 5) eingreift. „Bedungen" im Sinne des § 422 I HGB ist eine Lagerzeit dann, wenn die Parteien die Lagerzeit befristet haben, sei es, daß sie vertraglich für die Lagerung einen bestimmten Zeitraum oder einen bestimmten Endtermin vorgesehen haben. Der Endzeitpunkt muß nicht notwendig kalendermäßig ex ante bestimmbar sein. Es genügt, daß der Endtermin von der Handlung eines Dritten oder eines bestimmten Ereignisses abhängig gemacht worden ist.

Die Regelung des § 422 I HGB, derzufolge der Lagerhalter vor Ablauf der vereinbarten Lagerzeit die Rücknahme nicht verlangen darf, enthält eine Ausprägung des Prinzips, daß Versprechen zu halten sind. Aus § 422 I HGB ergibt sich mithin zugleich mittelbar, daß der Lagerhalter auch verpflichtet ist, das Gut bis zum Ablauf der ausbedungenen Lagerzeit zu verwahren.

Anm. 3

2. Rücknahmepflicht nach Ablauf der fest vereinbarten Lagerzeit

§ 422 II 2 HGB enthält eine Regelung für den Fall, daß die vertraglich festgelegte Lagerzeit abgelaufen ist, der Lagerhalter aber mit einer Fortsetzung der Lagerung einverstanden war. Das Einverständnis kann ausdrücklich oder konkludent erklärt werden. Es enthält eine Willenserklärung oder Willensbetätigung. In § 422 II 2 HGB ist zwar nur davon die Rede, daß der Lagerhalter das Gut auf dem Lager behält. Daraus wird man jedoch nicht ableiten dürfen, daß schon die faktische Weiterlagerung ausreicht. Würde man letzteres genügen lassen, so wäre die Abgrenzung zu den Fällen schwierig, in denen sich der Lagerhalter nur nicht bemüht hat, seinen Rücknahmeanspruch durchzusetzen. Außerdem wäre der Schutz des Vertrauens des Einlagerers in die Fortdauer der Lagerung überdimensioniert. Die Festsetzung einer Kündigungsfrist von einem Monat erscheint hingegen durchaus als angemessen, wenn sich der Lagerhalter in Form eines rechtsgeschäftlichen Aktes bereiterklärt hat, das Gut weiterhin zu lagern. Die Gestaltungserklärung kann nach Maßgabe der §§ 119, 123 BGB angefochten werden. Die Rechtsfolge des § 422 II 2 HGB setzt keinen Vertrag zwischen Lagerhalter und Einlagerer voraus. Es reicht die einseitige Willenserklärung oder -betätigung des Lagerhalters, das Gut weiterhin aufbewahren zu wollen. Man wird hierin einen Gestaltungsakt sehen müssen, durch den der befristete Lagervertrag zu einem unbefristeten umgeformt wird. Der Einlagerer wird dadurch nicht belastet, da er ja das Recht besitzt, das Gut jederzeit zurückzunehmen. Es bestehen daher auch keine Bedenken, analog § 151 BGB auf den Zugang der Einverständniserklärung zu verzichten, falls eine Erklärung der Verkehrssitte zufolge nicht zu erwarten ist.

Wird der Lagervertrag dadurch umgestaltet, daß der Lagerhalter damit einverstanden ist, das Gut weiterhin auf Lager zu halten, so greift nicht die allgemeine Kündigungsfrist von drei Monaten des § 422 I 1 HGB, sondern die des § 422 II 2 HGB von einem Monat ein. Zur Frage des Lagergeldes siehe § 420 Anm. 2.

II. Unbefristete Lagerzeit Anm. 4

Ist keine feste Lagerzeit (s. dazu oben Anm. 2) vereinbart, ist also ein unbefristeter Lagervertrag geschlossen worden, so ist der Lagerhalter kraft dispositiven Rechts verpflichtet, das Gut zumindest drei Monate aufzubewahren. Die Frist von drei Monaten beginnt mit der Einlieferung, d. h. mit der Begründung des unmittelbaren oder mittelbaren Besitzes durch den Lagerhalter. Zum Ende der ersten drei Monate darf der Lagerhalter die Rücknahme nur verlangen, wenn er mindestens einen Monat vor Ablauf dieser Frist gekündigt hatte (§ 422 I 2 HGB). Auch nach Ablauf der Drei-Monats-Frist muß der Lagerhalter einen Monat vorher kündigen, bevor er den Lagervertrag beendigen und die Rücknahme der eingelagerten Güter verlangen kann. Die Kündigung muß nicht notwendig zum Schluß eines Kalendermonats ausgesprochen werden. Die Frist ist nur eingehalten, wenn dem Einlagerer die Kündigung so rechtzeitig zugeht, daß die Monatsfrist gewahrt ist.

C. Rücknahmeanspruch des Lagerhalters bei Vorliegen eines wichtigen Grundes (§ 422 II HGB) Anm. 5

Gemäß § 422 II HGB kann der Lagerhalter das Lagerverhältnis sofort beenden und fristlos die Rücknahme verlangen, wenn ihm die weitere Lagerung infolge eines wichtigen Grundes unzumutbar wird. § 422 II HGB trifft hier eine Regelung, die für Dauerschuldverhältnisse typisch ist (vgl. §§ 626, 723 I BGB). Man kann daher zur Konkretisierung des Begriffs „wichtiger Grund" den § 626 I BGB heranziehen, demzufolge Tatsachen vorliegen müssen, aufgrund derer dem Kündigenden unter Berücksichtigung aller Umstände des Einzelfalles und unter Abwägung der Interessen beider Vertragsteile die Fortsetzung des Dienstverhältnisses bis zum Ablauf der Kündigungsfrist oder bis zu der vereinbarten Beendigung des Dienstverhältnisses nicht zugemutet werden kann. Man hat demnach auch im Rahmen des § 422 II HGB das Vorliegen eines wichtigen Grundes im Wege einer umfassenden Interessenabwägung zu ermitteln. Von einem Verschulden der Parteien ist die Bejahung eines wichtigen Grundes nicht abhängig. Die Interessenabwägung darf nicht losgelöst von den gesetzlichen Wertungen erfolgen, die sich in den allgemeinen Regeln über die Risikoverteilung niedergeschlagen haben. So darf sich der Lagerhalter nicht deshalb vom Vertrag lösen, weil ihm die Lagerung teuerer zu stehen kommt, als er es geplant hatte. Man wird deshalb dort, wo dem Lagerhalter die weitere Lagerung erheblich höhere Kosten als geplant verursacht, grundsätzlich erst dann von einem „wichtigen Grund" sprechen können, wenn die Verteuerung infolge unvorhersehbarer Umstände eingetreten ist (vgl. Koller, Die Risikozurechnung bei Vertragsstörungen in Austauschverträgen (1979), S. 211ff.; s. auch oben § 416 Anm. 68f.). Es reicht also nicht aus, daß eine an sich durchaus vorhersehbare Feuersbrunst einen Teil der Lagerräume des Lagerhalters vernichtet hat; denn der Lagerhalter kann auch in gemieteten Räumen oder bei dritten Lagerhaltern lagern (a. A. Schlegelberger/Schröder, HGB, § 422 Anm. 5). Ebensowenig genügt es, daß sich der Lagerhalter entschließt, seinen Gewerbebetrieb einzustellen (a. A. Schlegelberger/Schröder, HGB, § 422 Anm. 5). Hingegen wird man den Umstand als wichtigen Grund qualifizieren können, daß infolge einer an sich vorhersehbaren Veränderung der Umstände die Aufwendungen zur Aufrechterhaltung des erforderlichen Sicherheitsstandards eine Größenordnung erreicht haben, die das Lagergeschäft in den betreffenden Gütern zum Erliegen bringt. Der praktisch bedeutsamste Fall eines wichtigen Grundes stellt die dem Lagerhalter bei Vertragsschluß nicht erkennbar gewesene Gefährlichkeit des Gutes für andere Güter oder für den Lagerhalter und seine Leute bzw. die Umgebung dar (Schlegelberger/Schröder, HGB, § 422 Anm. 5; RGRKz HGB-Ratz, § 422 Anm. 3; Heymann/Kötter, HGB, § 422 Anm. 2; Baumbach/Duden, HGB, § 422 Anm. 2B; vgl. auch § 47b ADSp).

D. Einfluß der ADSp und ALB

Anm. 6

I. ADSp

§ 47 ADSp (abgedr. Anh. I zu § 416) verkürzt zulässig die nach dispositivem Recht vorgesehene Kündigungsfrist und befreit den Lagerhalter vom Zugangserfordernis des § 130 BGB, falls ihm eine Adressenänderung nicht mitgeteilt worden ist.

In Abs. b des § 47 ADSp wird die Kündigungsfrist für gefährliche Güter verkürzt. Im Lichte des § 422 II HGB erscheint freilich eine fristlose Kündigung nicht in jedem Fall der Gefährlichkeit als angemessen; denn nahezu jedes Gut ist irgendwie gefährlich. Zu fordern ist vielmehr, daß dem Lagerhalter die Gefährlichkeit nicht erkennbar war und die von dem Gut ausgehenden Gefahren mit den im Betrieb des Lagerhalters üblichen Lagermitteln nicht gebannt werden können oder daß infolge der spezifischen Eigenschaften des Gutes exorbitante Schäden drohen. Die Kündigung muß sich auf die gefährlichen Güter beschränken (Krien, Speditions- und Lagerrecht, vor § 47 ADSp Anm. 3).

§ 47c ADSp entlastet den Lagerhalter mittels eines fristlosen Kündigungsrechtes von Kreditrisiken.

Anm. 7

II. ALB

§§ 12, 8 ALB (abgedr. Anh. II zu § 416) enthalten eine dem § 47a ADSp (s. oben Anm. 6) entsprechende Regelung.

E. Rechtsfolgen der Nichterfüllung der Rücknahmepflicht Anm. 8

Nimmt der Einlagerer entgegen § 422 HGB das eingelagerte Gut nicht zurück, so gerät er in Gläubigerverzug (§§ 293 ff. BGB). Außerdem kommt er, falls ihn ein Schuldvorwurf trifft und der Rücknahmetermin kalendermäßig bestimmt ist bzw. der Lagerhalter gemahnt hat (§ 284 BGB), in Schuldnerverzug. Er ist dann gemäß § 286 BGB zum Schadensersatz verpflichtet. Ohne Rücksicht auf einen konkreten Schaden darf der Lagerhalter in Analogie zu § 557 I BGB Fortzahlung des vereinbarten oder üblichen Lagergeldes fordern. Der Lagerhalter ist weiter gemäß §§ 417 I, 389, 373 HGB berechtigt, das Gut zu hinterlegen oder im Wege des Selbsthilfeverkaufes zu veräußern. Diese Rechte verliert der Lagerhalter nicht dadurch, daß der Einlagerer auf sein Gut verzichtet.

§ 423

Auf die Verjährung der Ansprüche gegen den Lagerhalter wegen Verlustes, Minderung, Beschädigung oder verspäteter Ablieferung des Gutes finden die Vorschriften des § 414 entsprechende Anwendung. Im Falle des gänzlichen Verlustes beginnt die Verjährung mit dem Ablaufe des Tages, an welchem der Lagerhalter dem Einlagerer Anzeige von dem Verluste macht.

Inhaltsübersicht

Literatur siehe Angaben zu § 416 HGB.

A. Vorbemerkung Anm. 1

§ 423 HGB enthält eine Spezialvorschrift für die Verjährung der Ansprüche des Einlagerers gegen den Lagerhalter wegen Verlustes, Minderung, Beschädigung oder verspäteter Ablieferung des Gutes. Er privilegiert den Lagerhalter im Interesse schneller Abwicklung der Ansprüche und zur Vermeidung von Beweisschwierigkeiten im Hinblick auf die am häufigsten gegen den Lagerhalter erhobenen Schadensersatzansprüche (vgl. BGH, NJW 55, 1513 (1514)). Auf andere Ansprüche als die wegen Verlustes, Minderung, Beschädigung oder verspäteter Ablieferung des Gutes läßt sich § 423 HGB aus Gründen der Rechtssicherheit nicht anwenden, insbesondere nicht auf den Anspruch wegen schuldhafter Nichtwahrung des Interesses des Einlagerers gegen Dritte oder Unterlassens der Versicherung (§§ 417, 388 HGB).

B. Ansprüche gegen den Lagerhalter Anm. 2

§ 423 kommt nur auf Ansprüche gegen den Lagerhalter zur Anwendung. Für die Ansprüche des Lagerhalters gegen den Einlagerer gelten die allgemeinen Vorschriften über die Verjährung (dazu oben § 420 Anm. 19). Es ist ferner notwendig, daß der Lagerhalter als solcher passiv legitimiert ist. Bei einem Kaufmann, der nur gelegentlich Lagerhaltung betreibt, greifen die bürgerlich-rechtlichen Verjährungsvorschriften ein. Gleiches gilt, soweit der Lagerhalter über die eigentlichen Pflichten eines Lagerhalters hinaus tätig geworden ist und sich hierbei schadensersatzpflichtig gemacht hat. Die Ansprüche müssen mithin darauf beruhen, daß sich der Lagerhalter als solcher selbst schadensersatzpflichtig gemacht hat oder sonst für den Verlust etc. haftet. § 423 HGB erfaßt deshalb z. B. nicht Schadensersatzansprüche gegen einen Substituten des Lagerhalters, die der Lagerhalter an den Einlagerer abzutreten hat.

Anm. 3

C. Ansprüche des Einlagerers und des Eigentümers

§ 423 HGB spricht nur von Ansprüchen gegen den Lagerhalter. Er regelt nicht, wer aktiv legitimiert sein muß, wenn § 423 HGB eingreifen soll. Nach h. M. findet § 423 HGB nur auf den Einlagerer als Vertragspartner des Lagerhalters, nicht aber auf den Eigentümer Anwendung, falls der Einlagerer fremdes Gut eingelagert hatte (Schlegelberger/Schröder, HGB, § 423 Anm. 5; Heymann/Kötter, HGB, § 423 Anm. 1; RGRKz HGB-Ratz, § 423 Anm. 2). Von der ratio legis her gesehen leuchtet es freilich auf den ersten Blick nicht ein, warum der Lagerhalter dann weniger schutzwürdig sein soll und sich nur nach Maßgabe des Eigentümer-Besitzerverhältnisses bzw. des § 852 BGB auf Verjährung beruhen darf, wenn er mit einem Einlagerer kontrahiert hatte, der fremdes Gut einlagert. Gegen eine volle Anwendung des § 423 HGB auf den vom Einlagerer verschiedenen Eigentümer spricht jedoch der Umstand, daß die Verjährungsfrist mit der Anzeige vom Verlust (§ 423 S. 2 HGB) bzw. mit der Ablieferung zu laufen beginnt (§§ 423 S. 1, 414 I HGB), so daß der Eigentümer eine Verjährung seiner Schadensersatzansprüche hinnehmen müßte, ohne jemals vorher Gelegenheit gehabt zu haben, die Tatsache der Einlagerung in Erfahrung zu bringen. § 423 HGB ist daher zu restringieren. Die Restriktion reicht allerdings entgegen der h. L. nicht so weit, daß alle Ansprüche von Eigentümern, die nicht selbst eingelagert haben, auszuklammern sind. § 423 HGB findet nur dort auf Ansprüche des Eigentümers keine Anwendung, wo der Einlagerer als dem Eigentümer gegenüber zum Besitz Nichtberechtigter die Einlagerung vorgenommen hatte, weil dann nicht damit zu rechnen ist, daß der Eigentümer alsbald vom Schaden erfährt und der Eigentümer auch nicht Rückgriff nehmen kann (a. A. Krien, Speditions- und Lagerrecht, § 64 ADSp Anm. 8d, der darauf abhebt, ob der Spediteur den Auftraggeber gutgläubig für den Eigentümer oder als zur Einlagerung berechtigt gehalten hatte).

D. Ansprüche wegen Verlustes, Minderung, Beschädigung oder verspäteter Ablieferung des Gutes

Anm. 4

I. Art der Ansprüche

Die Ansprüche werden regelmäßig auf Schadensersatz gehen. Sie müssen dies jedoch nicht notwendig tun, sondern können sich auch auf Zahlung einer Vertragsstrafe richten. Die Anspruchsgrundlage ist ebenfalls unerheblich. § 423 HGB erfaßt sowohl vertragliche als auch konkurrierende deliktische oder dem Eigentümer-Besitzer-Verhältnis entspringende Forderungen (Schlegelberger/Schröder, HGB, § 423 Anm. 3; Krien, Speditions- und Lagerrecht, § 64 ADSp Anm. 8d; RGRKz HGB-Ratz, § 423 Anm. 4; a. A. BGHZ, NJW 53, 1180; NJW 55, 1513 (1514); vgl. ferner oben, Helm, § 414 Anm. 3 zur h. M. im Hinblick auf parallel gelagerte Probleme aus dem Speditionsrecht). Man wird ferner § 423 HGB auch auf Ansprüche aus culpa in contrahendo anzuwenden haben, falls der Lagerhalter Gut eingelagert hatte, bevor ein Lagervertrag zustande kam.

II. Minderung, Beschädigung sowie verspätete Ablieferung des Gutes

Anm. 5

Zum Begriff der Minderung s. oben, Helm, § 414 Anm. 5; zum Begriff der Beschädigung s. oben, Helm, §§ 407–409 Anm. 61. Die in diesen Konstellationen sowie im Falle der verspäteten Auslieferung des Gutes eingreifenden Verjährungsregeln ergeben sich im einzelnen aus § 414 HGB. Siehe dazu die Erläuterungen dieser Vorschrift.

III. Verlust des Gutes

Anm. 6

Zum Begriff des „Verlustes des Gutes" s. oben, Helm, §§ 407–409 Anm. 61. Der Verlust muß total sein. Er ist es dann, wenn der Lagerhalter außerstande ist, auch nur einen Teil des Gutes herauszugeben. Teilverluste fallen unter den Begriff der Minderung (BGH, NJW 53, 1513f. = BGHZ 18, 101). Anders als in den Fällen der Beschädigung des Gutes beginnt die Verjährung der durch den Verlust des Gutes ausgelösten Ansprüche mit dem Ablaufe des Tages, an dem der Lagerhalter dem Einlagerer Anzeige von dem Verlust des Gutes gemacht hat. Zu dieser Anzeige ist der Lagerhalter verpflichtet (s. oben § 417 Anm. 33). Handelt der Lagerhalter dieser Pflicht zuwider, so beginnt die Verjährungsfrist nicht zu laufen, auch wenn der Einlagerer auf andere Weise vom Verlust Kenntnis erlangt haben sollte. In Betracht kommt dann nur eine Verwirkung des Anspruchs. Die Länge der Verjährungsfrist ergibt sich aus § 414 HGB (siehe dazu die Erläuterungen dieser Vorschrift).

E. ADSp

Anm. 7

§ 64 ADSp (abgedr. Anh. I zu § 416) kürzt die Verjährungsfrist im Vergleich zu § 424 HGB und zu den bürgerlich-rechtlichen Vorschriften weiter ab. Er macht die Länge der Verjährungsfrist sowohl von der Art des Anspruches als auch von der Rechtsgrundlage sowie von den Umständen, die zum Anspruch geführt haben, unabhängig. Zu den Ansprüchen im Sinne des § 64 ADSp gehören deshalb z. B. auch Bereicherungsansprüche, falls die ADSp Geltung erlangt haben (Krien, Speditions- und Lagerrecht, § 64 ADSp Anm. 9b). Sämtliche Ansprüche gegen den Spediteur, der Lagerhalteraufgaben übernommen hat, sollen in acht Monaten von dem Moment an verjähren, in dem der Berechtigte Kenntnis von dem Anspruch erlangt hat. Als spätester Termin des Verjährungsbeginns ist die Auslieferung des Gutes genannt. Kenntnis des Anspruches heißt im Falle eines Schadens nicht Kenntnis vom Schaden, sondern Kenntnis vom Schadensersatzanspruch (vgl. oben, Helm, Anh. I zu § 415 HGB, § 65 ADSp Anm. 4; a. A. Krien, aaO, § 64 ADSp Anm. 9e); denn Unklarheiten gehen zu Lasten des AGB-Verwenders. Die Kenntnis vom Anspruch schließt die Kenntnis von der Person des zur Leistung Verpflichteten mit ein (vgl. Krien, aaO, § 64 ADSp Anm. 9e). § 64 ADSp findet nach h. M. auch Anwendung, falls der Schaden vorsätzlich verursacht worden ist (vgl. Krien, aaO, § 64 ADSp Anm. 10c m. Nachw.); doch wird man in Fällen, in denen der Lagerhalter oder seine leitenden Angestellten vorsätzlich ihren Pflichten zuwidergehandelt haben, die Verkürzung der Verjährungsfrist für unangemessen (§ 9 AGBG) zu erachten haben (vgl. oben, Helm, § 414 Anm. 12). § 64 ADSp gilt nur für Ansprüche gegen den Lagerhalter.

Zur Verjährung nach § 64 ADSp s. im übrigen die Erläuterungen oben, Helm, Anh. I zu § 415 HGB.

§ 424

Ist von dem Lagerhalter ein Lagerschein ausgestellt, der durch Indossament übertragen werden kann, so hat, wenn das Gut von dem Lagerhalter übernommen ist, die Übergabe des Lagerscheins an denjenigen, welcher durch den Schein zur Empfangnahme des Gutes legitimiert wird, für den Erwerb von Rechten an dem Gute dieselben Wirkungen wie die Übergabe des Gutes.

Inhaltsübersicht

Literatur siehe Angaben zu § 416 HGB.

Anm. 1

A. Vorbemerkung: Die Arten von Lagerscheinen

Das HGB kennt nur den Orderlagerschein. Daneben sind Inhaberlagerscheine, auf den Namen ausgestellte Lagerscheine (Namenslagerscheine) sowie Lagerempfangsscheine gebräuchlich.

Anm. 2

I. Orderlagerschein

Der Orderlagerschein verbrieft die dem Einlagerer aus dem Lagervertrag zustehenden Ansprüche, die maßgeblich durch die OLSchVO geprägt sind (s. dazu Anh. § 424). Er begründet grundsätzlich keine abstrakte Forderung neben dem Lagervertrag und stellt mithin normalerweise ein kausales Wertpapier dar (s. oben, Canaris, § 363 Anm. 47). Der Lagerschein ist kein geborenes Orderpapier. Er muß deshalb, um als Orderlagerschein zu gelten, mit einer Orderklausel versehen sein. Wie sich aus den

§§ 363 HGB, 1 OLSchVO ergibt, können Orderlagerscheine nur von staatlich dazu ermächtigten Lagerhaltern ausgestellt werden. Fehlt eine solche Ermächtigung, so knüpfen sich an einen gleichwohl an Order gestellten Lagerschein weder die Wirkungen der §§ 363ff. HGB noch des § 424 HGB (zur Umdeutung derartiger Papiere siehe unten).

Gemäß § 38 II OLSchVO unterliegt die Ausstellung von Orderlagerscheinen Formerfordernissen. Die Scheine müssen Nummer des Lagerscheinregisters, Namen desjenigen, für den oder für dessen Order die Lagerung stattfindet, die Menge des Gutes samt Merkzeichen, die Bezeichnung des Gutes nach Gattung und bei der Sammellagerung nach Handelsklasse und Gütegruppe (vgl. § 28 OLSchVO), Angabe des Lagerortes, einen Hinweis auf die Verpflichtung des Lagerhalters, das Gut nur gegen Vorlage des Lagerscheins und nach Maßgabe der aus ihm ersichtlichen Bedingungen auszuliefern, Angabe von Ort und Tag der Ausstellung sowie die Unterschrift des Lagerhalters enthalten. Daneben gibt es eine Reihe von Sollvorschriften über die Form von Orderlagerscheinen (§§ 38 I, IIIf. OLSchVO). Wird ein Lagerschein auf Order und zugleich auf den Inhaber ausgestellt, so ist dieser Lagerschein als Orderlagerschein gemäß § 125 BGB unwirksam (Heymann/Kötter, HGB, § 424 Anm. 1; RGRKz HGB-Ratz, § 424 Anm. 3). Der Orderlagerschein ist auch unwirksam, wenn er ausgestellt wird, bevor das Gut eingelagert wurde (§§ 134 BGB, 33 II OLSchVO). Man wird hier aber § 33 II OLSchVO dahin restringieren müssen, daß ihm Genüge getan ist, wenn der Orderlagerschein erst im Moment der Übernahme des Gutes an den ersten Nehmer ausgehändigt wird (Schlegelberger/Schröder, HGB, § 424 Anm. 4a). Der Mangel, der aus einer vorzeitigen Ausgabe des Orderlagerscheines resultiert, wird nicht dadurch geheilt, daß das Gut später eingelagert wird (a. A. Canaris, oben, § 363 Anm. 86; Heymann/Kötter, HGB, § 424 Anm. 2; RGRKz HGB-Ratz, § 424 Anm. 5).

Der nichtige Orderlagerschein entfaltet keine Traditionswirkung. Er kann auch nicht durch Indossament übertragen werden. Der nichtige Orderlagerschein kann jedoch in ein Empfangsbekenntnis oder einen Namenslagerschein (RGRKz HGB-Ratz, § 424 Anm. 6) umgedeutet werden (§ 140 BGB). Die Indossamente sowie die die Übertragung des Papiers betreffenden Einigungserklärungen sind dahin umzudeuten, daß der dem Veräußerer gegen den Lagerhalter zustehende Herausgabeanspruch abgetreten wird (§§ 398ff. BGB). Deshalb kann sich an die „Übertragung" eines nichtigen Orderlagerscheins ein Eigentumsübergang nach Maßgabe der §§ 931, 934, 870 BGB knüpfen (vgl. Schlegelberger/Schröder, HGB, § 424 Anm. 1; Heymann/Kötter, HGB, § 424 Anm. 1).

II. Inhaberlagerschein Anm.3

Der Inhaberlagerschein verbrieft die Ansprüche gegen den Lagerhalter aus dem Lagergeschäft und ist auf den Inhaber ausgestellt. Er ist als Schuldverschreibung auf den Inhaber im Sinn der §§ 793ff. BGB zu qualifizieren. Zu ihrer Ausstellung bedarf der Lagerhalter keiner staatlichen Ermächtigung, da keine Zahlung einer Geldsumme versprochen wird (Schlegelberger/Schröder, HGB, § 424 Anm. 11). Näher dazu unten Anm. 25.

III. Namenslagerschein Anm.4

Im Namenslagerschein verpflichtet sich der Lagerhalter, das Gut nur gegen Vorlage des Scheinens an denjenigen herauszugeben, der im Schein namentlich genannt oder durch eine zusammenhängende Kette von Abtretungserklärungen legitimiert ist (näher dazu unten Anm. 30).

Anm. 5

IV. Lagerempfangsschein

Der Lagerempfangsschein bestätigt in erster Linie nur die Empfangnahme des Gutes. Er verpflichtet den Lagerhalter nicht, das Gut an den Inhaber des Scheines auszuliefern (vgl. § 48 B a ADSp, § 5 I ALB). Der Lagerhalter ist aber berechtigt, das Gut gegen Aushändigung des Scheines an den Vorzeiger herauszugeben (§ 808 BGB; §§ 48 B b ADSp, 5 I ALB; näher dazu unten Anm. 22).

Anm. 6

V. Lieferschein und Freistellungserklärung

Verschiedentlich werden von Lagerhaltern auch Lieferscheine ausgestellt, die verschiedenen Zwecken dienen, z. B. die Funktion eines Legitimationspapieres (§ 808 BGB) erfüllen können. Der von einem Lagerhalter auf sich selbst ausgestellte Lieferschein kann eine Auslieferungsverpflichtung des Lagerhalters gegenüber dem berechtigten Inhaber des Lieferscheines begründen (OLG Hamburg, MDR 69, 764). In der Übergabe des Papiers liegt unter Umständen die Zession des Auslieferungsanspruches. In aller Regel liegt in der bloßen Übersendung des Lieferscheines keine Abtretung des Herausgabeanspruches, es sei denn, daß zusätzliche Umstände auf einen Abtretungswillen der Parteien schließen lassen (BGH, WM 71, 743; weitergehend wohl OLG Hamburg, MDR 69, 764). Dabei ist es nach allgemeinen Grundsätzen der Rechtsgeschäftslehre nicht erforderlich, daß der Wille der Parteien für Dritte deutlich in Erscheinung tritt. Gleiches gilt für Freistellungserklärungen (vgl. BGH, WM 61, 888).

B. Der Orderlagerschein

Anm. 7

I. Funktionen des Orderlagerscheines

Der Orderlagerschein stellt ein kaufmännisches Wertpapier dar, das zum Kreis der in den §§ 363 ff. HGB genannten Wertpapiere zählt. Er entfaltet zugunsten des Inhabers, an den er indossiert oder dem er mit einem Blankoindossament übertragen wurde, Legitimationswirkungen. Mit dem Indossament und der Übergabe des Papiers gehen ferner die verbrieften Rechte aus dem Lagervertrag auf den Indossatar über. Darüber hinaus kommt dem Orderlagerschein die Funktion zu, den Indossatar vor Einwendungen zu schützen, die sich weder aus dem Wertpapier ergeben noch dem Lagerhalter unmittelbar gegen den Indossatar zustehen. Siehe zu diesen Wertpapierfunktionen die Erläuterungen zu den §§ 363 ff. HGB. Zur Frage des Einwendungsausschlusses siehe auch §§ 21 f. OLSchVO (Anh. I zu § 424). In Erweiterung dieser sich aus den §§ 363 ff. HGB ergebenden Funktionen weist § 424 HGB dem Orderlagerschein eine Traditionsfunktion zu.

II. Inhalt und Voraussetzungen der Traditionsfunktion des Orderlagerscheines

Anm. 8

1. Die Traditionsfunktion

Der Inhalt der in § 424 HGB normierten Traditionsfunktion ist umstritten. Die Vertreter der relativen Theorie stehen auf dem Standpunkt, daß § 424 HGB nur eine besondere Formulierung der in § 931 BGB vorgesehenen Form der Eigentumsübertragung enthalte. Demgegenüber soll den Vertretern der absoluten Theorie zufolge die Traditionsfunktion darin liegen, daß der Orderlagerschein in Erweiterung der in den §§ 929 ff. BGB vorgesehenen Übertragungsformen eine weitere Erwerbsvariante schaffe. Die heute überwiegend vertretene Repräsentationstheorie vertritt die Ansicht, daß das Papier den mittelbaren Besitz an der Ware repräsentiere. Eingehend zum Streitstand Canaris, oben, § 363 Anm. 75 ff. Richtig erscheint die wertpapierrechtlich fortgebildete und modifizierte relative Theorie (dazu Canaris, oben, § 363 Anm. 118, 82ff.). Ihr zufolge liegt die Traditionsfunktion im wesentlichen darin, die Eigentumsübertragung davon unabhängig zu machen, daß der Veräußerer mittelbarer Besitzer war oder daß der Erwerber mittelbarer Besitzer wird, sofern der Lagerhalter Besitzer, sei es auch in der Form des Eigenbesitzers, geblieben ist.

2. Vorausssetzungen der Traditionswirkung

a) Existenz eines Orderlagerscheines Anm. 9

Der ausstellende Lagerhalter muß zur Ausgabe von auf Order gestellten Lagerscheinen ermächtig gewesen sein (s. oben Anm. 2). Es müssen gewisse Formerfordernisse (dazu oben Anm. 2) erfüllt sein. Nicht notwendig ist es, daß die im Orderlagerschein enthaltenen Angaben auch inhaltlich richtig sind. So ändert z. B. die unrichtige Bezeichnung des Lagerortes nichts an der Gültigkeit des Papiers (RGRKz HGB-Ratz, § 424 Anm. 5; Heymann/Kötter, HGB, § 424 Anm. 2 m. Nachw.). Der Lagerhalter macht sich aber unter Umständen schadensersatzpflichtig (§ 40 OLSchVO). Gleiches gilt, falls das Gut in ein nicht konzessioniertes Lager eingebracht worden war (vgl. Baumbach/Duden, HGB, Anh. § 424, § 5 OLSchVO Anm. 1).

b) Übernahme des Gutes Anm. 10

Der Lagerhalter muß das Gut übernommen haben. Dafür genügt mittelbarer Besitz des Lagerhalters (vgl. Canaris, oben, § 363 Anm. 85; Schlegelberger/Schröder, HGB, § 363 Anm. 4a). Die besonderen Formerfordernisse der OLSchVO besagen, daß der Lagerhalter das Gut in Besitz genommen haben muß, bevor er den Orderlagerschein an den danach zur Empfangnahme des Gutes Legitimierten aushändigt (s. dazu oben Anm. 2).

c) Fortdauer des Besitzes Anm. 11

Ob Voraussetzung der Traditionswirkung die Fortdauer des mittelbaren Besitzes des Papierinhabers ist, wird nicht einheitlich beantwortet. Die h. L. verlangt Fortbestand des mittelbaren Besitzes (vgl. dazu und zum Streitstand die Nachw. bei Canaris, oben, § 363 Anm. 87). Richtigerweise darf jedoch nur gefordert werden, daß der Lagerhalter im Zeitpunkt der Übergabe des Papiers Besitzer, und sei es auch in der Form des Eigenbesitzes, ist. Hingegen braucht dem Besitz des Lagerhalters kein mittelbarer Besitz des Veräußerers oder Erwerbers zu entsprechen (näher dazu Canaris, oben, § 363 Anm. 88; ebenso i. E. Schlegelberger/Schröder, HGB, § 424 Anm. 5; a. A. Heymann/Kötter, HGB, § 424 Anm. 2).

d) Übertragung des Papiers Anm. 12

Dem Wortlaut des § 424 HGB zufolge muß das Papier übergeben werden. Ein Übergabesurrogat reicht entgegen der h. L. aus (vgl. Canaris, oben, § 363 Anm. 83.) Die Übergabe bzw. ein Surrogat genügen für sich allein indessen nicht, um die Traditionswirkung zu erzeugen. Es muß eine lückenlose Kette von Indossamenten zugunsten des Veräußerers und ein Indossament auf den Erwerber hinzutreten. Nach h. M. ist weiterhin die auf die Übereignung des Papiers gerichtete Einigung erforderlich. Mängel der Einigung werden durch die Übergabe des Papiers nicht geheilt (vgl. Canaris, oben, § 363 Anm. 82).

e) Einigung bezüglich des Eigentums an dem Gut Anm. 13

Der Eigentumsübergang findet nach richtiger Ansicht nur statt, falls zur Übertragung des Papiers die Einigung des im Hinblick auf das Gut Verfügungsberechtigten mit dem Erwerber über den Übergang des Eigentums an dem eingelagerten Gut hinzutritt. Das Gut darf als solches auch nicht abhanden gekommen sein (§ 935 BGB). Der gute Glaube des Erwerbers muß sich gegebenenfalls auch auf die Verfügungsberechtigung des Veräußerers über das Gut richten (näher dazu Canaris, oben, § 363 Anm. 84, 89ff.).

Anm. 14

III. Die Rechtsfolgen der Übertragung eines Traditionspapieres

Siehe dazu, insbesondere zu den Möglichkeiten gutgläubigen und lastenfreien Erwerbs, die Erläuterungen von Canaris, oben, § 363 Anm. 89ff.

Anm. 15

IV. Pfand- und Zurückbehaltungsrechte

Siehe dazu oben, Canaris, § 363 Anm. 103f.; beachte ferner §§ 21f. OLSchVO; dazu § 424 Anh. I Anm. 1ff.

Anm. 16

V. Die Legitimation zur Forderung von Schadensersatzleistungen

In Betracht kommen insbesondere Schadensersatzansprüche wegen Beschädigung oder Verlust des Gutes (§§ 417, 390 HGB). Außerdem ist § 40 OLSchVO zu beachten. Zur Legitimation des Indossatars im Hinblick auf derartige Ansprüche siehe die Erläuterungen von Canaris, oben, § 363 Anm. 105ff.

Anm. 17

VI. Ausfertigung mehrerer Orderlagerscheine

Werden im Widerspruch zu § 33 VI OLSchVO Doppel von Orderlagerscheinen ausgestellt, so stellt sich das Problem, wer das Eigentum erwirbt, falls die Lagerscheine an verschiedene Personen indossiert werden. Zum Teil wird eine analoge Anwendung der §§ 648ff. HGB, insbesondere des § 652 HGB befürwortet (RGRKz HGB-Ratz, § 424 Anm. 5). Gegen diese Analogie spricht jedoch zum einen, daß im Seefrachtgeschäft das in den §§ 649ff. HGB vorgesehene Verfahren leichter durchführbar ist (vgl. Schlegelberger/Schröder, HGB, § 424 Anm. 6b) und zum anderen, daß die Indossatare von Konnossementen mit der Existenz von Doppel rechnen müssen (vgl. oben, Canaris, § 363 Anm. 108), während sie dies beim Orderlagerschein nicht zu tun brauchen. Man könnte auch erwägen, denjenigen (gutgläubig) erwerben zu lassen, an den zuletzt ein Doppel indossiert worden war (so Schlegelberger/Schröder, HGB, § 424 Anm. 6b). Richtiger erscheint es, in einem solchen Fall davon auszugehen, daß die unter Verstoß gegen § 33 VI OLSchVO ausgestellten Doppel keine gültigen Orderlagerscheine darstellen. Ihre Übertragung kann daher nur in eine Abtretung des Herausgabeanspruches umgedeutet werden (s. oben Anm. 2). Da der Lagerhalter regelmäßig für jeden Inhaber des Orderlagerscheines besitzen will, entsteht in dem Moment, in dem der Einlagerer ein Exemplar des „Orderlagerscheins" an den ersten Erwerber „überträgt", mittelbarer Nebenbesitz des Veräußerers und des Erwerbers. Der Erwerber erlangt das Eigentum, falls der Veräußerer Eigentümer oder verfügungsberechtigt war. Hingegen scheidet ein gutgläubiger Erwerb desjenigen aus, dem vom Veräußerer das zweite Exemplar des Orderlagerscheins übertragen wird (vgl. Palandt/Bassenge, BGB, § 868 Anm. 1b). Der zweite „Erwerber" kann sich nach den Grundsätzen der Haftung für anfängliches bzw. nachträgliches Unvermögen an den Veräußerer halten. Er kann sich außerdem an den Lagerhalter halten, falls er darauf vertraut hatte, daß kein Doppel des Lagerscheines ausgestellt worden war, und der Lagerhalter bewußt ein Doppel des Orderlagerscheines geschaffen hatte (Analogie zu § 405 BGB; vgl. Canaris, Die Vertrauenshaftung im deutschen Privatrecht (1971), S. 94ff.; a. A. Palandt/Heinrichs, BGB, § 405 Anm. 1).

VII. Verfügungen ohne Übertragung des Orderlagerscheines Anm. 8

Siehe dazu Canaris, oben § 363 Anm. 111ff. Zustimmend Tiedtke, WM 79, 1145ff.

Die von der h. M. geforderte Koppelung der Zession des Herausgabeanspruches mit der Übergabe des Orderlagerscheines stellt einen Akt der Rechtsfortbildung dar, durch den die Umlauffähigkeit der Orderlagerscheine erhöht werden soll. Die Erwerber eines Orderlagerscheines sollen in möglichst großem Umfang davon ausgehen können, daß sie das Eigentum an den eingelagerten Gütern erworben haben und es auch ohne Verlust des Orderlagerscheines nicht mehr verlieren können. Daß dem Gesetz an einem intensiven Schutz der Umlauffähigkeit gelegen ist, zeigt die Tatsache, daß nicht jeder Lagerhalter Orderlagerscheine ausstellen darf, sondern nur staatlich ermächtigte Lagerhalter. Die staatliche Ermächtigung hängt von der Sicherheit der Lagerungsmöglichkeiten, der Zuverlässigkeit des Geschäftsgebahrens des Lagerhalters sowie davon ab, daß der Lagerhalter in weitem Umfang Schadensrisiken auf sich nimmt (§§ 4ff. OLSchVO, abgedr. Anh. I zu § 424). Man kann daher davon ausgehen, daß bei Lagerhaltern, die zur Ausstellung von Orderlagerscheinen ermächtigt sind, das Risiko einer Zerstörung oder Verschlechterung von Gütern besonders gering ist. Dies, in Verbindung mit der weitgehenden Vereinheitlichung der Geschäftsbedingungen des Lagerhalters (s. Anh. II zu § 424), bietet dem Erwerber eines Orderlagerscheines relativ große Gewißheit, daß er intakte Güter erwirbt und im Verhältnis zum Lagerhalter nicht mit besonderen Risiken belastet wird. Der Schutz der Umlauffähigkeit der Orderlagerscheine durch die OLSchVO hätte eine offene Flanke, wenn man die Übereignung des Gutes durch bloße Abtretung des Herausgabeanspruches zuließe; denn es bestünde dann immer die Gefahr, daß ein Dritter Eigentum gemäß § 934 2. Alt. BGB erwirbt. Diese Gefahr läßt sich im Einklang mit der gesetzgeberischen Wertung ausschalten, indem man die Übereignung des Gutes gemäß den §§ 931, 934 BGB von der Übergabe des Orderlagerscheines abhängig macht. Verfehlt ist es hingegen, die Koppelung darauf zu stützen, daß von den Orderlagerscheinen der stärkere Rechtsschein ausgehe (Tiedtke, WM 79, 1146), da ohne diese kraft Rechtsfortbildung eingeführte Koppelung jeweils der spätere gutgläubige Erwerber das Eigentum erlangen würde.

Natürlich wird durch diese Koppelung das Risiko für denjenigen Erwerber stark erhöht, der nichts von der Ausstellung eines Orderlagerscheines weiß. Er erwirbt nämlich auch dann kein Eigentum, wenn der Veräußerer, der ihm gemäß § 398 BGB den Herausgabeanspruch abgetreten, aber den Orderlagerschein nicht übergeben hatte, Eigentümer des Gutes war. Dieses Risiko erscheint jedoch durchaus zumutbar. Der potentielle Erwerber, dem Ware ohne Übertragung eines Orderlagerscheines übereignet werden soll, vermag sich ohne Schwierigkeiten vorher zu **erkundigen,** ob der Lagerhalter zu dem Kreis der staatlich ermächtigten Lagerhalter zählt und ob ein Orderlagerschein ausgestellt wurde. Für ihn besteht dazu auch großer Anreiz, wenn er weiß, daß er auch vom Eigentümer die Ware nicht ohne Übergabe des Orderlagerscheines zu erwerben imstande ist. Die **Gefahr falscher Auskünfte** ist auch verhältnismäßig gering, da sich der Lagerhalter nur über leicht feststellbare Tatsachen zu informieren braucht. Es ist ferner zu berücksichtigen, daß die hier in Betracht kommenden Lagerhalter auf ihre Zuverlässigkeit hin überprüft sind. Schließlich ist der potentielle Erwerber gegen Fehlinformationen relativ gut durch Schadensersatzansprüche abgesichert.

Zwar braucht der Lagerhalter, der einen Orderlagerschein ausgestellt hat, nicht jedermann ohne weiteres über die Existenz des Lagerscheines aufzuklären. Dies gilt auch dann, wenn ein Käufer einen Freistellungsschein vorlegt (BGH, WM 71, 1308). Anders ist die Situation aber dort, wo ein potentieller Erwerber unter Aufdeckung seiner Erwerbsabsichten anfragt, ob ein Orderlagerschein ausgestellt ist. Aus dieser Anfrage kann der Lagerhalter ersehen, daß besondere Interessen des Erwerbers im Spiele sind; denn er muß wissen, daß der Erwerber die Information benötigt, um den Eigentumserwerb so weit wie möglich sicherzustellen. Der Lagerhalter hat deshalb, falls er sich auf die Beantwortung der Anfrage einläßt, mit pflichtgemäßer Sorgfalt wahrheitsgemäß und sorgfältig zu informieren (BGH, DB 79, 1889). Eine schuldhafte Verletzung dieser Pflicht zieht **Schadensersatzansprüche** nach sich, wobei dahingestellt bleiben kann, ob man sie mit dem BGH (DB 79, 1889) aus einem Auskunftsvertrag oder richtiger aus einem der c. i. c. verwandten gesetzlichen Schuldverhältnis herleitet. Diese Schadensersatzansprüche treffen auf einen Lagerhalter, dessen wirtschaftliche Verhältnisse staatlich überprüft sind (§§ 4 I 2, 9 OLSchVO) und der daher besondere Gewähr für ausreichende Solvenz bietet. Auch aus diesem Grunde darf mithin einem potentiellen Erwerber das Risiko zugemutet werden, daß er das Eigentum nicht erlangt, weil die Güter nicht ohne die Übertragung des Orderlagerscheines in der Form der §§ 931, 934 BGB übereignet werden können.

Anm. 19 **VIII. Einfluß der OLSchVO auf das Lagergeschäft, insbesondere die Verpflichtungen des Lagerhalters**

Siehe dazu Anh. I zu § 424 HGB.

Anm. 20 **IX. Unwirksame Orderlagerscheine**

Ist ein Orderlagerschein unwirksam, so ist er regelmäßig in eine Empfangsbescheinigung, das Indossament in eine Zession des Herausgabeanspruches umzudeuten (§ 140 BGB; siehe oben Anm. 2). Der Lagerhalter haftet dem Einlagerer und u. U. auch dem Besitzer des ungültigen Lagerscheines, der auf die Richtigkeit des Lagerscheines vertraut hatte, aus dem Lagervertrag auf Schadensersatz, falls er pflichtwidrig und schuldhaft den Lagerschein unter Verstoß gegen die OLSchVO ausgestellt hatte und der Lagerschein daher keine Traditions- oder sonstige Wertpapierwirkungen entfaltete.

Anm. 21 **C. Lagerempfangsschein, Inhaber- und Namenslagerschein**

Der Lagerhalter kann ohne besondere staatliche Ermächtigung Lagerempfangsscheine, Inhaber- und Namenslagerscheine ausstellen. Diese Arten der Lagerscheine sind in § 48 ADSp (abgedr. Anh. I zu § 416) näher ausgeformt.

Anm. 22 **I. Lagerempfangsschein**

Der Lagerempfangsschein stellt eine **Bescheinigung** des Lagerhalters dar, daß er das Gut im Rahmen des Lagervertrages in seine Obhut übernommen habe. Eine ausdrückliche Bescheinigung ist nicht erforderlich. Gemäß § 48 A ADSp gilt jede vom Lagerhalter erteilte Bescheinigung im Zweifel nur als Lagerempfangsschein. Ein Lagerempfangsschein liegt insbesondere dann vor, wenn dem Schein die Klausel fehlt, daß die Auslieferung nur gegen Rückgabe des Scheins erfolgt (vgl. Krien, Speditions- und Lagerrecht, § 48 ADSp Anm. 2g). Andererseits liegt kein bloßer Empfangsschein vor, falls der Schein die Erklärung des Lagerhalters enthält, die Auslieferung des Gutes erfolge gegen Rückgabe des Scheines (Krien, aaO, Anm. 2g).

Kraft dispositiven Rechts ist der Lagerhalter nicht verpflichtet, einen Lagerempfangsschein zu **erteilen.** In Analogie zu § 368 BGB wird man dem Einlagerer allerdings einen Anspruch auf eine Lagerquittung geben müssen (a. A. Krien, aaO, § 48 ADSp Anm. 5a); außerdem ist sie handelsüblich. Gemäß § 48 A ADSp hat der Lagerhalter darüber hinaus auf Verlangen des Einlageres einen Lagerempfangsschein auszustellen (Krien, aaO, Anm. 5a). Das „Verlangen" stellt die Ausübung eines Gestaltungsrechtes des Einlagerers dar.

Der Anspruch des Einlagerers auf Rückgabe des Gutes ist in dem Lagerempfangsschein **nicht verbrieft.** Die Übertragung des eingelagerten Gutes erfolgt daher nach Maßgabe der allgemeinen sachenrechtlichen Regeln, insbesondere der §§ 931, 934 BGB. In diesem Zusammenhang ist insbesondere zu beachten, daß die für den **Eigentumsübergang** nach § 931 BGB notwendige Abtretung des Herausgabeanspruches gemäß § 48Bc ADSp schriftlich angezeigt werden muß, um dem Lagerhalter gegenüber wirksam zu werden (Schlegelberger/Schröder, HGB, § 424 Anm. 9; a. A. Krien, aaO, § 48 ADSp Anm. 7f.). Solange die schriftliche Anzeige nicht erfolgt ist, kann mithin der Abtretungsempfänger dem Lagerhalter gegenüber die Herausgabe nicht geltend machen. Daran scheitert der für die Eigentumsübertragung gemäß § 931 BGB erforderliche Besitzwechsel (§ 870 BGB); denn § 48Bc ADSp enthält eine vertragliche **Beschränkung der Abtretbarkeit** (§ 399 BGB; a. A. Tiedtke, WM 79, 1149f.; offengelassen: BGH, DB 70, 2212; DB 75, 831). Es wäre nämlich sinnlos, wenn der Herausgabeanspruch aus Vertrag und aus Eigentum aufgespaltet werden würden (Reiner, Speditionslagerschein, aaO, S. 4). Nur unter ganz besonderen Umständen kann der Berufung auf die fehlende Anzeige der Einwand der unzulässigen Rechtsausübung entgegengehalten werden. Zur Genehmigung der unter Verstoß gegen § 399 BGB erfolgten Abtretung siehe Palandt/Heinrichs, BGB, § 399 Anm. 6. **Anm. 23**

Diese Regel darf allerdings nicht verallgemeinert werden. § 48Bc ADSp ist nicht dahin auszulegen, daß die Parteien, die die Gültigkeit der ADSp vereinbaren, von vornherein die Ansprüche des Lagerhalters als unabtretbare Ansprüche entstehen lassen wollen und daß diese Ansprüche erst nach Ausstellung der Lagerurkunden beschränkt abtretbar werden. § 48Bc ADSp bezieht sich, wie sich aus dem Aufbau der Klausel ergibt, ausschließlich auf den Fall, daß ein Lagerempfangsschein ausgestellt worden war (BGH, DB 70, 2212f.). Haben die Parteien die künftige Ausstellung eines Lagerempfangsscheines verabredet, so kann der Lagervertrag nach allgemeinen Auslegungsgrundsätzen die Vereinbarung enthalten, daß eine Abtretung dem Lagerhalter gegenüber erst wirksam ist, wenn ihm diese schriftlich mitgeteilt wurde (BGH, DB 70, 2213).

Zur **Rückgabe des Gutes** ist der Lagerhalter dem Inhaber des Herausgabeanspruches verpflichtet. Dabei hat derjenige, der die Herausgabe verlangt, zu beweisen, daß er Anspruchsinhaber ist (vgl. § 48Bb ADSp). Da der Herausgabeanspruch ohne Mitwirkung des Lagerhalters abgetreten werden kann, bestehen für den Lagerhalter mehrere Möglichkeiten, dafür zu sorgen, daß er nur an den wahren Anspruchsinhaber leistet. Zum einen kann er gemäß § 410 BGB die Aushändigung einer Abtretungsurkunde fordern, falls der „Altgläubiger" die Abtretung nicht schriftlich angezeigt hatte. Ferner vermag er sich auf § 48Bc ADSp zu berufen, wonach zur Wirksamkeit der Abtretung eine schriftliche Abtretungsanzeige erforderlich ist. Schließlich braucht er das Gut nur gegen Rückgabe des Lagerempfangsscheines auszuliefern (Krien, aaO, § 48 ADSp Anm. 7c). Die Vorlage des Lagerempfangsscheines allein legitimiert den Vorleger nicht derart, daß er allein auf seiner Grundlage die Auslieferung zu verlangen berechtigt wäre (§ 48Ba ADSp). **Anm. 24**

Andererseits kann der Lagerhalter gemäß § 48Ba, b ADSp in Verbindung mit § 808 BGB das Gut grundsätzlich mit **befreiender Wirkung** an jeden Inhaber des Lagerempfangsscheines herausgeben. Der Lagerhalter soll auch nicht verpflichtet sein, die Legitimation des Vorlegers zu prüfen (§ 48Bb ADSp). Gleichwohl leistet der Lagerhalter nicht befreiend, falls er die Nichtberechtigung des Vorlegers des Lagerscheines kennt. Da der Wegfall der Prüfungspflicht auch dem Einlagerer und dessen Rechtsnachfolger Vorteile bringt, weil sie schneller in den Besitz des Gutes kommen können, ist

§ 48 Bd ADSp als im Sinne des § 9 AGBG angemessen anzusehen. Die fahrlässige Unkenntnis des Lagerhalters von der Nichtberechtigung des Vorlegers des Lagerscheines ist mithin irrelevant (Reiner, Speditionslagerschein, aaO, S. 5f.).

Dem Lagerhalter bleiben alle **Einwendungen** aus dem Lagervertrag gegen den Inhaber des Herausgabeanspruches erhalten (§ 404 BGB).

Anm. 25

II. Inhaberlagerschein

Der Lagerhalter kann die ihm aus dem Lagervertrag obliegenden Pflichten, insbesondere die Pflicht zur Herausgabe des Gutes, in einem Inhaberlagerschein (s. oben Anm. 3) **verbriefen.** In einem Inhaberlagerschein nach Maßgabe des § 48 D a ADSp verspricht der Lagerhalter dem Inhaber der Urkunde die Herausgabe des Lagergutes. Eine ausdrückliche Inhaberklausel ist ebensowenig erforderlich wie eine besondere Erklärung des Lagerhalters, das Gut eingelagert zu haben. Die Inhaberlagerscheine stellen Schuldverschreibungen auf den Inhaber im Sinne der §§ 793 ff. BGB dar. Sie gehören zum Kreis der kausalen Wertpapiere (vgl. Hueck/Canaris, Recht der Wertpapiere, 11. Aufl. S. 176; a. A. Krien, aaO, § 48 ADSp Anm. 9f. I). Sie dürfen ohne staatliche Ermächtigung ausgestellt werden. Nach ganz h. M. fehlt ihnen die **Traditionswirkung** (vgl. Schlegelberger/Schröder, HGB, § 424 Anm. 11; Heymann/Kötter, HGB, § 424 Anm. 1; Baumbach/Duden, HGB, § 424 Anm. 1 C). Demgegenüber postuliert Canaris (oben, § 363 Anm. 114) mit guten Gründen, daß man auch dem Inhaberlagerschein Traditionswirkung zuerkennen sollte. Im Ergebnis kann allerdings Canaris nicht gefolgt werden; denn es wird nicht nur der Genehmigungsvorbehalt des § 424 HGB, sondern auch die durch die Geltung der OLSchVO und die Verpflichtung, die für die Lagerung geltende Lagerordnung genehmigen zu lassen, im Interesse der Verkehrssicherheit geschaffene Typisierung der verbrieften Ansprüche ausgehöhlt. Eine derartige Typisierung ist bei Lagerscheinen, die besonders umlauffreundlich sein sollen (s. oben Anm. 18), äußerst wünschenswert. Deshalb ist es sachgerecht, diejenigen Einlagerer, die ein Interesse an besonders umlauffähigen Lagerscheinen haben, zu zwingen, ihr Gut bei einem zur Ausstellung von Orderlagerscheinen ermächtigten Lagerhalter einzulagern und sich einen Orderlagerschein ausstellen zu lassen.

Gemäß § 48 A ADSp hat der Einlagerer einen Anspruch, **auf Verlangen einen Inhaberlagerschein** ausgestellt zu erhalten.

Anm. 26 Das Lagergut wird in aller Regel nach Maßgabe des § 931 BGB übereignet. Danach haben sich Veräußerer und Erwerber über die **Übertragung des Eigentums** an dem Lagergut zu einigen. Die Abtretung des Herausgabeanspruchs erfolgt dadurch, daß der Veräußerer den Inhaberlagerschein übereignet und übergibt (RGRKz HGB-Ratz, § 424 Anm. 9). Schlegelberger/Schröder (HGB, § 424 Anm. 11), Krien (aaO, § 48 ADSp Anm. 9g) sowie Reiner (Speditionslagerschein, aaO, S. 11) fordern hingegen, daß der Herausgabeanspruch aus dem Lagervertrag in der Form des § 398 BGB zediert werde. Der Inhaberlagerschein stellt jedoch ein kausales Wertpapier dar. Im Moment der Übertragung muß der Veräußerer allerdings im Unterschied zur Situation bei Orderlagerscheinen mittelbarer Besitzer des Gutes gewesen sein (§ 931 BGB). Sowohl der Inhaberlagerschein (§§ 932 ff., 935 II BGB) als auch das Gut (§ 934 BGB) können jedoch gutgläubig erworben werden (§§ 932 ff. BGB). Der Dieb eines Inhaberlagerscheines ist zwar kein mittelbarer Besitzer. Überträgt er den Inhaberlagerschein auf einen gutgläubigen Dritten, so erwirbt dieser aber die Inhaberposition und damit den Auslieferungsanspruch (§§ 932 ff., 935 II BGB). Sollte gleichzeitig das Gut übertragen werden, so scheint ein gutgläubiger Erwerb durch Abtretung des Herausgabeanspruches jedenfalls zunächst daran zu scheitern, daß der Veräußerer kein mittelbarer Besitzer war (§ 934 1. Alt. BGB; RGRKz HGB-Ratz, § 424 Anm. 9; a. A. i. E. Canaris, oben

§ 363 Anm. 114; Bauer, Festschrift Bosch (1976), S. 24). Der Erwerber erlangt Eigentum jedoch in dem Moment, in dem er den Besitz erlangt. Zur Besitzerlangung genügt mittelbarer Besitz (BGH, NJW 78, 697; Palandt/Bassenge, BGB, § 934 Anm. 3). Da der Lagerhalter für jeden Inhaber des verbrieften Rückgabeanspruches besitzen will und der Erwerber den verbrieften Rückgabeanspruch gutgläubig erlangt, wird er mit der Übereignung des Inhaberlagerscheines mittelbarer Besitzer und somit auch Eigentümer gemäß § 934 2. Alt. BGB, falls er in diesem Moment gutgläubig gewesen ist (a. A. im Ergebnis RGRKz HGB-Ratz, § 424 Anm. 9 m. Nachw.). Ist das Gut selbst abhanden gekommen, so scheitert ein gutgläubiger Erwerb an § 935 I BGB.

Der im Inhaberlagerschein **verbriefte Anspruch** steht demjenigen zu, demgegenüber sich der Aussteller des Lagerscheines vertraglich unter Übereignung des Scheines verpflichtet hat (abw. die Vertreter der wertpapierrechtlichen Kreationstheorie). Der Anspruch kann durch Übereignung des Papieres gemäß den §§ 929ff. BGB übertragen werden. **Anm. 27**

Mit der Übertragung des verbrieften Anspruches ist vielfach ein **Einwendungsausschluß** verbunden. Gemäß § 796 BGB kann der Lagerhalter dem Inhaber der Schuldverschreibung nur solche Einwendungen entgegensetzen, welche die Gültigkeit der Ausstellung (z. B. Fälschung) betreffen oder sich aus der Urkunde ergeben oder dem Aussteller unmittelbar gegen den Inhaber zustehen. Der Inhalt der Urkunde ist auslegungsfähig. In diesem Zusammenhang können auch außerhalb der Urkunde liegende Umstände herangezogen werden. Der Lagerhalter vermag deshalb sein die üblichen Lagergelder sicherndes **Pfandrecht** (§ 421 HGB) jedem Inhaber entgegenzusetzen, da hiermit jeder Inhaber eines Lagerscheines rechnen muß, auch wenn ein entsprechender Vermerk in der Urkunde fehlt (Schlegelberger/Schröder, HGB, § 424 Anm. 11; RGRKz HGB-Ratz, § 424 Anm. 9; Krien, aaO, § 48 ADSp Anm. 9f.). Das nur den Aufwendungsersatzanspruch sichernde Pfand- und Zurückbehaltungsrecht wird jedoch durch § 796 BGB ausgeschlossen. Ebensowenig kann sich der Lagerhalter auf die Klausel „Verpflichtung nach Maßgabe des Lagervertrages" berufen, selbst wenn diese Klausel in den Inhaberlagerschein aufgenommen worden ist, es sei denn, daß dem Lagerhalter eine vertragliche Einwendung unmittelbar gegenüber dem Inhaber zusteht (Krien, aaO, § 48 ADSp, Anm. 9f.; a. A. Senckpiehl, Lagergeschäft, aaO, S. 324f.). Das Ausmaß derartiger Einwendungen kann der Inhaber nämlich nur in Erfahrung bringen, wenn er das Rechtsverhältnis zwischen Lagerhalter und Einlagerer erforscht. Davor soll ihn § 796 BGB bewahren. Von praktisch großer Relevanz ist es, daß der Lagerhalter gemäß § 796 BGB dem Inhaber nicht entgegenhalten kann, er habe das Gut schon an den wahren Inhaber der Rückgabeforderung zurückgegeben. **Anm. 28**

Zur Leistung ist der Lagerhalter gemäß §§ 797 BGB, 48 D b ADSp nur **gegen Aushändigung des Lagerscheines** verpflichtet. Andererseits legitimiert der unmittelbare Besitz des Inhaberlagerscheines den Inhaber zur Geltendmachung des Rückgabeanspruches. Der Lagerhalter vermag deshalb das Gut befreiend an ihn auszuliefern, auch wenn der Inhaber des Papieres nicht Inhaber der darin verbrieften Forderung geworden ist, es sei denn, daß der Lagerhalter die Nichtberechtigung des Inhabers kannte und dies leicht nachzuweisen in der Lage war (str.; auch grobe Fahrlässigkeit schadet, Hueck/Canaris, Wertpapiere, aaO, S. 188). Der dem Lagerhalter drohenden Gefahr einer Verdoppelung der Herausgabeansprüche, die dadurch entsteht, daß der unmittelbar dem Lagervertrag entspringende Anspruch auf Rückgabe nach allgemeinen Zessionsregeln abgetreten werden kann, ist dadurch zu begegnen, daß man dem Lagerhalter die Einwendung aus § 797 BGB gibt, die er gemäß § 404 BGB auch dem Zessionar entgegenhalten kann (vgl. Krien, aaO, § 48 ADSp Anm. 9f. IV). **Anm. 29**

Es stellt sich die Frage, ob man ähnlich wie bei den Orderlagerscheinen (s. oben Anm. 18) das Vertrauen in den Inhaberlagerschein dadurch verstärken soll, daß man die

Übereignung in der **Form der §§ 931, 934 BGB nur dann für wirksam** erachtet, wenn **gleichzeitig der Inhaberlagerschein übergeben** wird (bejahend: Canaris, oben § 363 Anm. 111). Gegen eine derartige Regelung spricht, daß dadurch der Inhaberlagerschein in seinen Funktionen allzu stark dem Orderlagerschein angenähert wird. Auf diese Weise wird der Genehmigungsvorbehalt für die Ausgabe von Orderlagerscheinen unterlaufen weil für die Lagerhalter der wirtschaftliche Zwang, sich den Bedingungen der OLSchVO zu unterstellen, geringer wird. Man sollte daher dafür sorgen, daß der Inhaberlagerschein in den Augen der potentiellen Erwerber ein lagerrechtliches Wertpapier minderen Ranges bleibt und daß die Einlagerer dort, wo auf Umlauffähigkeit und Sicherheit großer Wert gelegt wird, die zur Ausgabe von Orderlagerscheinen ermächtigten Lagerhalter bevorzugen.

Anm. 30

III. Namenslagerschein

Der Namenslagerschein, durch den sich der Lagerhalter verpflichtet, das Gut gegen Aushändigung des Namenslagerscheines an den namentlich genannten Einlagerer oder an einen Zessionar, der durch eine zusammenhängende Kette von Zessionen legitimiert ist, herauszugeben, gehört ebenfalls zur Kategorie der Wertpapiere des Lagergeschäftes. Er ist in § 48C ADSp (abgedr. Anh. I zu § 416) eingehend geregelt.

Ob im Einzelfall ein Namenslagerschein vorliegt, ist durch **Auslegung** zu ermitteln. Dabei ist zu beachten, daß die Qualifikation als Namenslagerschein nicht davon abhängt, daß sich der Name aus der Urkunde selbst ergibt. Er kann auch in den vom Lagerhalter unterzeichneten Anlagen genannt sein (BGH, DB 75, 832).

Der Namenslagerschein begründet im Zweifel **keinen selbständigen** vom Lagervertrag unabhängigen Auslieferungsanspruch (Krien, aaO, § 48 Anm. 8b I; vgl. auch Hueck/Canaris, Recht der Wertpapiere, aaO, S. 176).

Die **Übertragung des eingelagerten Gutes** erfolgt normalerweise gemäß § 931 BGB durch Einigung und Abtretung des Herausgabeanspruches. Die Zession des Herausgabeanspruches bedarf grundsätzlich keiner **Form** (§ 398 BGB). § 48Cc ADSp stellt allerdings die § 399 BGB unterfallende Voraussetzung auf, daß die Abtretung zu ihrer Wirksamkeit auf dem Lagerschein schriftlich erklärt sein muß (a. A. Tiedtke, WM 79, 1142 (1150)). Es genügen schriftliche Blankoabtretungen, sofern sie später ergänzt werden. Unter Umständen reichen auch Blankoabtretungen allein aus, um die Rechtsfolgen der Abtretung zu begründen (BGH, DB 75, 831f.). In der bloßen Übergabe des Namenslagerscheines kann deshalb noch keine wirksame Zession liegen. Fehlt eine derartige schriftliche Fixierung der Abtretung, so ist die Abtretung jedenfalls relativ unwirksam (vgl. Reiner, Speditionslagerschein, aaO, S. 27f.; Palandt/Heinrichs, BGB, § 399 Anm. 6 m. Nachw. zum Streitstand; a. A. Tiedtke, WM 79, 1142 (1150); Canaris, oben § 364 Anm. 16; offengelassen: BGH, DB 70, 2212; vgl. aber auch BGH, NJW 79, 2037f.); denn § 48Cc ADSp stellt nicht bloß eine Ordnungsvorschrift dar. Sie soll vielmehr den Lagerhalter davor schützen, von einem Abtretungsempfänger, der den Namenslagerschein samt schriftlichen Abtretungserklärungen nicht vorzulegen imstande ist, mit Erfolg mit einer Herausgabeklage überzogen zu werden. § 48Ca ADSp enthält nämlich nur eine Verpflichtung des Lagerhalters zugunsten des Einlagerers und seiner Rechtsnachfolger. Sicherlich hätte ein hinreichender Schutz des Lagerhalters auch dadurch erzielt werden können, daß in die ADSp eine dem § 797 BGB entsprechende Klausel aufgenommen worden wäre. Die Verfasser der ADSp haben nun aber einen anderen rechtstechnischen Weg zum Schutz des Lagerhalters gewählt, der den Vorteil hat, daß er potentiellen Erwerbern des Gutes klar vor Augen führt, welche Relevanz gerade der Erwerb des Namenslagerscheines samt schriftlichen Abtretungserklärungen besitzt. Es verringert sich hierdurch die Gefahr, daß das Gut ohne Namenslagerschein durch einfache Zession (§§ 931, 398 BGB) übereignet wird. Dies liegt durchaus im Interesse eines reibungslosen Güteraustausches. § 410 BGB gewährt demgegenüber dem Lagerhalter einen unzureichenden Schutz.

Zur Konstellation, daß ein Namenslagerschein erst später ausgestellt werden soll, siehe oben Anm. 23 zur parallel gelagerten Problematik bei Lagerempfangsscheinen. Der **Herausgabeanspruch** steht dem Einlagerer oder dessen Rechtsnachfolgern zu. Die Rechtsnachfolge orientiert sich an den §§ 398ff. BGB, wobei zu beachten ist, daß bei den dem ADSp unterfallenden Namenslagerscheinen die Zession zu ihrer Wirksamkeit der Beurkundung bedarf (s. oben). Mit der Zession wird der Rechtsnachfolger Eigentümer des Papiers (§ 952 BGB). Ein gutgläubiger Erwerb ist insoweit nicht möglich (BGH, NJW 79, 2038).

Der Ansicht des BGH (NJW 79, 2037f.) zufolge ist ein **gutgläubiger Erwerb des eingelagerten Gutes** gemäß § 934 BGB dann ausgeschlossen, wenn ein Namenslagerschein ausgestellt worden war, der vor der Verfügung des Nichtberechtigten an einen Dritten übertragen worden war. § 934 BGB schütze weder den guten Glauben daran, daß der abzutretende Herausgabeanspruch nicht in einem Lagerschein verbrieft noch, daß keine die Abtretung erschwerende Vereinbarung getroffen sei. Allerdings habe der Lagerhalter den potentiellen Erwerber gegebenenfalls ausreichend aufzuklären (BGH, NJW 79, 1449). – Der vom BGH vertretenen Ansicht ist nur für die Fälle des § 934 1. Alt. BGB zuzustimmen. Ein gutgläubiger Erwerb ist gemäß § 934 2. Alt. BGB aber auch in der Form möglich, daß ein angeblicher Herausgabeanspruch abgetreten wird, wenn der Erwerber den Besitz von dem unmittelbaren Besitzer erlangt (BGH, NJW 78, 796; Palandt/Bassenge, BGB, § 934 Anm. 3; Erman/H. Westermann, BGB, § 934 Anm. 3; Soergel/Mühl, BGB, § 934 Anm. 3). Es kommt danach weder darauf an, daß der gegen den Lagerhalter gerichtete Herausgabeanspruch des Erwerbers des Namenslagerscheines nur unter Beachtung bestimmter Formvorschriften zediert werden kann, noch darauf, daß der Veräußerer, der mit dem Namenslagerschein seinen darin verbrieften Herausgabeanspruch bereits abgetreten hatte, gar nicht mehr Inhaber eines Herausgabeanspruches ist; denn der Veräußerer tritt in einem späteren Zeitpunkt an den Erwerber nur mehr einen angeblichen, ihm gar nicht zustehenden Herausgabeanspruch ab. Daß ein Dritter Inhaber eines existierenden Herausgabeanspruches ist, hindert nur den Erwerb nach § 934 1. Alt. BGB. Der 2. Alternative des § 934 BGB zufolge erlangt der gutgläubige Erwerber Eigentum, falls ihm der unmittelbare Besitzer in Anerkennung des angeblich abgetretenen Herausgabeanspruches unmittelbaren oder mittelbaren Besitz verschafft (vgl. Tiedtke, WM 79, 1143 (1148ff.)). Dies hat der BGH (NJW 79, 2038) allerdings in einem Fall verneint, in dem der Lagerhalter als unmittelbarer Besitzer auf die Freistellungserklärung des Veräußerers hin mit dem Erwerber einen neuen Lagervertrag über das veräußerte Gut abgeschlossen hatte. Die einen gutgläubigen Erwerb verneinende Entscheidung des BGH läßt sich nur halten, wenn man bei Namenslagerscheinen wie bei Traditionspapieren (siehe oben Anm. 18) fordert, daß eine Übertragung des Gutes nur unter Übertragung des Namenslagerscheines möglich ist. Für eine solche Rechtsansicht fehlt indessen jeglicher Anhaltspunkt im Gesetz (ebenso i. E. Tiedtke, WM 79, 1148). Sie kann sich auch nicht auf die Erwägung stützen, daß die Umlauffähigkeit eines Wertpapieres entscheidend geschwächt wäre, falls das Gut auch ohne Übertragung des Wertpapieres veräußert werden könnte; denn im Bereich des Lagergeschäftes sollen ausschließlich Orderlagerscheine als Traditionspapiere besondere Umlauffunktionen erfüllen. Das Institut des Orderlagerscheines würde ausgehöhlt werden, wenn man ihm ohne weiteres Namenslagerscheine gleichstellen wollte (s. oben Anm. 29). Anm. 31

Bei den **normalen Namenslagerscheinen** kann der Lagerhalter sämtliche **Einwendungen und Einreden** auch gegenüber dem Rechtsnachfolger erheben (§ 404 BGB). Ausgenommen davon sind gemäß § 405 BGB lediglich die Einwendung, die Heraus- Anm. 32

gabepflicht sei zum Schein begründet worden (vgl. BGH, DB 75, 831), sowie analog § 405 BGB sämtliche Einwendungen, die dem Lagerhalter bei Ausstellung des Papiers bekannt waren und deren Unkenntnis er auf seiten des Rechtsnachfolgers voraussetzen mußte (vgl. Canaris, oben § 363 Anm. 115). Der Lagerhalter, der einen Namenslagerschein ausgestellt hatte, obwohl bei ihm kein Gut eingelagert worden war, kann daher nicht die Einwendung erheben, er sei mangels Einlagerung zur Auslieferung nicht verpflichtet. Er hat deshalb analog §§ 417, 390 HGB Schadensersatz zu leisten. Hingegen muß ein Zessionar im Sinne des § 405 BGB wissen, daß die Abtretbarkeit durch § 48Cc ADSp eingeschränkt ist. Ferner scheidet beim Namenslagerschein die Einwendung des § 407 BGB aus (vgl. Hueck/Canaris, Recht der Wertpapiere, 11. Aufl., S. 21).

Bei den **ADSp-Namenslagerscheinen** greift im Vergleich zum dispositiven Recht ein weitergehender **Einwendungsausschluß** ein. Gemäß § 48Cd 1 ADSp kann der Lagerhalter dem legitimierten Rechtsnachfolger nur solche Einwendungen entgegensetzen, die die Gültigkeit des Scheines betreffen oder sich aus dem Schein selbst ergeben oder dem Lagerhalter unmittelbar gegen den Rechtsnachfolger zustehen, – es sei denn, daß die Einwendung auf einem gesetzlichen Pfand- oder Zurückbehaltungsrecht beruht (§ 48Cd 2 ADSp). § 48Cd ADSp ist den §§ 796 BGB, 364 II HGB nachgebildet und daher im Einklang mit diesen Vorschriften auszulegen (s. dazu auch oben Anm. 28). Die auf das Pfand- und Zurückbehaltungsrecht bezogene Einschränkung des Einwendungsausschlusses in § 48Cd 2 ADSp bezieht sich auf das gesetzliche Pfand- und Zurückbehaltungsrecht. Im Unterschied zur Situation bei Inhaberlagerscheinen sichert das gesetzliche Pfandrecht mithin auch Aufwendungsersatzansprüche des Lagerhalters (§ 421 HGB) gegenüber den Rechtsnachfolgern. Hat freilich der Lagerhalter die Rubrik „Auslagen des Lagerhalters“ mit einem waagerechten Strich versehen, so kann er sich später nicht darauf berufen, er habe Zollauslagen gehabt; denn durch seinen Vermerk hat er den Anschein erzeugt, daß Auslagen nicht anfallen werden (vgl. Reiner, Speditionslagerschein, aaO, S. 24f.; ferner Ohlig, BB 60, 1266).

Anm. 33 Der Lagerhalter ist nur verpflichtet, das Gut gegen Aushändigung des Namenslagerscheines an den namentlich genannten Einlagerer und im Falle der Abtretung an denjenigen **herauszugeben,** der sich als Zessionar legitimieren kann. § 48Ca ADSp zufolge muß die **Legitimation** durch eine zusammenhängende Kette von auf dem Lagerschein stehenden Abtretungserklärungen erfolgen. An andere Personen braucht der Lagerhalter nicht zu leisten, auch wenn sie materiell Inhaber des Rückgabeanspruches sind, es sei denn, der materiell Berechtigte hat ein Aufgebotsverfahren durchgeführt (vgl. Hueck/Canaris, Wertpapiere, aaO, S. 5 (str.)).

Andererseits darf der Lagerhalter bei den ADSp-Namenslagerscheinen befreiend an den namentlich aufgeführten Einlagerer oder einen seiner legitimierten Rechtsnachfolger leisten, die den Namenslagerschein vorlegen. Er braucht hierbei grundsätzlich weder die Echtheit der Unterschriften der Abtretungserklärungen noch die Befugnis der Zessionare zu prüfen und die etwaige Unechtheit der Unterschriften bzw. mangelnde Befugnis zu beachten, es sei denn, daß der Mangel offensichtlich war. Der Lagerhalter hat Anlaß zur Prüfung, wenn der Mangel bei Anwendung der Sorgfalt eines ordentlichen Lagerhalters evident ist (Krien, Speditions- und Lagerrecht, aaO, § 10 ADSp Anm. 5c).

Anhang I nach § 424

Verordnung über Orderlagerscheine (OLSchVO)

vom 16. 12. 1931 (RGBl. I 763)

Abschnitt I
Ermächtigung zur Ausstellung von Orderlagerscheinen

§ 1
Zuständigkeit

(1) Die Ermächtigung zur Ausstellung von Lagerscheinen, die durch Indossament übertragen werden können (§ 363 Abs. 2, §§ 364, 365, 424 des Handelsgesetzbuchs), wird einer Lagerhausanstalt auf Antrag durch die oberste Landesbehörde oder durch die von ihr bezeichneten Stellen erteilt.

(2) Jedes Land kann die Ermächtigung nur für Lagerräume erteilen, die sich in seinem Gebiete befinden.

Zum Einfluß des Fehlens der Ermächtigung siehe oben § 424 Anm. 2. Dem Fehlen der Ermächtigung steht die Ausgabe von Orderlagerscheinen gleich, die mit der Ermächtigung nicht im Einklang stehen. **Anm. 1**

§ 2
Förmliche Erfordernisse

(1) Der Antrag auf Erteilung der Ermächtigung hat eine genaue Angabe des Gegenstandes des Unternehmens, die Bezeichnung der zur Verfügung stehenden Lagerräume mit einer Darstellung ihrer technischen Ausgestaltung, ferner ausführliche Angaben über die bisherige Entwicklung, die wirtschaftliche Grundlage und den Geschäftsbetrieb des Unternehmens zu enthalten.

(2) Dem Antrag sind beizufügen:

1. **ein Verzeichnis der verantwortlichen Geschäftsleiter (Inhaber, persönlich haftenden Gesellschafter, Vorstandsmitglieder, Geschäftsführer);**
2. **ein Auszug aus dem Handelsregister oder Genossenschaftsregister nach dem neuesten Stande, sofern nicht gemäß § 36 des Handelsgesetzbuchs die Eintragung des Unternehmens im Handelsregister unterblieben ist;**
3. **wenn das Unternehmen von einer juristischen Person betrieben wird, ein Abdruck der Satzung (Statut) oder des Gesellschaftsvertrags;**
4. **ein mit Maßstab versehener Übersichtsplan über die Lagerräume;**
5. **eine Bescheinigung oder eine sonstige Urkunde über Rechtsgrund und Dauer der Verfügungsbefugnis des Antragstellers über die Lagerräume;**
6. **eine Lagerordnung in Urschrift und Abschrift, in der das Rechtsverhältnis des Lagerhalters zu den Einlagerern und zu den Besitzern der von ihm ausgegebenen Orderlagerscheine gemäß Abschnitt II und III dieser Verordnung geregelt ist. Die Urschrift der Lagerordnung hat die öffentlich beglaubigte Unterschrift des Antragstellers zu tragen;**
7. **der Tarif, nach dem die Vergütung für die Lagerung, für die Behandlung des Lagerguts und ähnliche mit der Lagerung zusammenhängende Leistungen des Lagerhalters bemessen wird;**

8. je ein den Bestimmungen der §§ 36, 38, 39 entsprechender Vordruck für die von dem Antragsteller zu verwendenden Orderlagerscheine;
9. die Rechnungsabschlüsse (Bilanz nebst Gewinn- und Verlustrechnung) für die letzten drei Jahre oder, wenn das Unternehmen noch nicht so lange besteht, für die Zeit von der Entstehung des Unternehmens an;
10. eine Übersicht über Art und Umfang des Umschlags von Lagergütern während der in Nr. 9 bezeichneten Zeit.

Anm. 1 Zum Erfordernis der Lagerordnung s. § 5 OLSchVO.

§ 3
Anhörung der gesetzlichen Berufsvertretungen

Die Ermächtigungsbehörde (§ 1) hat zu dem Antrag diejenigen gesetzlichen Berufsvertretungen des Handels sowie, falls landwirtschaftliche Erzeugnisse gelagert werden sollen, auch der Landwirtschaft gutachtlich zu hören, in deren Bezirk sich Lagerräume des Antragstellers befinden.

Anm. 1 Gesetzliche Berufsvertretungen des Handels sind die Industrie- und Handelskammern.

§ 4
Sachliche Erfordernisse

(1) Dem Antrag darf nur stattgegeben werden, wenn
1. die verantwortlichen Geschäftsleiter des Lagerhausunternehmens (§ 2 Abs. 2 Nr. 1) die fachliche Eignung und die erforderliche Zuverlässigkeit besitzen;
2. die wirtschaftlichen Verhältnisse des Unternehmens die Gewähr für eine ordnungsmäßige Durchführung des Lagergeschäfts bieten; insbesondere dürfen sich in dieser Beziehung aus dem Gegenstande des Unternehmens keine Bedenken ergeben;
3. der Lagerraum durchschnittlichen Anforderungen an seine technische Ausgestaltung genügt und eine angemessene Größe aufweist. Bei nicht im Eigentum des Antragstellers stehenden Lagerräumen muß die Verfügungsbefugnis des Antragstellers über die Lagerräume für eine angemessene Zeitdauer gesichert sein.

(2) Die Ermächtigungsbehörde kann die Erteilung der Ermächtigung davon abhängig machen, daß der Antragsteller sich gegen Schadensersatzansprüche der Einlagerer aus dem Lagervertrag in ausreichender Höhe bei einer geeigneten Versicherungsunternehmung versichert oder der Ermächtigungsbehörde den Nachweis führt, daß eine andere ausreichende Sicherstellung erfolgt ist; hinsichtlich der Sicherstellung sind die gesetzlichen Berufsvertretungen (§ 3) gutachtlich zu hören.

(3) Die Erteilung der Ermächtigung darf nicht von dem Bestehen eines Bedürfnisses oder davon abhängig gemacht werden, daß das Unternehmen in einer bestimmten Rechtsform betrieben wird.

(4) Die Ermächtigungsbehörde kann im Einzelfalle die Ermächtigung auf bestimmte Warengattungen beschränken. Von dieser Befugnis soll nur Gebrauch gemacht werden, wenn der Lagerhalter einverstanden ist.

Anm. 1 § 4 I Ziff. 3 ist im Licht des Art. 12 GG zu interpretieren. Das gilt insbesondere für das Erfordernis einer angemessenen Größe der Lagerräume und einer angemessen langen Nutzungsmöglichkeit. Man hat dabei davon auszugehen, daß es lediglich Zweck der OLSchVO sein kann, unzuverlässigen Lagerhaltern, die keine sichere Lagerung gewährleisten, die Ausgabe von Orderlagerscheinen zu verbieten, nicht aber schlechthin Lagerhalter von einer bestimmten Größenordnung an zu begünstigen.

§ 5
Inhalt der Ermächtigung

(1) Die Ermächtigung wird auf der Grundlage einer dieser Verordnung entsprechenden Lagerordnung erteilt. Sie erstreckt sich nur auf diejenigen Lagerhäuser oder sonstigen Lagerräume (wie freistehende Flüssigkeitsbehälter, Hallen, Freilagerplätze), die in der Ermächtigungsurkunde aufgeführt sind.

(2) Die Lagerordnung einschließlich der darin bezeichneten ergänzenden allgemeinen Bedingungen sowie deren Änderungen unterliegen der Genehmigung der Ermächtigungsbehörde. Die Urschrift der Lagerordnung ist mit einem Vermerk über die Genehmigung zu versehen und zurückzugeben; eine Abschrift wird von der Ermächtigungsbehörde beglaubigt und mit den übrigen Schriftstücken aufbewahrt; bei Änderungen der Lagerordnung ist entsprechend zu verfahren.

In einem Runderlaß vom 19. 10. 32 hat der preußische Minister für Handel und Gewerbe das Muster einer Lagerordnung bekanntgegeben. **Anm. 1**

Dieses Muster ist in Anh. II zu § 424 HGB abgedruckt. Die Ermächtigungsbehörde hat heute insbesondere dafür zu sorgen, daß die Lagerordnungen im Einklang mit dem AGBG stehen.

Die Ermächtigung nennt auch die Räume, in denen die Waren gelagert werden müssen, für die Orderlagerscheine ausgestellt werden sollen. Werden die Güter in Räumen eingelagert, für die eine entsprechende Ermächtigung fehlt, so berührt dies die Gültigkeit des Orderlagerscheines nicht, da weder den Einlagerern noch den potentiellen Rechtsnachfolgern zugemutet werden kann, ständig zu überprüfen, wo das Gut lagert (RGRKz HGB-Ratz, § 424 Anm. 5; Baumbach/Duden, HGB, Anh. § 424, § 5 OLSchVO). Sanktioniert sind Verstöße gegen die OLSchVO durch § 13 OLSchVO. Anders ist die Situation, wenn die im Einzelfall verwandte Lagerordnung nicht genehmigt ist; denn insoweit kann sich der Einlagerer ohne Schwierigkeiten (§ 6 OLSchVO) informieren. **Anm. 2**

§ 6
Aushang und Niederlegung der Ermächtigungsurkunde, der Lagerordnung und des Tarifs

Eine öffentlich beglaubigte Abschrift der Ermächtigungsurkunde und etwaiger Änderungen, die Lagerordnung, der Tarif sowie deren Änderungen sind im Geschäftsraum des Lagerhalters auszuhängen und bei den gemäß § 3 zuständigen Berufsvertretungen zur öffentlichen Einsichtnahme niederzulegen.

§ 7
Veröffentlichung der Ermächtigungsurkunde

(1) Die Ermächtigungsurkunde sowie deren Änderungen sind auf Kosten des Antragstellers im Reichsanzeiger und in den Blättern der gemäß § 3 zuständigen Berufsvertretungen zu veröffentlichen. Die Ermächtigungsbehörde kann von der Veröffentlichung in den Blättern der Berufsvertretungen Ausnahmen zulassen.

(2) In der Veröffentlichung sind die Stellen zu bezeichnen, bei denen die im § 6 Abs. 2 vorgeschriebenen Niederlegungen erfolgen.

(3) Die Lagerordnung und der Tarif brauchen nicht gemäß Abs. 1 veröffentlicht zu werden, auch wenn in der Ermächtigungsurkunde auf sie Bezug genommen wird.

§ 8

Beginn der Befugnis zur Ausstellung von Orderlagerscheinen

(1) Die Befugnis zur Ausstellung von Orderlagerscheinen soll nicht eher ausgeübt werden, als bis die in den §§ 6 und 7 vorgeschriebenen Niederlegungen und Veröffentlichungen erfolgt sind.

(2) Erweiterungen der Ermächtigung sowie Änderungen der Lagerordnung oder Erhöhungen des Tarifs (§ 2 Abs. 2 Nr. 7) sollen bei Ausübung der Befugnis zur Ausstellung von Orderlagerscheinen nicht eher zur Anwendung gebracht werden, als bis die in den §§ 6 und 7 vorgeschriebenen Niederlegungen und Veröffentlichungen erfolgt sind.

Anm. 1 § 8 OLSchVO enthält eine Soll-Vorschrift, die Dritten die Nachprüfbarkeit erleichtern soll. Ein Verstoß führt nicht zur Nichtigkeit der vorzeitig ausgegebenen Orderlagerscheine.

§ 9

Geschäftsprüfung

(1) Der Lagerhalter hat innerhalb von sechs Monaten nach Abschluß des Geschäftsjahres der Ermächtigungsbehörde den Rechnungsabschluß (Bilanz nebst Gewinn- und Verlustrechnung) einzureichen. Der Rechnungsabschluß ist von einem geeigneten Prüfer nachzuprüfen. Als geeigneter Prüfer kann insbesondere angesehen werden: ein öffentlich bestellter Wirtschaftsprüfer, eine Prüfungsgesellschaft, die in eine von der Hauptstelle für die öffentlich bestellten Wirtschaftsprüfer zu führende Liste der die Wirtschaftsprüfertätigkeit ausübenden Gesellschaften eingetragen ist, ein genossenschaftlicher Revisionsverband oder ein öffentlich bestellter Buchprüfer.

(2) Die Ermächtigungsbehörde kann jederzeit die Vornahme einer Buch- oder Betriebsprüfung durch einen von ihr bezeichneten Prüfer anordnen, wenn sie die Prüfung aus besonderen Gründen für notwendig hält.

(3) Die Kosten der Prüfung trägt der Lagerhalter.

§ 10

Statistische Nachweisungen

(1) Der Lagerhalter hat der Ermächtigungsbehörde für den Schluß eines jeden Kalendervierteljahrs eine Übersicht über die von ihm ausgestellten Orderlagerscheine unter Bezeichnung von Gattung und Menge der Güter, über die sie lauten, einzureichen. Für Sammellagerscheine (§ 36) ist die Übersicht gesondert zu fertigen.

(2) Die Ermächtigungsbehörde kann bei Vorliegen besonderer Gründe Ausnahmen zulassen.

§ 11

Anzeigepflichten

Der Lagerhalter ist verpflichtet, Änderungen in der Person der verantwortlichen Geschäftsleiter, Änderungen der Satzung oder des Gesellschaftsvertrages oder des Tarifs, ferner Änderungen in dem zur Verfügung stehenden Lagerraum oder in sonstigen Verhältnissen, deren Mitteilung durch § 2 vorgeschrieben ist, der Ermächtigungsbehörde unverzüglich anzuzeigen.

§ 12
Handels- und Beleihungsverbot; Verbot der Kursfeststellung für Orderlagerscheine

(1) Soweit sich aus den Vorschriften dieser Verordnung, insbesondere aus den §§ 22, 25 nicht ein anderes ergibt, darf der Lagerhalter Güter einer Gattung, über die er indossable Lagerscheine ausstellen darf oder Lagerscheine über solche Güter für eigene oder für fremde Rechnung weder kaufen noch verkaufen noch beleihen.

(2) Im Zeithandel darf der Lagerhalter auch andere Güter weder kaufen noch verkaufen. Ebensowenig darf er eine Bürgschaft oder eine sonstige Gewährleistung für ein solches Zeitgeschäft übernehmen.

(3) Durch einen Verstoß gegen die in den Abs. 1 und 2 ausgesprochenen Verbote wird die Wirksamkeit der dort bezeichneten Rechtsgeschäfte nicht berührt.

(4) Für Orderlagerscheine findet eine amtliche Kursfeststellung an einer Börse nicht statt. Die Reichsregierung kann Ausnahmen zulassen.

An die Stelle der Reichsregierung ist die Bundesregierung getreten (Art. 129 GG). **Anm. 1**

§ 13
Widerruf

(1) Die Ermächtigungsbehörde kann die Ermächtigung widerrufen, wenn sie auf Grund von Nachrichten, die zu ihrer Kenntnis gelangt sind, feststellt, daß der Lagerhalter die im § 4 geregelten Voraussetzungen nicht mehr voll erfüllt.

(2) Das gleiche gilt, wenn die Ermächtigungsbehörde auf Grund von Nachrichten, die zu ihrer Kenntnis gelangt sind, feststellt, daß der Lagerhalter den ihm auf Grund dieser Verordnung auferlegten Verpflichtungen nicht nachkommt und dieses Verhalten ungeachtet einer Abmahnung der Ermächtigungsbehörde fortsetzt.

(3) Die Ermächtigungsbehörde kann die Ermächtigung ferner widerrufen, wenn der Lagerhalter in seinem Tarif (§ 2 Abs. 2 Nr. 7) durch nachträgliche Erhöhung oder in anderer Weise übermäßig hohe Sätze vorsieht und hieran ungeachtet einer Abmahnung der Ermächtigungsbehörde festhält.

(4) Der Widerruf ist auf Kosten des Lagerhalters in denselben Blättern zu veröffentlichen, in denen die Ermächtigung bekanntgemacht worden ist. Die gesetzlichen Berufsvertretungen (§ 3) sind von dem Widerruf sofort zu benachrichtigen. Der Widerruf wird mit dem Ablauf des Tages der Veröffentlichung im Reichsanzeiger wirksam. Im Falle des Widerrufs ist die Ermächtigungsurkunde an die Ermächtigungsbehörde zurückzugeben.

Abschnitt II. Lagergeschäft
Titel 1. Allgemeine Vorschriften

§ 14
Rechtsgrundlage des Lagergeschäfts

(1) Übernimmt der Lagerhalter die Lagerung und Aufbewahrung eines Gutes, über das ein Orderlagerschein ausgestellt werden soll, so finden die Vorschriften der Abschnitte II und III dieser Verordnung und die Bestimmungen der gemäß § 5 genehmigten Lagerordnung Anwendung.

(2) Die Vorschriften der Abschnitte II und III dieser Verordnung können durch die Lagerordnung oder durch besondere Vereinbarung ergänzt werden.

(3) Soweit sich aus dem folgenden nicht ein anderes ergibt, können jedoch durch die Lagerordnung oder durch besondere Vereinbarung keine Bestimmungen getroffen werden, die zum Nachteil des Einlagerers oder des legitimierten Besitzers des Lagerscheins von den Vorschriften der Abschnitte II und III abweichen. Die Ermächtigungsbehörde kann beim Vorliegen besonderer Gründe Ausnahmen zulassen.

(4) Es bleibt vorbehalten, zu bestimmen, daß die Ermächtigungsbehörde von der im Abs. 3 vorgesehenen Befugnis zur Zulassung von Ausnahmen nur mit Zustimmung der Reichsregierung Gebrauch machen kann.

Anm. 1 § 14 III OLSchVO besagt, daß die OLSchVO in den §§ 14–42 grundsätzlich halbzwingendes Recht zugunsten der Einlagerer und deren legitimierten Nachfolger enthält. Bei einem Verstoß gegen die Regel, daß von der OLSchVO nicht zum Nachteil des Einlagerers abgewichen werden darf, hat man nicht § 139 BGB, sondern § 6 AGBG analog heranzuziehen. Die Benachteiligung ist daran zu messen, ob die Rechtsstellung des Einlagerers verschlechtert wird. Deshalb stellt es z. B. keinen Nachteil dar, wenn die Versicherung (§ 20) bei einem bestimmten Versicherer genommen werden muß, der konkurrenzfähige Prämien fordert und solvent ist.

Anm. 2 Die Funktion der OLSchVO, die Umlauffähigkeit und -sicherheit der Orderlagerscheine zu erhöhen, verbietet es, eine Kompensation durch andere, den Einlagerer besserstellende Klauseln zuzulassen.

Anm. 3 Eine Verpflichtung, einen Orderlagerschein auszustellen, besteht nur auf besonderer vertraglicher Grundlage.

§ 15
Haftung des Lagerhalters

(1) Der Lagerhalter hat bei Ausführung seiner Obliegenheiten für die Sorgfalt eines ordentlichen Kaufmanns einzustehen.

(2) Er hat ein Verschulden derjenigen Personen, deren er sich zur Erfüllung seiner Verbindlichkeiten bedient, im gleichen Umfang zu vertreten wie eigenes Verschulden.

Anm. 1 Die Funktion des § 15 OLSchVO liegt darin, daß die Haftung für einfache Fahrlässigkeit im Unterschied zu den §§ 417, 390 HGB, 278 BGB zugunsten des Einlagerers oder eines legitimierten Besitzers des Orderlagerscheines zur zwingenden Regel erhoben worden ist, die weder durch AGB noch durch Individualvereinbarung abgeändert werden darf (§ 14 III OLSchVO). „Obliegenheiten" im Sinne des § 15 OLSchVO ist nicht im rechtstechnischen Sinne zu verstehen, sondern bedeutet schlechthin Pflichten und Obliegenheiten. Die Regel des § 15 OLSchVO wird jedoch durch § 19 OLSchVO modifiziert. Die Geltung der §§ 254, 278 BGB wird durch § 15 OLSchVO nicht tangiert (BGH, DB 1962, 436).

§ 16
Empfang des Lagergutes

(1) Der Lagerhalter ist unbeschadet der Vorschriften der §§ 29, 40, 41 ohne besondere Vereinbarung nicht verpflichtet, beim Empfang des Gutes dessen Menge (Zahl, Maß oder Gewicht), Gattung, Art, Güte oder sonstige Beschaffenheit festzustellen.

(2) Befindet sich Lagergut, das dem Lagerhalter zugesandt ist, bei der Ablieferung in einem beschädigten oder mangelhaften Zustand, der äußerlich erkennbar ist, so hat der Lagerhalter die Rechte gegen den Frachtführer oder Schiffer zu wahren, für den

Beweis des Zustandes zu sorgen und dem Einlagerer unverzüglich Nachricht zu geben; im Falle der Unterlassung ist er zum Schadensersatze verpflichtet.

§ 16 II OLSchVO deckt sich dem Gehalt nach mit der Regelung der §§ 417 I, 388 I HGB. Siehe dazu die Erläuterung dieser Vorschriften. Hat der Einlagerer das Gut veräußert, so ist er zur Weiterleitung der Nachricht an den ihm bekannten Erwerber kraft nachwirkender Pflicht aus dem Kaufvertrag verpflichtet. **Anm.1**

§ 17

Besichtigung, Entnahme von Proben, Pflege des Lagergutes

(1) Der Lagerhalter hat dem Einlagerer oder, wenn ein Orderlagerschein ausgestellt ist, dem legitimierten Besitzer des Scheines die Besichtigung des Lagergutes während der Geschäftsstunden zu gestatten.

(2) Dasselbe gilt, soweit durch die Lagerordnung oder durch besondere Vereinbarung nicht ein anderes bestimmt ist, für die Entnahme von Proben. Der Lagerhalter ist berechtigt, die von dem Einlagerer oder dem Besitzer des Lagerscheins gewünschte Probeentnahme selbst auszuführen.

(3) Der Lagerhalter ist unbeschadet der Vorschriften des § 29 Abs. 2 ohne besondere Vereinbarung nicht verpflichtet, Arbeiten zur Erhaltung des Lagerguts vorzunehmen. Er hat dem Einlagerer oder, wenn ein Orderlagerschein ausgestellt ist, dem legitimierten Besitzer des Lagerscheins die Vornahme dieser Arbeiten während der Geschäftsstunden zu gestatten, soweit er nicht selbst zur Vornahme der Arbeiten bereit ist.

§ 17 OLSchVO weicht insofern von § 418 HGB ab, als er ausdrücklich hervorhebt, daß das Recht zur Besichtigung und Probeentnahme jedem legitimierten Besitzer eines Orderlagerscheines zusteht. Weiß der Lagerhalter, daß der Inhaber des Orderlagerscheines materiell nicht berechtigt ist und kann er dies auch leicht beweisen, so hat er auch dem legitimierten Inhaber des Orderlagerscheines gegenüber die Probeentnahme zu verbieten. **Anm.1**

Abweichend von § 418 HGB erlaubt § 17 OLSchVO dem Lagerhalter, gegen Entgelt (§ 354 HGB) die Probeentnahme oder Erhaltungsmaßnahmen am Gut selbst vorzunehmen. Tut er das, so ist dem legitimierten Besitzer des Orderlagerscheines die eigene Probeentnahme etc. verwehrt. **Anm.2**

§ 18

Anzeigepflicht des Lagerhalters

Der Lagerhalter ist verpflichtet, unverzüglich Anzeige zu erstatten, wenn er das Lagergut umlagert oder wenn er festgestellt hat, daß Veränderungen in der Beschaffenheit des Gutes entstanden oder zu befürchten sind. Die Anzeige hat er an den letzten ihm bekannt gewordenen legitimierten Besitzer des Lagerscheins zu richten. Im Falle der Unterlassung ist er zum Schadensersatze verpflichtet.

§ 18 OLSchVO weicht in mehrfacher Hinsicht von § 417 HGB ab. § 18 OLSchVO knüpft zum einen die Anzeigepflicht auch daran, daß der Lagerhalter das Gut umlagert. Ferner muß der Lagerhalter jede (drohende) Veränderung mitteilen, nicht nur solche, die eine Entwertung befürchten lassen. „Veränderung" im Sinne des § 18 OLSchVO stellt jede noch so geringfügige Veränderung dar. Damit soll sichergestellt werden, daß der Einlagerer oder ein Rechtsnachfolger, der die bessere Warenkenntnis besitzt, beurteilen kann, ob die Veränderungen besorgniserregend sind oder nicht. Die Anzeige ist **Anm.3** an den letzten dem Lagerhalter bekanntgewordenen Besitzer des Orderlagerscheines zu richten. Dieser hat kraft nachwirkender Pflicht des Kausalverhältnisses seine Nachmänner zu benachrichtigen.

Anm. 2 § 18 OLSchVO knüpft die Anzeigepflicht daran, daß der Lagerhalter die (drohende) Veränderung bereits festgestellt hat. Er befreit jedoch nicht von der allgemeinen lagerrechtlichen Pflicht, das Gut auf drohende Veränderungen hin zu untersuchen (s. auch oben § 417 Anm. 31).

§ 19

Haftung für Verlust oder Beschädigung des Lagergutes

(1) Der Lagerhalter ist für den Verlust und die Beschädigung des in seiner Verwahrung befindlichen Gutes verantwortlich, es sei denn, daß der Verlust oder die Beschädigung auf Umständen beruht, die durch die Sorgfalt eines ordentlichen Kaufmanns nicht abgewendet werden konnten.

(2) Für den Verlust oder die Beschädigung von Gütern, deren Wert mehr als zwanzig Deutsche Mark für das Kilogramm beträgt, haftet der Lagerhalter nur, wenn ihm der Wert des Gutes bei der Übergabe zur Lagerung angegeben worden ist.

(3) Die Ermächtigungsbehörde kann beim Vorliegen besonderer Gründe zulassen, daß in der Lagerordnung die Haftung des Lagerhalters für bestimmte Gefahrengruppen auf grobe Fahrlässigkeit beschränkt wird.

(4) Die Ermächtigungsbehörde kann ferner beim Vorliegen besonderer Gründe zulassen, daß in der Lagerordnung die Haftung des Lagerhalters für Feuerschäden ausgeschlossen wird, und zwar auch für den Fall, daß der Schaden durch Fahrlässigkeit des Lagerhalters oder durch das Verschulden einer Person verursacht ist, deren der Lagerhalter sich zur Erfüllung seiner Verbindlichkeiten bedient. Ist der Lagerschein durch Indossament übertragen, so kann gegenüber dem legitimierten Besitzer des Lagerscheins der Ausschluß der Haftung nur geltend gemacht werden, wenn er in dem Scheine besonders vermerkt ist.

(5) Der von dem Lagerhalter für Verlust des Gutes zu leistende Schadensersatz beschränkt sich auf den gemeinen Wert des Gutes, der Ersatz für Beschädigung auf den Unterschied zwischen dem gemeinen Werte des Gutes im unbeschädigten und im beschädigten Zustand. Die infolge des Verlustes oder der Beschädigung ersparten Unkosten kommen in Abzug. Der Schadensberechnung ist der Zeitpunkt zugrunde zu legen, in welchem der Einlagerer von dem Verlust oder der Beschädigung benachrichtigt ist oder in anderer Weise Kenntnis erlangt hat. Hat der Lagerhalter den Schaden durch Vorsatz oder grobe Fahrlässigkeit herbeigeführt, so kann Ersatz des vollen Schadens gefordert werden.

Anm. 1 § 19 II OLSchVO entspricht im wesentlichen den §§ 417, 390 HGB (s. die Erläuterungen dieser Vorschriften). Der Lagerhalter haftet auch einem Erwerber des Orderlagerscheines nur nach Maßgabe des § 19 OLSchVO, selbst wenn dieser von dem Verlust oder der Beschädigung des Gutes nichts erfahren hatte; denn diese Haftungsregel ergibt sich unmittelbar aus dem Lagerrecht (vgl. RGRKz HGB-Ratz, § 424 Anm. 6). Die Anwendbarkeit der §§ 254, 278 BGB bleibt durch § 19 OLSchVO unberührt. Zur Haftung wegen unrichtiger Angaben in dem Schein siehe § 40 OLSchVO.

Anm. 2 Die Haftung nach § 19 OLSchVO geht im Unterschied zu den §§ 417, 390 HGB bei leichter Fahrlässigkeit nur auf den gemeinen Wert (§ 19 V OLSchVO). Von der Angabe der Höhe des Risikos macht § 19 II OLSchVO die Haftung abhängig. Weitere Haftungseinschränkungen kann die Ermächtigungsbehörde gestatten.

§ 20
Feuerversicherung

(1) Der Lagerhalter hat auf Verlangen des Einlagerers oder, wenn ein Orderlagerschein ausgestellt ist, des legitimierten Besitzers des Lagerscheins das Lagergut gegen Feuergefahr zu versichern und während der Dauer der Lagerung versichert zu halten.

(2) Die Versicherung ist dergestalt zu bewirken, daß der Anspruch gegen den Versicherer entweder von dem Lagerhalter für Rechnung des Besitzers des Lagerscheins oder von diesem unmittelbar geltend gemacht werden kann.

(3) Für die Höhe der Versicherungssumme genügt der bei Ausstellung des Lagerscheins von dem Einlagerer angegebene Wertbetrag.

(4) Der Lagerhalter ist verpflichtet, gemäß § 38 Abs. 3 Nr. 5 auf dem Lagerscheine zu vermerken, daß er die Feuerversicherung bewirkt oder nicht bewirkt hat.

§ 20 I OLSchVO konkretisiert die §§ 417, 390 II HGB (s. die Erläuterungen dieser Vorschriften). Die Verletzung der Verpflichtung, in dem Lagerschein anzugeben, ob eine Feuerversicherung genommen ist oder nicht, ist durch eine Schadensersatzpflicht zugunsten des Einlagerers und der Rechtsnachfolger sanktioniert. Der Schaden kann daraus resultieren, daß die Veräußerlichkeit des Orderlagerscheins gemindert ist. Allerdings wird sich der Einlagerer in aller Regel ein Mitverschulden entgegenhalten lassen müssen. **Anm. 1**

§ 21
Lagerkosten

(1) Die Höhe der Vergütung für die Leistungen des Lagerhalters richtet sich, soweit nicht geringere Sätze vereinbart sind, nach dem gemäß § 6 bekanntgemachten Tarif.

(2) Der Lagerhalter hat Anspruch auf Erstattung der Auslagen für Fracht und Zölle und der sonst für das Gut gemachten Aufwendungen, soweit er sie den Umständen nach für erforderlich halten durfte.

(3) Von den nach Abs. 1, 2 dem Lagerhalter zukommenden Beträgen (Lagerkosten) sind die baren Auslagen, soweit nicht ein anderes vereinbart ist, sofort zu erstatten. Die Bezahlung der sonstigen Lagerkosten wird durch die Lagerordnung oder durch besondere Vereinbarung geregelt.

(4) Die bei Ausstellung des Lagerscheins bereits entstandenen und noch auf dem Gute lastenden Lagerkosten sind auf dem Lagerscheine zu vermerken. Soweit tunlich, sollen auch die während der Laufzeit des Lagerscheins fällig werdenden Lagerkosten auf dem Scheine angegeben werden.

§ 21 I–III OLSchVO konkretisiert den § 420 HGB. Tarifänderungen müssen genehmigt werden und dürfen frühestens erst von diesem Zeitpunkt an (vgl. § 8 OLSchVO) herangezogen werden. **Anm. 1**

Die Angabe der bereits entstandenen und noch auf dem Gut lastenden Lagerkosten (§ 21 IV OLSchVO) ist für das Pfandrecht und Zurückbehaltungsrecht von Bedeutung (§§ 421, 369 HGB, 21 OLSchVO). Nicht vermerkte Vorkosten können dem gutgläubigen Erwerber des Scheines gemäß §§ 364 II HGB, 22 II OLSchVO nicht entgegengehalten werden. Problematisch ist, ob der gute Glaube des Erwerbers schon durch grobe Fahrlässigkeit zerstört wird. An sich liegt hier eine persönliche Einwendung vor, die sich der Erwerber erst dann entgegenhalten lassen muß, wenn er bewußt zum Nachteil des Lagerhalters gehandelt hat (Analogie zu § 17 WG; vgl. Canaris, oben, § 364 **Anm. 2**

Anm. 25f.). Diese Regel wird jedoch für den Bereich der Pfandrechte durch § 22 II OLSchVO modifiziert. Danach schadet dem Erwerber schon grobe Fahrlässigkeit.

Anm. 3 Im Hinblick auf die nach der Ausstellung entstehenden Lagerkosten ist von der Regel auszugehen, daß die Haftung für Lagerkosten zu den typusbezogenen Einwendungen gehört, mit denen der Erwerber rechnen muß (s. Canaris, oben, § 364 Anm. 33). Diese Regel wird durch § 22 II OLSchVO dahingehend abgeändert, daß die Lagerkosten für den gutgläubigen Erwerber aus dem Lagerschein ersichtlich sein müssen. Es genügen Angaben, aus denen sich der Erwerber den aktuellen Stand der geschuldeten Lagerkosten zu errechnen in der Lage ist. Die Verpflichtung, die während der Laufzeit des Lagerscheines fällig werdenden Lagerkosten auf dem Schein anzugeben, führt zu keiner Präklusion; denn § 21 IV S. 2 OLSchVO enthält nur eine Sollvorschrift. Der Erwerber muß damit rechnen, daß die aus dem Schein ersichtlichen Lagerkosten nach Maßgabe des jeweiligen Lagervertrages fällig werden. Er darf sich mithin nur darauf berufen, daß Lagerkosten im Lagerschein überhaupt nicht oder zu niedrig aufgeführt sind.

§ 22
Pfandrecht, Zurückbehaltungsrecht

(1) Der Lagerhalter hat wegen der Lagerkosten ein Pfandrecht an dem Gute, solange er es im Besitze hat, insbesondere mittels Konnossements, Ladescheins oder Lagerscheins darüber verfügen kann. Das Pfandrecht erstreckt sich auf die Forderung aus einer Feuerversicherung.

(2) Ist der Lagerschein durch Indossament übertragen, so besteht das Pfandrecht dem legitimierten Besitzer des Lagerscheins gegenüber nur wegen der Lagerkosten, die aus dem Lagerschein ersichtlich sind oder ihm bei Erwerb des Lagerscheins bekannt oder infolge grober Fahrlässigkeit unbekannt waren.

(3) Bei dem Verkaufe des Pfandes tritt an die Stelle der im § 1234 des Bürgerlichen Gesetzbuchs bestimmten Frist von einem Monat eine solche von einer Woche, und zwar auch dann, wenn der Lagervertrag nur auf der Seite des Lagerhalters ein Handelsgeschäft ist.

(4) Die im § 1234 Abs. 1 des Bürgerlichen Gesetzbuchs vorgesehene Androhung des Pfandverkaufs sowie die in den §§ 1237, 1241 des Bürgerlichen Gesetzbuchs vorgesehenen Benachrichtigungen hat der Lagerhalter an den letzten ihm bekannt gewordenen legitimierten Besitzer des Lagerscheins zu richten.

(5) Die Vorschriften, nach welchen dem Lagerhalter ein Zurückbehaltungsrecht an dem Gute zusteht, bleiben unberührt.

Anm. 1 § 22 I 1 OLSchVO entspricht dem § 421 HGB. In Satz 2 wird das Pfandrecht auf die Feuerversicherung erstreckt.

Zu § 22 II OLSchVO siehe oben § 21 OLSchVO Anm. 3. Die Vorschrift ist analog anzuwenden, wenn sich der Lagerhalter ein vertragliches Pfandrecht bestellen ließ.

Anm. 2 § 22 OLSchVO betrifft das Pfandrecht unmittelbar nur insoweit, als es um die Frage geht, ob es den im Schein verbrieften Ansprüchen, insbesondere dem Rückgabeanspruch, entgegengesetzt werden kann. Man wird ihn aber auch analog heranzuziehen haben, um im Widerspruch zu § 936 III BGB einen gutgläubig lastenfreien Erwerb des Gutes selbst zu bejahen (näher dazu Canaris, oben, § 363, Anm. 100ff.). § 22 II OLSchVO gilt nur für das Pfandrecht des Lagerhalters, nicht für das dritter Personen (s. Canaris, oben § 363 Anm. 102a; abw. Schlegelberger/Schröder, HGB, § 424 Anm. 6a).

Zu § 22 III, IV OLSchVO siehe §§ 364, 440 HGB.

Das Zurückbehaltungsrecht stellt eine persönliche Einwendung dar. Es wird daher gutgläubigen Erwerbern gegenüber schon dann präkludiert, wenn der Erwerber nicht bewußt zum Nachteil des Lagerhalters gehandelt hat (§ 364 II HGB; § 17 WG analog; vgl. Canaris, oben, § 364 Anm. 25). Gegen diese Behandlung des Einwendungsproblems kann nicht der Umstand ins Feld geführt werden, daß das Zurückbehaltungsrecht zu den typusbedingten Einwendungen (s. Canaris, oben, § 364 Anm. 33) gehört; denn die in § 22 II OLSchVO niedergelegte Wertung, derzufolge die relevanten Lagerkosten grundsätzlich aus dem Schein ersichtlich sein müssen, gilt erst recht auch für Zurückbehaltungsrechte. Allerdings wird man dem § 22 V OLSchVO entnehmen müssen, daß die Anforderungen an den guten Glauben niedriger als in § 22 II OLSchVO anzusetzen sind. **Anm. 3**

§ 23
Mischlagerung

(1) Im Falle der Lagerung vertretbarer Sachen ist der Lagerhalter zu ihrer Vermischung mit anderen Sachen von gleicher Art und Güte nur befugt, wenn ihm dies von den beteiligten Einlagerern ausdrücklich gestattet ist.

(2) An dem durch die Vermischung entstandenen Gesamtvorrat steht den Eigentümern der Teilmengen Miteigentum nach Bruchteilen zu. Der Anteil bestimmt sich, soweit nicht ein anderes vereinbart wird, nach dem Verhältnis der eingelagerten Teilmengen.

(3) Der Lagerhalter ist berechtigt und verpflichtet, aus dem Gesamtvorrat jedem Einlagerer den ihm gebührenden Anteil auszuliefern, ohne daß er hierzu der Genehmigung der übrigen Beteiligten bedarf.

(4) Inwieweit die Vorschriften des § 32 über Abzüge wegen Gewichtsverlustes entsprechend anzuwenden sind, wird durch die Lagerordnung oder durch besondere Vereinbarung bestimmt.

Vgl. § 419 HGB. **Anm. 1**

§ 24
Dauer der Lagerung

(1) Der Lagerhalter kann nicht verlangen, daß der Einlagerer das Lagergut vor dem Ablauf der bedungenen Lagerzeit zurücknimmt. Ist eine Lagerzeit nicht bedungen oder behält der Lagerhalter nach Ablauf der bedungenen Lagerzeit das Lagergut zwecks Fortsetzung des Lagervertrags auf dem Lager, so kann er die Rücknahme nur nach Kündigung unter Einhaltung einer Kündigungsfrist von einem Monat verlangen.

(2) Falls eine Lagerzeit nicht bedungen und in der Lagerordnung nicht ein anderes bestimmt wird, ist die Kündigung frühestens zu dem Termin zulässig, an dem seit der Einlagerung drei Monate verstrichen sind.

(3) Der Lagerhalter ist berechtigt, die Rücknahme des Lagerguts vor dem Ablauf der Lagerzeit und ohne Einhaltung einer Kündigungsfrist zu verlangen, wenn ein wichtiger Grund vorliegt.

(4) Die Kündigung und das Rücknahmeverlangen hat der Lagerhalter an den letzten ihm bekannt gewordenen legitimierten Besitzer des Lagerscheins zu richten.

Vgl. § 422 HGB. Abs. 4 des § 24 OLSchVO modifiziert die Regeln über den Zugang von Willenserklärungen. Hat der letzte dem Lagerhalter bekannt gewordene legitimierte Inhaber des Orderlagerscheines den Schein bereits weiter übertragen, so ist er kraft nachwirkender Pflicht aus dem zwischen ihm und dem Erwerber bestehenden **Anm. 1**

Kausalverhältnis gehalten, die Erklärung des Lagerhalters weiterzuleiten. Andernfalls macht er sich schadensersatzpflichtig. Da der Erwerber aber nie wissen kann, ob sich in der Kette der Indossamente eine gefälschte Übertragungserklärung durch einen Dieb etc. befindet, ist es ratsam, dem Lagerhalter den Erwerb des Scheines anzuzeigen.

§ 25
Notverkauf, Selbsthilfeverkauf

(1) Ist das Lagergut dem Verderb ausgesetzt oder treten Veränderungen an ihm ein, die seine Entwertung befürchten lassen, und ist keine Zeit vorhanden, die Verfügung des Berechtigten einzuholen, oder ist der Berechtigte in der Erteilung der Verfügung säumig, so kann der Lagerhalter den Verkauf des Gutes nach Maßgabe der Vorschriften des § 373 des Handelsgesetzbuchs bewirken.

(2) Dasselbe gilt, wenn der Berechtigte unterläßt, über das Lagergut zu verfügen, obwohl er dazu nach Lage der Sache verpflichtet ist.

(3) Die im § 373 Abs. 3 des Handelsgesetzbuchs vorgesehene Androhung des Verkaufs sowie die im Abs. 5 derselben Vorschrift vorgesehenen Benachrichtigungen hat der Lagerhalter an den letzten ihm bekannt gewordenen legitimierten Besitzer des Lagerscheins zu richten.

Anm. 1 Vgl. §§ 417, 388f. HGB.

§ 26
Auslieferung und Annahme des Gutes

(1) Das Lagergut darf, wenn ein Orderlagerschein ausgestellt ist, nur dem legitimierten Besitzer des Lagerscheins und nur gegen Rückgabe des Scheines ausgeliefert werden. Der Lagerhalter ist nicht verpflichtet, die Echtheit der Indossamente zu prüfen. Die Auslieferung ist auf dem Lagerscheine zu bescheinigen.

(2) Die Auslieferung eines Teiles des Gutes erfolgt gegen Abschreibung auf dem Scheine. Der Abschreibungsvermerk ist von dem Lagerhalter zu unterschreiben.

(3) In der Lagerordnung können die Folgen der vorbehaltlosen Annahme des Gutes entsprechend den Vorschriften des § 438 des Handelsgesetzbuchs geregelt werden.

Anm. 1 Zur Frage der Legitimation s. § 365 HGB.

Anm. 2 Ein Freistellungsschein, der den nicht durch den Orderlagerschein Legitimierten ermächtigt, sich das Gut aushändigen zu lassen, ist unwirksam (BGH, NJW 68, 592). Händigt der Inhaber eines derartigen Freistellungsscheines diesen dem Lagerhalter aus oder zeigt er ihm an, daß er Inhaber eines Freistellungsscheines sei, so macht sich der Lagerhalter nur unter der Voraussetzung des § 826 BGB schadensersatzpflichtig, wenn er den Inhaber des Freistellungsscheines nicht darüber aufklärt, daß ein Orderlagerschein ausgestellt worden ist. Geht der Lagerhalter allerdings einen Schritt weiter und tritt er mit dem Inhaber des Freistellungsscheines in Verhandlungen über den Abschluß eines neuen Lagervertrages, ohne ihn auf die Existenz des Orderlagerscheines hinzuweisen, so liegt hierin ein Verstoß gegen § 26 I OLSchVO. Der Verstoß zieht eine Schadensersatzpflicht des Lagerhalters nach sich (BGH, NJW 68, 592f.). Die Speditionsversicherung hat hierfür nicht einzutreten (BGH, aaO). In einer jüngeren Entscheidung hat der BGH (DB 79, 1889) schon dann eine Schadensersatzpflicht bejaht, wenn der Lagerhalter eine falsche Auskunft gibt (näher dazu oben § 424 Anm. 18).

§ 27

Verjährung

(1) Die Ansprüche gegen den Lagerhalter wegen Verlustes, Minderung, Beschädigung oder verspäteter Auslieferung des Gutes verjähren in einem Jahre. Die Verjährungsfrist kann durch die Lagerordnung oder durch besondere Vereinbarung verlängert werden.

(2) Die Verjährung beginnt im Falle der Beschädigung oder Minderung mit dem Ablauf des Tages, an dem die Auslieferung stattgefunden hat, im Falle der verspäteten Auslieferung mit dem Ablauf des Tages, an dem die Auslieferung hätte bewirkt sein müssen, im Falle des gänzlichen Verlustes mit dem Ablauf des Tages, an dem der Lagerhalter dem Einlagerer oder, wenn ein Orderlagerschein ausgestellt ist, dem letzten ihm bekannt gewordenen legitimierten Besitzer des Lagerscheins den Verlust anzeigt.

(3) Die Vorschriften der Abs. 3 und 4 des § 414 des Handelsgesetzbuchs finden entsprechende Anwendung.

Vgl. §§ 423, 414 HGB. **Anm. 1**

Titel 2

Besondere Bestimmungen über die Sammellagerung

§ 28

Sammellagerung

(1) Wird Gut, für das Handelsklassen gesetzlich eingeführt oder allgemein anerkannt sind, unter einer entsprechenden Gattungsbezeichnung eingelagert, so können der Einlagerer und der Lagerhalter vereinbaren, daß für dieses Gut die folgenden besonderen Regeln über die Sammellagerung gelten sollen.

(2) Für die Sammellagerung gelten die allgemeinen Vorschriften der §§ 14 bis 27, soweit sich aus den §§ 29 bis 32 nicht ein anderes ergibt.

(3) Den Beteiligten ist es unbenommen, auch bei Gütern der im Abs. 1 bezeichneten Art Einzellagerung oder Mischlagerung (§ 23) zu vereinbaren.

§§ 28ff. OLSchVO regeln eine besondere Form der Sammellagerung. Zur Sammel- **Anm. 1**
lagerung allgemein vgl. § 419 HGB.

§ 29

Prüfung und Pflege des Lagergutes

(1) Der Lagerhalter ist verpflichtet, bei Empfang des Lagerguts dessen Gewicht, Güte und sonstige Beschaffenheit festzustellen und das Ergebnis auf dem Lagerscheine zu vermerken. Bei der Feststellung der Güte und Beschaffenheit des Lagerguts hat er einen von der gesetzlichen Berufsvertretung des Handels und bei Lagerung landwirtschaftlicher Erzeugnisse auch einen von der gesetzlichen Berufsvertretung der Landwirtschaft bestellten Sachverständigen zuzuziehen. Die gesetzlichen Berufsvertretungen des Handels und der Landwirtschaft können für den Fall, daß der Lagerhalter und der Einlagerer hiermit einverstanden sind, denselben Sachverständigen bestellen. Soweit gesetzliche Handelsklassen eingeführt und Gutachterstellen eingerichtet sind, tritt an die Stelle der vorbezeichneten Sachverständigen die zuständige Gutachterstelle (Verordnung des Reichspräsidenten vom 1. Dezember 1930, Achter Teil, Kapitel V § 6 – Reichsgesetzbl. I S. 517, 602 –).

(2) Der Lagerhalter ist verpflichtet, die zur Erhaltung des Lagerguts erforderlichen Arbeiten vorzunehmen. Er kann sich hierbei der Mitwirkung der im Abs. 1 bezeichneten Sachverständigen oder Gutachterstellen bedienen. Den Lagerhalter trifft kein Verschulden, wenn er die Empfehlungen der Sachverständigen oder der Gutachterstelle mit der Sorgfalt eines ordentlichen Kaufmanns befolgt.

(3) Die im § 18 vorgesehene Anzeige des Lagerhalters über Umlagerung oder Veränderungen in der Beschaffenheit des Lagerguts kann unterbleiben, wenn sie untunlich ist.

Anm. 1 § 29 OLSchVO statuiert im Unterschied zu den normalen Pflichten des Lagerhalters (§§ 16f. OLSchVO) eine Prüfungs- und Pflegepflicht des Lagerhalters. Andererseits wird wegen dieser besonderen Pflicht die Reichweite der Verpflichtung zur Anzeige an den Einlagerer bzw. legitimierte Rechtsnachfolger gemindert. Für die durch die Verletzung der Pflicht entstandenen Schäden haftet der Lagerhalter nach Maßgabe des § 15 OLSchVO jedem Einlagerer bzw. Rechtsnachfolger entsprechend dem jeweiligen Miteigentumsanteil (s. oben § 419 Anm. 15).

§ 30

Vermischungsbefugnis, Miteigentum

(1) Soweit die beteiligten Einlagerer mit der Sammellagerung einverstanden sind, ist der Lagerhalter zur Vermischung des bei ihm eingelagerten Gutes mit Lagergut derselben Handelsklasse und Gütegruppe befugt.

(2) An Lagergut, das hiernach vermischt werden darf, steht vom Zeitpunkt der Einlagerung ab den Eigentümern der eingelagerten Mengen Miteigentum nach Bruchteilen zu; der Bruchteil bestimmt sich nach dem Verhältnis der von jedem Einlagerer eingelagerten Menge zu den Mengen, die sämtliche Einlagerer in demselben Lagerhaus oder in demselben sonstigen Lagerraume (§ 5 Abs. 1) des Lagerhalters eingelagert haben.

(3) Hat der Lagerhalter in demselben Orte mehrere Lagerhäuser oder mehrere sonstige Lagerräume, so kann die Lagerordnung bestimmen, daß das Miteigentum sich auf den jeweiligen Gesamtvorrat an Lagergütern derselben Handelsklasse und Gütegruppe erstreckt, der in diesem Orte in einigen oder in allen Lagerhäusern oder sonstigen Lagerräumen des Lagerhalters eingelagert ist.

Anm. 1 In Abweichung zu den §§ 419 HGB, 23 OLSchVO entsteht hier schon mit der Einlagerung, ohne daß bereits vermischt worden sein muß, Miteigentum.

§ 31

Auslieferung

Der Lagerhalter ist berechtigt und verpflichtet, aus dem im § 30 bezeichneten Gesamtvorrat jedem Einlagerer den ihm gebührenden Anteil auszuliefern, ohne daß er hierzu der Genehmigung der übrigen Beteiligten bedarf.

Anm. 1 Vgl. oben § 419 Anm. 16.

§ 32

Abzüge für Gewichtsverlust

(1) Der Lagerhalter ist berechtigt, falls das Lagergut durch die Lagerung einem Gewichtsverlust ausgesetzt ist, bei der Auslieferung einen angemessenen Hundertsatz

des auf dem Lagerscheine vermerkten Gewichts abzuziehen. Das Nähere wird durch die Lagerordnung oder durch besondere Vereinbarung bestimmt.

(2) Der im Einzelfalle nach der Lagerordnung oder besonderer Vereinbarung anzuwendende Abzugssatz ist auf dem Lagerscheine zu vermerken. Einen über diesen Abzugssatz hinausgehenden Gewichtsverlust hat der Lagerhalter zu vertreten.

(3) Kann ein Abzugssatz im voraus nicht bestimmt werden, so ist dies im Lagerscheine zu vermerken.

§ 32 OLSchVO soll die Verkehrssicherheit erhöhen. Der Erwerber soll aus dem Orderlagerschein ersehen können, ob und mit welchem Schwund (Gewichtsverlust durch Lagerung, unvermeidliche Wiegefehler) er rechnen muß. Deshalb hat der Lagerhalter jeden Schwund zu vertreten, wenn er ihn im Lagerschein nicht angibt, obwohl eine Schwundquote vereinbart worden ist oder sich aus der Lagerordnung ergibt. Gleiches gilt, wenn er als ordentlicher Kaufmann mit an Sicherheit grenzender Wahrscheinlichkeit mit Schwund rechnen muß, dessen Höhe noch nicht feststeht, und diesen Umstand entgegen § 32 III OLSchVO nicht im Lagerschein vermerkt. Der Lagerhalter hat ferner einen über die im Lagerschein vermerkte Schwundquote hinausgehenden Schwund zu vertreten (§ 32 II 2 OLSchVO). Dies stellt einen Fall der Garantiehaftung dar. **Anm. 1**

§ 32 OLSchVO findet jedoch keine Anwendung auf die Fälle, in denen das Lager sonstige Verluste erleidet. Diese Verluste treffen die Miteigentümer, sofern sie der Lagerhalter nicht zu vertreten hat, voll entsprechend ihren Anteilen. Hat der Lagerhalter die Verluste zu vertreten, so schuldet er den einzelnen Miteigentümern entsprechend deren Miteigentumsanteil Schadensersatz (s. dazu oben § 419 Anm. 15). **Anm. 2**

Abschnitt III. Lagerschein

§ 33

Ausstellung des Lagerscheins

(1) Der Lagerhalter ist verpflichtet, dem Einlagerer auf dessen Verlangen einen zur Verfügung über das Gut, insbesondere zur Veräußerung und Verpfändung dienenden, an Order lautenden Lagerschein auszustellen.

(2) Der Lagerhalter kann die Ausstellung des Lagerscheins verweigern, wenn ein wichtiger Grund vorliegt, insbesondere solange der Einlagerer seiner fälligen Verpflichtung zur Erstattung barer Auslagen (§ 21 Abs. 3) oder zur Bezahlung sonstiger auf dem Gute lastender Lagerkosten nicht nachkommt.

(3) Der Lagerhalter darf einen Lagerschein erst ausstellen, wenn er das Gut in seinem Lager (§ 5) eingelagert hat.

(4) Dem Lagerhalter ist nicht gestattet, besondere, nur zur Verpfändung des Gutes bestimmte Scheine (Lagerpfandscheine) auszustellen.

(5) Der legitimierte Besitzer kann gegen Rückgabe des Lagerscheines die Ausstellung eines neuen Scheines verlangen. In dem neuen Scheine soll derselbe Einlagerungstag vermerkt werden wie in dem alten Scheine.

(6) Doppel von Lagerscheinen werden nicht ausgestellt.

Der Anspruch auf Ausstellung eines Lagerscheines kann abgetreten werden. **Anm. 1**

Gemäß § 33 III OLSchVO darf der Lagerhalter Orderlagerscheine erst ausstellen, **Anm. 2**
nachdem das Gut eingelagert worden ist. Den Orderlagerschein, der schon früher ausgestellt worden war, wird man dann als gültig behandelt können, wenn er dem Einlagerer

erst in dem Moment ausgehändigt wird, in dem der Einlagerer das Gut übergibt. Andernfalls ist der Orderlagerschein ungültig. Eine Heilung durch spätere Einlagerung scheidet aus (str.; s. oben § 424 Anm. 2).

§ 34
Ausstellung von Teilscheinen

(1) Falls eine Warenmenge eingelagert ist, kann der Einlagerer die Ausstellung von Lagerscheinen über Teile der Menge verlangen. Ist ein Orderlagerschein ausgestellt, so kann nur der legitimierte Besitzer des Scheines und nur gegen Rückgabe des Scheines die Ausstellung von Teilscheinen verlangen.

(2) Wird die Ausstellung von Teilscheinen verlangt, so hat der Lagerhalter, falls erforderlich, dem Berechtigten die Verpackung, Neubezeichnung oder sonstige Herrichtung des Gutes zu gestatten, soweit er nicht selbst zu diesen Handlungen bereit ist.

(3) Wird ein Lagerschein durch Teilscheine ersetzt, so soll in den Teilscheinen derselbe Einlagerungstag vermerkt werden wie in dem alten Lagerscheine.

(4) Bleiben bei einer Einzellagerung die Teile der Menge ungetrennt, so soll in den Teilscheinen zum Ausdruck gebracht werden, daß der Schein sich auf den ungetrennten Teil einer größeren Partie bezieht. Inwieweit die Vorschriften des § 32 über den Abzug wegen Gewichtsverlustes entsprechend anzuwenden sind, wird durch die Lagerordnung oder durch besondere Vereinbarung bestimmt.

Anm. 1 Werden Teilscheine ausgestellt, ohne daß das eingelagerte Gut getrennt wird, so wird durch Verfügung über Teilmengen des Gutes unter Indossierung von Teilscheinen Miteigentum begründet. Werden Teilscheine an verschiedene Personen abgetreten, ohne daß eine Verfügung über das Gut selbst erfolgt, so entsteht zwischen diesen Personen eine Gemeinschaft im Sinne der §§ 741ff. BGB. Sowohl auf die Miteigentumsgemeinschaft als in gewissem Umfang auf die Gemeinschaft der legitimierten Inhaber der Teilscheine sind die zu § 419 HGB entwickelten Regeln entsprechend anzuwenden.

Anm. 2 Ein Verstoß gegen die Pflicht, in den Teilscheinen anzugeben, daß das eingelagerte Gut noch ungetrennt ist, macht die Teilscheine nicht unwirksam. Der Lagerhalter ist aber zum Schadensersatz verpflichtet (§ 15 OLSchVO).

§ 35
Befristung des Lagerscheines

Lautet ein Lagerschein über verderbliches Gut oder über Gut, das erheblichen Veränderungen ausgesetzt ist, so kann der Lagerhalter unter Berücksichtigung des Grades der Verderblichkeit oder der Veränderungsgefahr eine Frist bestimmen, binnen deren der Lagerschein zur Auslieferung des Gutes dem Lagerhalter vorzulegen ist.

Anm. 1 Die Frist ist im Lagerschein zu nennen, wenn sie dem gutgläubigen Erwerber soll entgegengehalten werden können (§ 364 II HGB).

§ 36
Bezeichnung des Lagerscheines

(1) Ein an Order lautender Lagerschein soll die Bezeichnung „Lagerschein an Order" tragen. Bezieht sich der Schein auf den Anteil an einer Mischlagerpartie (§ 23) oder auf den ungetrennten Teil einer Einzellagerpartie (§ 34 Abs. 4), so soll der Schein in der Überschrift oder in einem Zusatz zur Überschrift als „Teillagerschein" bezeichnet werden.

(2) Bei der Sammellagerung (§ 28) soll der Orderlagerschein stets die Bezeichnung „Sammellagerschein an Order" tragen.

§ 36 OLSchVO stellt eine Sollvorschrift dar, deren Verletzung nicht zur Ungültigkeit des Lagerscheines führt. **Anm. 1**

§ 37

Lagerscheinregister

(1) Der Lagerhalter ist verpflichtet, die von ihm ausgestellten Orderlagerscheine unter fortlaufenden Nummern in ein Register einzutragen. Die Eintragung soll die im § 38 bezeichneten Angaben enthalten. Für Sammellagerscheine ist, soweit die Ermächtigungsbehörde nicht ein anderes bestimmt, ein gesondertes Register zu führen.

(2) Der legitimierte Besitzer des Lagerscheins kann unter Vorlegung des Scheines vom Lagerhalter verlangen, daß er den Namen des legitimierten Besitzers im Lagerscheinregister vermerkt.

Der Vermerk nach Abs. 2 ist bedeutsam für Anzeigen und Kündigungen seitens des Lagerhalters. Der legitimierte Besitzer vermag auf diese Weise sicherzustellen, daß ihm unmittelbar Kündigungen und Anzeigen zugehen. **Anm. 1**

§ 38

Inhalt des Lagerscheines

(1) Der Lagerschein soll ersichtlich machen, daß dem Aussteller die staatliche Ermächtigung zur Ausstellung von Orderlagerscheinen erteilt ist.

(2) Der Schein muß enthalten:

1. **die Nummer des Lagerscheinregisters;**
2. **den Namen desjenigen, für den oder für dessen Order die Lagerung stattfindet;**
3. **die Menge (Zahl, Maß oder Gewicht) des Lagerguts; sofern das Gut in Packstücken eingelagert ist, sollen auch Zahl und Art der Packstücke, bei Einzellagerung auch deren besondere Merkzeichen angegeben werden;**
4. **die Bezeichnung des Lagerguts nach Gattung, bei Sammellagerung auch nach Handelsklasse und Gütegruppe;**
5. **die Angabe des Lagerorts; bei Einzel- oder Mischlagerung soll der Lagerort durch Angabe des Bodens oder Abteils oder in sonstiger Weise näher bezeichnet werden; bei Sammellagerung genügt die Angabe des Lagerhauses oder sonstigen Lagerraums (§ 5);**
6. **einen Hinweis auf die Verpflichtung des Lagerhalters, das Gut nur gegen Rückgabe des Lagerscheins und nach Maßgabe der aus dem Scheine ersichtlichen Bedingungen an den Einlagerer oder dessen Order auszuliefern;**
7. **Ort und Tag der Ausstellung des Lagerscheins;**
8. **die Unterschrift des Lagerhalters.**

(3) Der Schein soll ferner enthalten:

1. **die Lagerbuchnummer;**
2. **den Tag der Einlagerung;**
3. **einen Vermerk darüber, ob die Angaben über das Lagergut auf Feststellungen des Lagerhalters oder auf Mitteilungen des Einlagerers oder Dritter beruhen;**
4. **eine Angabe darüber, ob der Lagerhalter verpflichtet ist, die zur Erhaltung des Lagerguts erforderlichen Arbeiten vorzunehmen und, soweit tunlich, den Betrag der hierfür entstehenden Kosten;**

5. eine Angabe darüber, ob und in welcher Höhe und bei welchem Versicherer der Lagerhalter das Lagergut gegen Feuergefahr versichert hat (§ 20) und wie hoch die Kosten der Versicherung sind; wird nachträglich verlangt, daß der Lagerhalter die Versicherung bewirke oder erhöhe, so soll der Lagerhalter die bewirkte oder erhöhte Versicherung auf dem ihm vorzulegenden Lagerscheine vermerken;
6. die im § 21 Abs. 4 bezeichneten Lagerkosten;
7. bei zollpflichtigen Gütern eine Angabe darüber, ob das Gut verzollt oder noch unverzollt ist;
8. eine Bezugnahme auf diese Verordnung und die genehmigte Lagerordnung in ihrer letzten gültigen Fassung;
9. eine Angabe darüber, ob und bis zu welchem Zeitpunkt der Lagervertrag befristet ist (§ 35);
10. bei Ausstellung eines Sammel- oder Teillagerscheins einen Vermerk über den bei der Auslieferung für Gewichtsverlust abzuziehenden Hundertsatz (§ 32, § 23 Abs. 4, § 34 Abs. 4).

(4) Der Ort und der Tag der Ausstellung des Lagerscheins gelten als Ort und Tag der Einlagerung, falls auf dem Scheine nichts anderes vermerkt ist.

Anm. 1 § 38 OLSchVO enthält in Abs. 1 Mußvorschriften, deren Nichtbeachtung den Orderlagerschein dann ungültig macht, wenn die geforderten Angaben ganz fehlen. Die bloße Unrichtigkeit, wie die Angabe eines falschen Lagerortes, berührt hingegen die Gültigkeit des Scheines nicht; denn die Richtigkeit kann ein Erwerber des Lagerscheines nicht mit zumutbaren Mitteln kontrollieren (vgl. RGRKz HGB-Ratz, § 424 Anm. 5). Für falsche Angaben hat der Lagerhalter in aller Regel nach Maßgabe des § 40 OLSchVO einzustehen.

Anm. 2 Eine Verletzung der in Abs. 3 aufgeführten Sollvorschriften kann immer nur eine Haftung des Lagerhalters nach sich ziehen. Vgl. z. B. § 40 I in Verbindung mit § 38 III Ziff. 4 OLSchVO. Im übrigen geht der Lagerhalter, der die geforderten Angaben unterläßt, das Risiko ein, daß er seine Einwendungen gegenüber einem gutgläubigen Erwerber des Scheines verliert (§ 364 II HGB).

§ 39
Form des Lagerscheines

(1) Die Form der Orderlagerscheine soll den als Anlage 1 und 2 beigefügten Mustern entsprechen.

(2) Für die Lagerscheine soll ein durch Wasserzeichen und Netzunterdruck geschütztes Papier verwendet werden, und zwar in gelber, für Sammellagerscheine in rosa Farbe.

Anm. 1 Die Muster sind abgedruckt im Anhang nach § 49 OLSchVO.

§ 40
Haftung des Lagerhalters für die Angaben im Lagerschein

(1) Ist der Lagerschein durch Indossament übertragen, so haftet der Lagerhalter dem legitimierten Besitzer des Lagerscheins für die Richtigkeit der in dem Lagerschein enthaltenen Angaben in bezug auf Menge (Zahl, Maß oder Gewicht), Gattung, Art und Beschaffenheit des Gutes, es sei denn, daß er durch einen Vermerk im Lagerschein ersichtlich gemacht hat, daß diese Angaben lediglich auf Mitteilungen des Einlagerers oder Dritter beruhen.

(2) Hat der Lagerhalter die Unrichtigkeit der Angaben gekannt, so haftet er auch dann, wenn er einen Vermerk der im Abs. 1 bezeichneten Art in den Lagerschein aufgenommen hat.

(3) Bei der Sammellagerung ist der Lagerhalter nicht berechtigt, einen Vermerk der im Abs. 1 bezeichneten Art in den Lagerschein aufzunehmen.

(4) Erklärt sich der Einlagerer bereit, die Zuzählung, Zumessung oder Zuwägung des Gutes auf seine Kosten vornehmen zu lassen, so ist der Lagerhalter auch bei der Einzel- oder Mischlagerung nicht berechtigt, bei den Angaben über die Menge (Zahl, Maß oder Gewicht) des Gutes einen Vermerk der im Abs. 1 bezeichneten Art in den Lagerschein aufzunehmen.

(5) Die Haftung des Lagerhalters für die Richtigkeit der Angaben beschränkt sich auf den Ersatz des Minderwerts, der sich aus der Nichtübereinstimmung des Lagerguts mit den im Lagerschein enthaltenen Angaben ergibt. Fällt dem Lagerhalter eine bösliche Handlungsweise zur Last, so hat er den vollen Schaden zu ersetzen.

Der Lagerhalter haftet gemäß § 40 OLSchVO auf Schadensersatz auch dafür, daß **Anm. 1** er das Gut überhaupt nicht übernommen hat. Diese Haftung hängt nicht davon ab, daß der Orderlagerschein ohne die Übergabe des Gutes weder Traditionswirkung noch sonstige in den §§ 363ff. HGB aufgeführte Wirkungen zu entfalten vermag (RGRKz HGB-Ratz, § 424 Anm. 6).

Die Haftung aus § 40 OLSchVO ist wegen ihrer Nähe zur Rechtsscheinshaftung verschuldensunabhängig. Das heißt indessen nicht, daß der Lagerhalter auch verschuldensunabhängig dafür zu haften hätte, daß das Gut nach der Einlagerung ohne sein Verschulden beschädigt wird oder verlorengeht. Der Einwand der nicht zu vertretenden nachträglichen Unmöglichkeit der Herausgabe des Gutes stellt einen typusbezogenen Einwand dar, mit dem jeder Erwerber eines Lagerscheines rechnen muß.

Der Vermerk, daß die Angaben über Menge und Beschaffenheit auf Information **Anm. 2** durch den Einlagerer beruhen, entlastet den Lagerhalter nicht von der Haftung für falsche Angaben, wenn er deren Unrichtigkeit gekannt hatte. § 41 OLSchVO ergänzt diese Regelung dahin, daß der Lagerhalter unter bestimmten Umständen zusätzlich zu den Mengen- und Artangaben (§ 38 II Ziff. 3 OLSchVO) Beschaffenheitsangaben machen soll. Die besondere Beschaffenheit des Gutes muß äußerlich erkennbar, d. h. mit der Sorgfalt eines ordentlichen Lagerhalters äußerlich feststellbar sein. § 41 OLSchVO stellt mithin ein Pendant zu § 16 II OLSchVO dar. Obwohl § 41 OLSchVO nur als Sollvorschrift formuliert ist, hat der Lagerhalter für das schuldhafte Unterlassen eines entsprechenden Beschaffenheitsvermerkes nach Maßgabe des § 40 V OLSchVO einzustehen; denn nur so ist die Verweisung des § 41 II OLSchVO auf eine Regel über die Höhe des zu ersetzenden Schadens verständlich.

Bösliche Handlungsweise im Sinne des § 40 V 2 OLSchVO bedeutet vorsätzliches, **Anm. 3** auch bedingt vorsätzliches Handeln.

§ 41

Angaben im Lagerschein über äußerlich erkennbare Mängel des Lagergutes

(1) Wird ein Orderlagerschein über Lagergut ausgestellt, dessen Beschädigung, schlechte Beschaffenheit oder schlechte Verpackung für den Lagerhalter äußerlich erkennbar ist, so soll der Lagerhalter diese Mängel auf dem Lagerscheine vermerken, sofern es sich nicht um Schäden handelt, die im Verkehr als unerheblich angesehen werden.

(2) Die Vorschriften des § 40 Abs. 5 finden entsprechende Anwendung.

S. oben § 40 OLSchVO Anm. 2. **Anm. 1**

§ 42
Kraftloserklärung eines Lagerscheines

Ist ein Lagerschein, der durch Indossament übertragen werden kann, vernichtet oder abhanden gekommen, so unterliegt er der Kraftloserklärung im Wege des Aufgebotsverfahrens gemäß §§ 1003ff. der Zivilprozeßordnung. Ist das Aufgebotsverfahren eingeleitet, so kann der Berechtigte, wenn er bis zur Kraftloserklärung Sicherheit bestellt, Leistung nach Maßgabe des Lagerscheins von dem Lagerhalter verlangen.

Anm.1 Vgl. § 365 II HGB.

Abschnitt IV. Schlußbestimmungen

§ 43
Verhältnis zu anderen gesetzlichen Bestimmungen, Durchführung der Verordnung

(1) Artikel 16 des Einführungsgesetzes zum Handelsgesetzbuch und die auf Grund dieses Artikels erlassenen landesgesetzlichen Vorschriften sind, unbeschadet der Vorschrift des § 44 Abs. 2 dieser Verordnung, nicht anzuwenden.

(2) Die Verordnung des Reichspräsidenten zur Erleichterung der Erntebewegung vom 6. August 1931 (Reichsgesetzbl. I S. 433) sowie die zu ihrer Durchführung erlassene Verordnung über Einlagerung von Getreide durch die Deutsche Getreide-Handels-Gesellschaft vom 28. August 1931 (Reichsgesetzbl. I S. 477) werden durch diese Verordnung nicht berührt.

(3) Unberührt bleibt die Befugnis der Reichsregierung, gemäß dem Fünften Teil Kapitel VI der Verordnung des Reichspräsidenten zur Sicherung von Wirtschaft und Finanzen und zur Bekämpfung politischer Ausschreitungen vom 6. Oktober 1931 (Reichsgesetzbl. I S. 537, 561) dem Lagerhalter die Ermächtigung zur Ausstellung indossabler Lagerscheine selbst zu erteilen und Bestimmungen über die Lagerordnung sowie über Inhalt und Form der Lagerscheine zu treffen.

(4) Es bleibt vorbehalten, beim Vorliegen besonderer Gründe Abweichungen von den Vorschriften dieser Verordnung zuzulassen und, soweit es sich als notwendig erweisen sollte, Anordnungen ergänzenden oder abweichenden Inhalts zu treffen.

§ 44
Inkrafttreten und Übergangsregelung

(1) Diese Verordnung tritt mit 1. Januar 1932 in Kraft.

(2) Für die Lagerhalter, welche auf Grund der bisher geltenden Vorschriften die Ermächtigung zur Ausstellung von Orderlagerscheinen bereits erhalten haben, verbleibt es bis zum Ablauf des 30. Juni 1932 bei den bisher geltenden Vorschriften.

(3) Die den im Abs. 2 bezeichneten Lagerhaltern erteilte Ermächtigung braucht nicht erneuert zu werden. Diese Lagerhalter sind jedoch verpflichtet, rechtzeitig ihre Lagerordnung den Vorschriften dieser Verordnung anzupassen und der Ermächtigungsbehörde (§ 1) zur Genehmigung vorzulegen. Auf Verlangen der Ermächtigungsbehörde sind auch die übrigen im § 2 vorgesehenen Unterlagen vorzulegen. Kommt der Lagerhalter diesen Verpflichtungen nicht nach, so kann die Ermächtigungsbehörde die Ermächtigung widerrufen. Die Vorschriften des § 13 Abs. 4 finden Anwendung.

Anlagen: Muster „Lagerschein an Order"
Muster „Sammellagerschein an Order"

Anlage 1
(Farbe gelb)

. . . .
(Firma des Lagerhalters)

Staatlich ermächtigt zur Ausstellung von Orderlagerscheinen

Lagerschein an Order[1])

Nr. . . . . . . des Lagerscheinregisters Lagerbuch Nr. . . . . . .

Am . . . . lagerten wir ein für . . . . . . oder dessen/deren Order:
(Datum)

Zahl und Art der Packstücke	Marke und Nummer oder sonstige Kennzeichnung	Inhalt, angegeben vom Einlagerer*), festgestellt von uns*)	Rohgewicht, angegeben vom Einlagerer*), festgestellt von uns*)
			kg

(in Buchstaben: . . . . kg)

Abschreibungen auf der Rückseite

Lagerort: Das Gut ist zur Zeit eingelagert, getrennt von anderen Partien[2]),
in . . . ., ... Straße
(Ort)
Speicher . . . ., Boden . . . ., Abteil . . . .
Silo . . . ., Luke . . . ., Fach Nr. . . . .

Pflege: Wir sind nicht/Wir sind *) verpflichtet, die zur Erhaltung des Lagerguts erforderlichen Arbeiten vorzunehmen.
Die hierfür entstehenden Kosten betragen voraussichtlich DM . . . . je . . . .
(Zeitabschnitt)

Feuerversicherung: Das Gut ist durch uns gegen Feuersgefahr versichert/nicht versichert *)
für Rechnung des aus dem Lagerschein Berechtigten bei der . . . .
(Versicherungsgesellschaft)
für die Dauer der Lagerung mit DM . . . . (in Worten: DM . . . .)
gegen eine Prämie von monatlich DM . . . .

Lagerkosten: Das Gut ist ferner mit folgenden Kosten belastet:
Lagergeld in Höhe von DM . . . . je . . . . seit . . . .
(Zeitabschnitt)
Frachtvorlage: DM . . . . Sonstiges: . . . .

Rechtsgrundlage: Das Vertragsverhältnis richtet sich nach den gesetzlichen Bestimmungen (Verordnung über Orderlagerscheine vom 16. Dezember 1931, *Reichs*gesetzbl. I S. 763) und der genehmigten Lagerordnung in der Fassung vom . . . .

Befristung: Der Lagervertrag ist befristet/nicht befristet *) bis zum . . . .

*) Unzutreffendes durchstreichen.
[1]) In den Fällen des § 36 Abs. 1 Satz 2 lautet die Überschrift „Teillagerschein an Order" oder „Lagerschein an Order (Teillagerschein)".
[2]) In den Fällen des § 36 Abs. 1 Satz 2 sind die Worte „getrennt von anderen Partien" zu ersetzen durch „als Teil einer größeren Partie".

Auslieferung: Wir verpflichten uns, das Gut nur gegen Rückgabe dieses Lagerscheins nach Maßgabe der aus dem Schein ersichtlichen Bedingungen an den Einlagerer oder dessen Order auszuliefern. Bei Teilauslieferungen ist der Lagerschein zwecks Abschreibung vorzulegen.

Bemerkungen: ....
....
(Angaben über etwa vorhandene äußere Beschädigung, Verzollung und dergleichen)

......................., den ...., 19 ...
(Ort)

....
(Unterschrift des Lagerhalters)

(Rückseite zu Anlage 1)

Abschreibungen

Datum der Auslieferung	Zahl und Art der Packstücke	Kenn-zeichen	Inhalt	Rohgewicht	Unterschrift des Lagerhalters

Indossamente

Anlage 2
(Farbe rosa)

. . . .
(Firma des Lagerhalters)

Staatlich ermächtigt zur Ausstellung von Orderlagerscheinen

Sammellagerschein an Order

Nr. . . . . des Lagerscheinregisters Lagerbuch Nr. . . . . .

Am . . . . (Datum) lagerten wir ein für . . . . oder dessen/deren Order:

Zahl und Art der Packstücke	Marke und Nummer oder sonstige Kennzeichnung	Inhalt n. Handelsklasse u. Gütegruppe, festgestellt von uns unter Mitwirkung der gesetzlich vorgeschriebenen Sachverständigen	Rohgewicht, festgestellt durch uns
			kg

(in Buchstaben: . . . . kg)

Abschreibungen auf der Rückseite

Lagerort: Das Gut ist zur Zeit als Teil einer Sammellagerpartie eingelagert in . . . . (Ort), ... Straße,

Speicher . . . .

Pflege: Wir sind verpflichtet, die zur Erhaltung des Lagerguts erforderlichen Arbeiten vorzunehmen. Die hierfür entstehenden Kosten betragen voraussichtlich DM . . . . . . je . . . . (Zeitabschnitt)

Feuerversicherung: Der obenbezeichnete Anteil an der Sammellagerpartie ist durch uns gegen Feuersgefahr versichert/nicht versichert*) für Rechnung des aus dem Lagerschein Berechtigten bei der . . . . (Versicherungsgesellschaft) für die Dauer der Lagerung mit DM . . . . .
(in Worten: DM . . . .) gegen eine Prämie von monatlich DM . . . .

Lagerkosten: Der Anteil ist ferner mit folgenden Kosten belastet:
Lagergeld in Höhe von DM . . . . . . je . . . . (Zeitabschnit) seit . . . .
Frachtvorlage: DM . . . . Sonstiges: . . . .

Rechtsgrundlage: Das Vertragsverhältnis richtet sich nach den gesetzlichen Bestimmungen (Verordnung über Orderlagerscheine vom 16. Dezember 1931, *Reichs*gesetzbl. I S. 763 und der genehmigten Lagerordnung in der Fassung vom . . . .

Befristung: Der Lagervertrag ist befristet/nicht befristet*) bis zum . . . .

Auslieferung: Wir verpflichten uns, aus dem Gesamtvorrat eine gleiche Menge von Lagergut derselben Handelsklasse und Gütegruppe nur gegen Rückgabe dieses Lagerscheins nach Maßgabe der aus dem Schein ersichtlichen Bedingungen an den Einlagerer oder dessen Order auszuliefern. Bei Teilauslieferungen ist der Lagerschein zwecks Abschreibung vorzulegen.

*) Unzutreffendes durchstreichen.

Gewichtsabzug: Für natürlichen Gewichtsverlust werden ...... v. H. je ....
abgezogen. (Zeitabschnitt)

Bemerkungen: ....
....
(Angaben über Verzollung und dergleichen)

........................., den .... 19 ...
(Ort)

....
(Unterschrift des Lagerhalters)

(Rückseite zu Anlage 2)

Abschreibungen

Datum der Auslieferung	Rohgewicht	Unterschrift des Lagerhalters

Indossamente

Anhang II nach § 424

Lagerordnung für die Lagerung von Gütern gegen Orderlagerschein

Vorbemerkung

Anm. 1

Nach § 5 VO vom 16. Dezember 1931 wird die Ermächtigung zur Ausstellung von Lagerscheinen, die durch Indossament übertragen werden können, einer Lagerhausanstalt auf der Grundlage einer dieser Verordnung entsprechenden Lagerordnung erteilt. Die Lagerordnung einschließlich der darin etwa bezeichneten ergänzenden allgemeinen Bedingungen sowie deren Änderungen unterliegen der Genehmigung der Ermächtigungsbehörde. Nach der Praxis der Ermächtigungsbehörden wird jede Genehmigung nach § 1 der genannten VO unter „Bedingungen" erteilt, deren erste regelmäßig lautet: „Grundlage für die Ermächtigung bildet die zur Genehmigung vorgelegte Lagerordnung, die hiermit genehmigt wird (§ 5 Abs. 2 der VO vom 16. Dezember 1931). Die Änderungen der Lagerordnung sind genehmigungspflichtig." Das Muster ist seit 1932 unverändert geblieben. In einem Runderlaß vom 19. Oktober 1932 (J. Nr. II. 10813. W) hat der preußische Minister für Handel und Gewerbe hierzu folgendes bekanntgegeben: „Für die Lagerordnung ist eine bestimmte Fassung im Gesetz nicht vorgesehen. Das allgemeine Interesse an einer Vereinheitlichung des Lagerscheinwesens macht es jedoch wünschenswert, die Lagerordnung übereinstimmend zu gestalten. Aus diesem Grund ist bereits von der Arbeitsgemeinschaft der Lagerhalter Deutschlands ein Muster für eine Lagerordnung aufgestellt worden, das die Billigung aller beteiligten Behörden und Interessenvertretungen, darunter auch des Industrie- und Handelstags, gefunden hat. Die Anwendung dieser Lagerordnung erleichtert in gleicher Weise den Einlagerern wie den Kreditinstituten die Übersicht über die Geschäftsbedingungen und erspart zeitraubende Prüfungen. Es wird daher zweckmäßig sein, erforderlichenfalls die Antragsteller auf diesen Gesichtspunkt hinzuweisen und ihnen die Verwendung des Musters zu empfehlen."

Abschnitt I. Lagervertrag

1. Allgemeine Bestimmungen

§ 1

Für die Lagerung von Gütern, für die Orderlagerscheine ausgestellt werden sollen, gelten in Ergänzung der Verordnung über Orderlagerscheine vom 16. Dezember 1931 (RGBl. I S. 763) die folgenden Bestimmungen dieser von der Ermächtigungsbehörde genehmigten Lagerordnung nebst ihren etwa später notwendig werdenden, von der Ermächtigungsbehörde genehmigten Änderungen.

Die Vorschriften dieser Lagerordnung können durch besondere schriftliche Vereinbarung ergänzt werden.

§ 2

Wenn mit der Lagerung Speditionsleistungen verbunden sind, so geschehen sie, soweit nicht etwas anderes vereinbart ist, nach den Allgemeinen Deutschen Spediteurbedingungen.

Hat der Lagerhalter die Beförderung, Besorgung oder Versicherung der Güter übernommen, so sind für das Verhältnis zwischen ihm und seinem Auftraggeber die-

jenigen Vereinbarungen und gesetzlichen Bestimmungen maßgebend, die im Verhältnis zwischen dem Lagerhalter und dem an der Ausführung des Lagervertrages oder des weiteren Auftrages beteiligten Dritten (Spediteure, Frachtführer, Rollfuhrunternehmer, Versicherer, öffentliche Verwieger, beeidigte Probenehmer usw.) gelten. Dies gilt insbesondere von den Bedingungen und Betriebsvorschriften der beteiligten Kaiverwaltungen, Beförderungsunternehmen zu Lande und zu Wasser in Eisenbahntarifen und Anschlußverträgen und von Versicherungsbedingungen und Bankbedingungen. Diese Bedingungen gelten auch, wenn der Lagerhalter derartige Leistungen selbst ausführt. Hinsichtlich des Pfand- und Zurückbehaltungsrechts für Güter, über die Orderlagerscheine ausgestellt sind, gelten die §§ 46–48 dieser Lagerordnung.

Hat der Lagerhalter neben dem Lagergeschäft noch andere Leistungen als die in Abs. 1 und 2 bezeichneten übernommen, so gelten die im Betriebe des Lagerhalters üblichen Bedingungen.

Beim Überladen zwischen Schiff und Bahnwagen oder Fuhre ist der Lagerhalter berechtigt, das Gut über Lager zu verladen, ohne daß er hierfür Feuer- oder sonstige Versicherung zu decken hat.

§ 3

Personen, welche die Lagereinrichtungen benutzen oder besuchen, sowie die Führer und Besatzungen der anlegenden Fahrzeuge haben den Weisungen der für die Aufsicht bestellten Angestellten des Lagerhalters unweigerlich Folge zu leisten; insbesondere dürfen die Schuten- und Wagenführer und sonstige beim Aufnehmen oder Absetzen der Waren beschäftigte Personen sich während dieser Arbeit nicht unterhalb der Hebezeuge oder auf den Gleisanlagen aufhalten.

Personen, welche die Lagereinrichtungen benutzen oder besuchen, haben sich auf Erfordern einer persönlichen Untersuchung durch Angestellte des Lagerhalters zu unterwerfen.

Der Einlagerer hat ein Verschulden der in Absatz 1 genannten Personen, wenn er sich ihrer zur Erfüllung seiner Verbindlichkeiten bedient, in gleichem Umfange zu vertreten, wie eigenes Verschulden.

§ 4

Alle die Lagerung von Gütern betreffenden Anmeldungen, Anträge und sonstigen Anordnungen müssen schriftlich geschehen.

Mündliche oder telefonische Anordnungen oder Mitteilungen sind für den Lagerhalter nur verbindlich, soweit sie schriftlich bestätigt sind.

Anm. 1 Vgl. § 6 II ADSp.

§ 5

Der Lagerhalter ist nicht verpflichtet, die Echtheit der Unterschriften auf den das Gut betreffenden Mitteilungen, Weisungen, Abtretungen oder sonstigen Schriftstücken oder die Befugnis der Unterzeichner oder der Überbringer zu prüfen, es sei denn, daß mit dem Auftraggeber schriftlich etwas anderes vereinbart oder der Mangel der Echtheit oder der Befugnis offensichtlich erkennbar ist.

Anm. 1 Vgl. dazu § 10b ADSp.

2. Lagerräume

§ 6

Dem Einlagerer steht es frei, die Lagerräume zu besichtigen oder besichtigen zu lassen. Einwände oder Beanstandungen gegen die Unterbringung des Gutes oder gegen die Wahl des Lagerraumes muß er unverzüglich vorbringen. Macht er von dem Besichtigungsrecht keinen Gebrauch, so begibt er sich aller Einwände gegen die Art und Weise der Unterbringung, soweit die Wahl des Lagerraumes und die Unterbringung unter Wahrung der Sorgfalt eines ordentlichen Lagerhalters erfolgt ist.

Eine Verpflichtung des Lagerhalters zur Sicherung oder Bewachung von Lagerräumen besteht nur insoweit, als die Sicherung und Bewachung unter Berücksichtigung aller Umstände geboten und ortsüblich ist. Der Lagerhalter genügt seiner Bewachungspflicht, wenn er bei der Anstellung oder Annahme von Bewachung die nötige Sorgfalt angewandt hat.

Das Betreten des Lagers ist dem Einlagerer nur in Begleitung des Lagerhalters oder eines vom Lagerhalter beauftragten Angestellten erlaubt.

Das Betreten darf nur in bei dem Lagerhalter eingeführten Geschäftsstunden verlangt werden und auch dann nur, wenn ein Arbeiten bei Tageslicht möglich ist.

Der Einlagerer haftet für alle Schäden, die er, seine Angestellten oder Beauftragten beim Betreten des Lagers oder beim Betreten oder Befahren des Lagergrundstückes dem Lagerhalter, anderen Einlagerern, oder dem Hauswirt zufügen, es sei denn, daß den Einlagerer, seine Angestellten oder Beauftragten kein Verschulden trifft. Als Beauftragte des Einlagerers gelten auch Dritte, die auf seine Veranlassung das Lager oder das Lagergrundstück aufsuchen.

Der Lagerhalter darf die ihm gemäß Absatz 5 zustehenden Ansprüche, soweit sie über die gesetzlichen Ansprüche hinausgehen, an Dritte nicht abtreten.

Zu Abs. I, II vgl. § 43c, d ADSp; dazu oben § 416 Anm. 31. **Anm. 1**

Zu Abs. III, IV vgl. § 44 ADSp; dazu oben § 418 Anm. 10. **Anm. 2**

Zu Abs. V, VI vgl. § 46 ADSp; dazu oben § 418 Anm. 12. **Anm. 3**

3. Lagergut

§ 7

Von der Lagerung sind Güter, welche als feuer- oder gesundheitsgefährlich bekannt oder behördlich als solche bezeichnet sind und Güter, welche Nachteile für das Lager oder andere Lagergüter befürchten lassen, ausgeschlossen, es sei denn, daß sie auf den betreffenden Lagerplätzen hierfür ausdrücklich zugelassen sind und daß bei der Einlagerung des Gutes auf dessen Gefährlichkeit besonders aufmerksam gemacht worden ist.

Werden solche Güter eingelagert, so haftet der Einlagerer für jeden daraus entstehenden Schaden.

Der Einlagerer haftet für Schäden, welche durch unrichtige oder unvollständige Bezeichnung oder durch Mängel des Gutes oder der Verpackung entstehen, soweit ihn ein Verschulden trifft.

Bei Gütern, die im Einverständnis mit dem Einlagerer im Freien gelagert werden oder welche nur im Freien gelagert werden können, ist jegliche Haftung des Lagerhalters für Schäden, die aus einer derartigen Lagerung entstehen, ausgeschlossen. Konnte ein Schaden den Umständen nach aus der Einlagerung im Freien entstehen, so wird ver-

mutet, daß er aus dieser Gefahr entstanden ist. Auf eine Lagerung im Freien hat der Lagerhalter im Lagerschein hinzuweisen.

Anm. 1 Zu Abs. I–III vgl. § 5 ADSp; dazu oben § 416 Anm. 37, 60ff.

Anm. 2 Zu Abs. IV vgl. § 57a Ziffer 2 ADSp.

§ 8

Neben den Gütern des freien Verkehrs können auch Zollgüter zur Lagerung auf Privatteilungs- oder Transitlager angenommen werden. Die hierzu nötigen zollamtlichen Niederlagescheine, Begleitscheine und Abmeldungen sind vom Einlagerer selbst anzufertigen. Dieser hat auch alle etwaigen Verhandlungen mit den Behörden, wie Zollämter usw., selbst zu führen.

Wenn der Lagerhalter derartige Tätigkeiten ausführt, so tut er es nur als Vertreter des Einlagerers.

§ 9

Der Einlagerer hat den Lagerhalter in geschäftsüblicher Weise rechtzeitig auf alle öffentlich-rechtlichen Verpflichtungen (z. B. steuerrechtlicher Natur) aufmerksam zu machen, die mit dem Besitze des Gutes verbunden sind. Für alle Folgen der Unterlassung solchen Hinweises haftet der Einlagerer dem Lagerhalter.

Wenn der Lagerhalter zu irgendeinem Zeitpunkte, während sich das Gut in seiner Obhut befindet, gegenüber Behörden Erklärungen abgibt oder Auskünfte erteilt, handelt er lediglich als Beauftragter des Einlagerers.

§ 10

Durch behördliche Beschlagnahme des Gutes und sonstige Verfügungen von hoher Hand werden die Rechte des Lagerhalters gegenüber dem Einlagerer nicht berührt. Der Einlagerer gilt unbeschadet der etwaigen Ansprüche des Lagerhalters gegenüber dem Staat oder einem sonstigen Dritten, auch für die Zeit der Beschlagnahme, als Vertragsgegner und haftet für das während der Beschlagnahmezeit entstandene Lagergeld und die sonstigen Ansprüche des Lagerhalters.

4. Haftung des Lagerhalters

§ 11

Der Lagerhalter hat bei Ausführung seiner Obliegenheiten für die Sorgfalt eines ordentlichen Kaufmannes einzustehen.

Er hat ein Verschulden derjenigen Personen, deren er sich zur Erfüllung seiner Verbindlichkeiten bedient, im gleichen Umfang zu vertreten wie eigenes Verschulden.

Anm. 1 Siehe dazu oben § 417 Anm. 7.

§ 12

Die Haftung des Lagerhalters beginnt, sobald er das Lagergut auf seinem Lager in Empfang nimmt, und endet, sobald er das Gut auf seinem Lager an den Berechtigten zurückgibt. Eine Haftung aus anderweitigen Rechtsverhältnissen bleibt unberührt.

Hat der Lagerhalter das Entladen von Fahrzeugen bei der Anlieferung oder das Beladen von Fahrzeugen bei der Auslieferung übernommen, so beginnt seine Haftung mit der Abnahme des Gutes aus dem Fahrzeug und endet mit der Absetzung des Gutes in das Fahrzeug. Dies gilt auch für das Entladen und Beladen von Eisenbahnwagen auf dem Anschlußgleis des Lagerhalters.

Der Lagerhalter ist nicht verpflichtet, vor Beginn der Arbeitszeit die Ordnungsmäßigkeit der inzwischen gestellten beladenen Wagen zu prüfen. Für Diebstahl oder Beschädigung der Güter im Schiff vor der Übernahme oder in den Bahnwagen außerhalb der ordentlichen Arbeitszeit haftet er nicht.

§ 13

Der Lagerhalter haftet für Stand- oder Überliegegeld nur, soweit er nach den örtlichen Bedingungen dazu verpflichtet ist.

5. Behandlung des Lagergutes

§ 14

Der Lagerhalter ist berechtigt, alle mit dem Empfang, der Auslieferung und der Behandlung der Güter verbundenen Arbeitsleistungen ausschließlich vorzunehmen.

Nimmt der Einlagerer irgendwelche Handlung mit dem Gut vor (z. B. Probeentnahmen), so hat er danach dem Lagerhalter das Gut aufs neue in einer den Umständen und der Verkehrssitte entsprechenden Weise zu übergeben und erforderlichenfalls Anzahl, Gewicht und Beschaffenheit des Gutes gemeinsam mit ihm festzustellen. Andernfalls ist jede Haftung des Lagerhalters für später festgestellte Schäden ausgeschlossen.

Vgl. § 45 ADSp; dazu oben § 418 Anm. 11. **Anm. 1**

6. Empfang des Lagergutes

§ 15

Bei der Anmeldung muß ein die ordnungsmäßige Lagerung ermöglichendes Verzeichnis der Güter, und wenn deren Behandlung gewünscht wird, eine entsprechende Anweisung gegeben werden. Andernfalls hat der Einlagerer etwa entstehende Umlagerungs- und sonstige Extrakosten zu tragen.

Der Lagerhalter ist nicht verpflichtet, die Angaben nachzuprüfen oder zu ergänzen, es sei denn, daß dies geschäftsüblich ist.

Die Folgen unrichtiger oder unvollständiger Angaben fallen dem Einlagerer zur Last. Eine vom Lagerhalter erteilte Empfangsbescheinigung stellt im Zweifel keine Bestätigung der Zahl, Inhalts-, Wert- oder Gewichtsangabe dar.

Vgl. § 7 ADSp. **Anm. 2**

§ 16

Stellt sich bei dem Empfang der Güter durch den Lagerhalter heraus, daß die Angaben in der Anmeldung nicht stimmen, so ist der Lagerhalter berechtigt, innerhalb einer angemessenen Frist eine dem Befund entsprechende Richtigstellung vom Auftraggeber zu verlangen.

§ 17

Die Annahme der Güter zur Einlagerung ist durch den Umfang der dem Lagerhalter zur Verfügung stehenden Lagerräume, Einrichtungen und Arbeitskräfte bedingt.

Eintreffende leere Säcke werden ohne besonderen Auftrag nicht gezählt; für ihre Stückzahl wird keine Gewähr geleistet.

Bei Rücksendung von leeren Säcken und Vorstellbrettern übernimmt der Lagerhalter nur die Verpflichtung der richtigen Wiederablieferung ab seiner Bahnstation.

Anm. 1 Diese Klausel stößt aus der Perspektive des § 9 AGBG auf Bedenken. Die Annahmepflicht ist als Teil der Obhutspflicht eine Kardinalverpflichtung des Lagerhalters. Sie kann nur eingeschränkt werden, wenn gravierende unvorhergesehene oder gar unvorhersehbare Hindernisse auftauchen.

§ 18

Aufsacken und Absacken sowie Behandlungsaufträge werden erledigt, wenn nach den Regeln eines ordnungsmäßigen Geschäftsbetriebes Zeit und Raum dafür vorhanden sind.

Die Abfertigung der zum Anliefern oder Abnehmen von Gütern bestimmten, am Lagerort eingetroffenen Land- und Wasserfahrzeuge erfolgt der Regel nach in der Reihenfolge, in der sie sich an zuständiger Stelle gemeldet haben.

Die Leute der am Lager verkehrenden Fahrzeuge haben sich der auf dem Lager geltenden Arbeitszeit anzupassen.

Anm. 1 Für § 18 I gelten die gleichen Bedenken, die im Rahmen des § 17 der Lagerordnung angemeldet worden sind.

§ 19

Der Lagerhalter ist unbeschadet der Vorschriften der §§ 57, 67, 68 ohne besondere Vereinbarung nicht verpflichtet, beim Empfang des Gutes dessen Menge (Zahl, Maß oder Gewicht), Gattung, Art, Güte oder sonstige Beschaffenheit festzustellen. Als Warenkenner tritt der Lagerhalter nicht auf.

Die Kosten einer Feststellung trägt der Einlagerer.

Befindet sich Lagergut, das dem Lagerhalter zugesandt ist, bei der Ablieferung in einem beschädigten oder mangelhaften Zustand, der äußerlich erkennbar ist, so hat der Lagerhalter die Rechte gegen den Frachtführer oder Schiffer zu wahren, für den Beweis des Zustandes zu sorgen und dem Einlagerer unverzüglich Nachricht zu geben; im Falle der Unterlassung ist er zum Schadensersatz verpflichtet.

Im übrigen ist der Lagerhalter weder zur Erfüllung der Konossementsbedingungen (z. B. Frachtzahlung, Einhaltung der Beladungs- oder Entlöschungsfristen usw.) und bahnamtlichen Vorschriften (Wagenstandgelder usw.) noch zu einer Prüfung der Ware (z. B. hinsichtlich Mustermäßigkeit, gesunder Beschaffenheit, inneren Verderbs, Wasserbeschädigung oder Zusammenladungsschäden) verpflichtet.

Soweit der Lagerhalter derartige Tätigkeiten freiwillig ausführt, tut er es als Vertreter des Einlagerers.

Anm. 1 Zu Abs. II vgl. oben § 16 II OLSchVO.

§ 20

Der Lagerhalter kann die Ausbesserung von in schadhaftem Zustand ankommenden Gütern auch ohne besonderen Auftrag auf Kosten des Auftraggebers bzw. zu Lasten

der Ware bewirken. Eine Verpflichtung hierzu besteht jedoch für den Lagerhalter nicht; ebensowenig ist der Lagerhalter verantwortlich, wenn trotz der vorgenommenen Ausbesserung Verluste oder Schäden entstehen.

Diese Klausel verstößt gegen § 9 AGBG, falls keine Entwertung des Gutes droht; Anm.1
denn sie enthält eine unbillige Koppelung von Leistungen des Lagerhalters.

§ 21

Die Verpackung wird ohne Antrag des Einlagerers in der Regel nicht geöffnet. Der Lagerhalter ist jedoch jederzeit dazu befugt, wenn er Grund zu der Annahme hat, daß der Inhalt nicht richtig angegeben ist.

§ 22

Für fremde Rechnung unter dem Namen des Einlagerers eintreffende Sendungen, auf denen Frachtbeträge, Nachnahmen oder sonstige Kosten haften, werden von dem Lagerhalter nur angenommen, wenn der Empfänger der Ladung vor Ankunft derselben endgültig über die Ware verfügt hat. Der Empfänger übernimmt, indem er diese Verfügung erteilt, alle Pflichten des Einlagerers.

Der Lagerhalter ist berechtigt, die Annahme nachträglich abzulehnen, wenn er sich bei Ankunft der Ladung wegen des Ersatzes der darauf ruhenden Lasten in irgendeiner Beziehung ohne genügende Sicherheit zu befinden glaubt.

§ 23

Ohne Belastung unter dem Namen des Lagerhalters eintreffende oder anderweitig adressierte und ohne Begleitpapiere überwiesene Waren, über deren Inhalt der Lagerhalter 24 Stunden nach Ankunft keine endgültige Verfügung besitzt, kann er auf Rechnung und Gefahr des Eigentümers der Ware auf Lager nehmen.

Die Klausel ist nicht haltbar, da sie eine vertragliche Regelung zu Lasten Dritter Anm.2
enthält. Möglich ist nur die Verweisung auf die Regeln über die Geschäftsführung ohne Auftrag oder die Klarstellung, daß derartige Sendungen als Angebote zum Abschluß eines Lagervertrages mit dem Absender angesehen werden.

§ 24

Der Lagerhalter ist berechtigt, aber ohne besonderen Auftrag nicht verpflichtet, die Güter zu verwiegen. Werden die Güter ohne Auftrag gewogen, so hat der Einlagerer die Kosten zu tragen, wenn er das Gewicht bei der Einlagerung unrichtig angegeben hatte.

Für Einzelstücke, deren Gewicht 500 kg überschreitet, hat der Einlagerer das Einzelgewicht anzugeben. Wird das Gewicht nicht oder unrichtig angegeben, so haftet der Einlagerer für allen daraus entstehenden Schaden.

Werden Güter ungewogen auf Lager genommen oder findet eine Lagerung im Freien statt, so haftet der Lagerhalter für ein etwaiges Untergewicht nicht.

Vgl. § 7 ADSp Abs. III verstößt zwar nicht gegen § 19 I, III OLSchVO, soweit er Anm.1
bei einer Lagerung im Freien die Haftung für grob fahrlässig verursachte Verluste ausschließt, unter Umständen aber gegen § 9 AGBG, falls kein Versicherungsschutz zu erlangen ist.

7. Besichtigung, Entnahme von Proben, Pflege des Lagerguts

§ 25

Der Lagerhalter hat dem Einlagerer oder, wenn ein Orderlagerschein ausgestellt ist, dem legitimierten Besitzer des Scheines die Besichtigung des Lagerguts während der Geschäftsstunden zu gestatten.

Dasselbe gilt, soweit durch besondere Vereinbarung nicht ein anderes bestimmt ist, für die Entnahme von Proben. Der Lagerhalter ist berechtigt, die von dem Einlagerer oder dem Besitzer des Lagerscheins gewünschte Probeentnahme selbst auszuführen. Übernimmt der Lagerhalter auf Wunsch des Einlagerers die Entnahme von Proben, so hat er nicht dafür aufzukommen, daß sie mit der Partie in allen Teilen übereinstimmen.

Der Lagerhalter ist unbeschadet der Vorschriften des § 57 Abs. 2 ohne besondere Vereinbarung nicht verpflichtet, Arbeiten zur Erhaltung des Lagerguts vorzunehmen. Er hat dem Einlagerer oder, wenn ein Orderlagerschein ausgestellt ist, dem legitimierten Besitzer des Lagerscheins die Vornahme dieser Arbeiten während der Geschäftsstunden zu gestatten, soweit er nicht selbst zur Vornahme der Arbeiten bereit ist.

Anm. 1 Siehe dazu oben §§ 418 HGB, 17 OLSchVO. Vgl. ferner § 45 II ADSp; dazu oben § 418 Anm. 10f.

§ 26

Der Lagerhalter ist berechtigt, Schäden an der Verpackung sofort auf Kosten des Einlagerers beseitigen zu lassen, wenn durch Unterlassung der Ausbesserung Verlust oder Beschädigung des Gutes selbst oder anderer Lagergüter oder der Lagerräume zu befürchten ist.

8. Anzeigepflicht des Lagerhalters

§ 27

Der Lagerhalter ist verpflichtet, unverzüglich Anzeige zu erstatten, wenn er das Lagergut umlagert oder wenn er festgestellt hat, daß Veränderungen in der Beschaffenheit des Gutes entstanden oder zu befürchten sind. Die Anzeige hat er an den letzten ihm bekanntgewordenen legitimierten Besitzer des Lagerscheins zu richten. Im Falle der Unterlassung ist er zum Schadensersatze verpflichtet.

Anm. 1 Vgl. § 18 OLSchVO.

9. Haftung für Verlust oder Beschädigung des Lagerguts

§ 28

Der Lagerhalter ist für den Verlust und die Beschädigung des in seiner Verwahrung befindlichen Gutes verantwortlich, es sei denn, daß der Verlust oder die Beschädigung auf Umständen beruht, die durch die Sorgfalt eines ordentlichen Kaufmanns nicht abgewendet werden konnten.

Er haftet insbesondere nicht, wenn trotz Anwendung der Sorgfalt eines ordentlichen Lagerhalters der Schaden durch die natürliche Beschaffenheit des Gutes, durch inneren Verderb, Schwinden, Durchschlag, Leckage, mangelhafte oder fehlende Verpackung, Brechen von Kränen, Ketten und sonstigem Gerät, Rost, Schimmel, Fäulnis, Ratten-, Mäuse-, Würmer-, Maden- oder Mottenfraß oder sonstiges Ungeziefer, durch

Sabotage oder infolge von Verunreinigung der Güter, insbesondere durch Katzen, entstanden ist.

Zu Abs. I vgl. § 19 I OLSchVO. Abs. II beläßt die Beweislast für mangelndes Verschulden beim Lagerhalter. Anm.1

§ 29

Für den Verlust oder die Beschädigung von Gütern, deren Wert mehr als 20 DM für das Kilogramm beträgt, haftet der Lagerhalter nur, wenn ihm der Wert des Gutes bei der Übergabe zur Lagerung angegeben worden ist.

Unzulässig sind die Einwände:

a) der Lagerhalter hätte von dem Wert des Gutes auf andere Weise Kenntnis gehabt oder haben müssen;

b) der Schaden sei auf andere Umstände als auf die Unterlassung der Wertangabe zurückzuführen oder er wäre auch bei erfolgter Wertangabe entstanden.

Vgl. § 19 II OLSchVO. Der Ausschluß des vom Einlagerer zu beweisenden Einwandes, der Lagerhalter habe auf andere Weise vom Wert des Gutes Kenntnis gehabt, ist unangemessen (§ 9 AGBG). Anm.1

§ 30

Bei Feuerschäden haftet der Lagerhalter nur für eigenen Vorsatz und Vorsatz seiner gesetzlichen Vertreter, abgesehen von den Verpflichtungen, welche sich aus der Übernahme eines Auftrages, die Feuerversicherung zu besorgen, ergeben.

Vgl. dazu § 19 IV OLSchVO. Die Regelung erscheint angesichts der Gefahr von Großschäden als angemessen. Anm.1

§ 31

Ist der Lagerschein durch Indossament übertragen, so kann gegenüber dem legitimierten Besitzer des Lagerscheines der Ausschluß der Haftung gemäß § 30 nur geltend gemacht werden, wenn er in dem Scheine besonders vermerkt ist.

Vgl. § 364 II HGB. § 31 stellt klar, daß es sich bei der Abrede im Sinne des § 31 um keine typusbedingte Einwendung handelt. Sie kann ohne Vermerk nur einem Bösgläubigen entgegengehalten werden (s. Canaris, oben § 364 Anm. 25). Anm.1

§ 32

Für Verzögerungen irgendwelcher Art ist der Lagerhalter verantwortlich, insoweit dadurch ein Schaden an dem Gute selbst entsteht; für andere durch Verzögerung verursachte Schäden haftet er nur bei Vorsatz und grober Fahrlässigkeit.

§ 33

Der Lagerhalter ist berechtigt, aber nicht verpflichtet, eine Entschädigung dadurch zu leisten, daß er Gut gleicher Art und Güte besorgt. Er ist berechtigt, Beschädigungen auf seine Kosten und in seinem Auftrage beseitigen zu lassen.

Vgl. § 19 V OLSchVO. Anm.1

§ 34

Der von dem Lagerhalter für Verlust des Gutes zu leistende Schadensersatz beschränkt sich auf den gemeinen Wert des Gutes, der Ersatz für Beschädigung auf den Unterschied zwischen dem gemeinen Werte des Gutes im unbeschädigten und im beschädigten Zustand. Die infolge des Verlustes oder der Beschädigung ersparten Unkosten kommen in Abzug.

Bei Schäden an einem Sachteil, der für sich selbst einen selbständigen Wert hat (z. B. Maschinenteil) oder bei Schäden an einer von mehreren zusammengehörigen Sachen (z. B. Wohnungseinrichtung u. dgl.) bleibt die etwaige Wertminderung des Restes der Sache oder der übrigen Sachteile oder Sachen außer Betracht.

Der Schadensberechnung ist der Zeitpunkt zugrunde zu legen, in welchem der Berechtigte von dem Verlust oder der Beschädigung benachrichtigt ist oder in anderer Weise Kenntnis erlangt hat. Hat der Lagerhalter den Schaden durch Vorsatz oder grobe Fahrlässigkeit herbeigeführt, so kann Ersatz des vollen Schadens gefordert werden.

Anm. 1 Vgl. § 19 V OLSchVO.

§ 35

In allen Fällen, in denen der vom Lagerhalter zu zahlende und/oder freiwillig angebotene Schadensbetrag den vollen Wert erreicht, ist der Lagerhalter zur Zahlung nur verpflichtet Zug um Zug gegen Übereignung des Gutes und gegen Abtretung der Ansprüche, die dem Einlagerer oder dem Zahlungsempfänger hinsichtlich des Gutes gegen Dritte zustehen.

In einem Schadensfalle, für den der Lagerhalter nicht einzustehen hat, gehen die Kosten der Aufräumung der beschädigten Güter zu Lasten des Einlagerers.

10. Versicherung

§ 36

Sofern nicht ein schriftlicher Auftrag vorliegt, übernimmt der Lagerhalter keinerlei Versicherung.

Der Lagerhalter hat auf Verlangen des Einlagerers oder, wenn ein Orderlagerschein ausgestellt ist, des legitimierten Besitzers des Lagerscheins das Lagergut gegen Feuersgefahr zu versichern und während der Dauer der Lagerung versichert zu halten.

Die Versicherung ist dergestalt zu bewirken, daß der Anspruch gegen den Versicherer entweder von dem Lagerhalter für Rechnung des Besitzers des Lagerscheins oder von diesem unmittelbar geltend gemacht werden kann.

Für die Höhe der Versicherungssumme genügt der bei Ausstellung des Lagerscheins von dem Einlagerer angegebene Wertbetrag.

Der Lagerhalter ist verpflichtet, auf dem Lagerscheine zu vermerken, daß er die Feuerversicherung bewirkt oder nicht bewirkt hat.

Anm. 1 Vgl. § 20 OLSchVO.

§ 37

Falls der Lagerhalter Versicherungsauftrag erhält, kann er außer dem aufgegebenen Tageswert der Ware 3% Aufräumungskosten zu Lasten des Einlagerers versichern. Der Lagerhalter handelt hierbei nur als Vermittler.

Bei ungenauen oder unausführbaren Versicherungsaufträgen gilt Art und Umfang der Versicherung dem Ermessen des Lagerhalters anheimgestellt. Die Versicherung tritt

erst in Kraft, sobald der Lagerhalter bei ordnungsmäßigem Geschäftsgang in der Lage gewesen ist, die Versicherung abzuschließen.

Der Lagerhalter ist nicht berechtigt, die bloße Wertangabe als Auftrag zur Versicherung anzusehen.

Vgl. auch oben § 417 Anm. 28. Anm. 1

§ 38

Übernimmt der Lagerhalter eine Versicherung, so ist der Anspruch des Einlagerers gegen den Lagerhalter im Schadensfalle auf diejenige Vergütung beschränkt, welche der Lagerhalter selbst von der Versicherung ausgezahlt erhält.

Der Lagerhalter genügt seinen Verpflichtungen, wenn er die Ansprüche gegen den Versicherer an den Einlagerer abtritt. Zur weiteren Verfolgung der Ansprüche ist er nur auf Grund besonderer schriftlicher Abmachung und nur für Rechnung und Gefahr des Einlagerers verpflichtet.

Der Lagerhalter haftet nicht für die Zahlungsunfähigkeit des Versicherers, wenn er bei der Auswahl des Versicherers die Sorgfalt eines ordentlichen Kaufmanns angewendet hat.

Ein durch Zahlungsunfähigkeit des Versicherers verursachter Ausfall wird von sämtlichen bei dem Schaden beteiligten Einlagerern im Verhältnis ihrer Anteile an dem Gesamtbetrage der festgestellten Entschädigungssumme getragen. Sind jedoch Verluste, die bei der Regelung eines Schadens erwachsen, durch einen oder mehrere der Versicherten verschuldet oder veranlaßt worden, so fallen sie diesen allein zur Last.

Der Lagerhalter kann für die Besorgung der Versicherung und ihre Abwicklung eine Vergütung beanspruchen.

Die Ersetzung der Haftung durch Versicherung wird man im kaufmännischen Anm. 1
Bereich als handelsüblich ansehen müssen (§ 24 AGBG). Bedenklich erscheint sie freilich, soweit sie die Haftung des Lagerhalters nach oben auf die Versicherungssumme beschränkt, falls der Einlagerer keine Versicherungsvolldeckung zu erlangen vermochte.

§ 39

Wenn Verstöße gegen Obliegenheiten und Sicherheitsvorschriften, die in einem Versicherungsvertrag übernommen sind, wider Wissen und Willen des Lagerhalters vorkommen, so ist der Lagerhalter hierfür nicht verantwortlich, gleichgültig, ob der Lagerhalter oder der Einlagerer Versicherungsnehmer ist.

11. Auskunftserteilung

§ 40

Auskunft über die eingelagerten Güter wird nur an legitimierte Interessenten erteilt.

12. Lagerkosten

§ 41

Die Höhe der Vergütung für die Leistungen des Lagerhalters richtet sich, soweit nicht geringere Sätze vereinbart sind, nach dem bekanntgemachten Tarif.

Die Gebühren werden unter Zugrundelegung des angegebenen oder, falls dies höher ist, des ermittelten Bruttogewichtes berechnet und sind nebst etwaigen Auslagen und sonstigen Forderungen unmittelbar nach beendeter Arbeitsleistung und vor Auslieferung der Ware bar zu entrichten.

§ 42

Der Lagerhalter hat Anspruch auf Erstattung der Auslagen für Fracht und Zölle und der sonst für das Gut gemachten Aufwendungen, soweit er sie den Umständen nach für erforderlich halten durfte.

Der Lagerhalter ist berechtigt, für Auslagen eine Provision zu berechnen, unbeschadet des Anspruchs auf Erstattung des Verzugsschadens und auf Zinsen.

Anm. 1 Vgl. §§ 420, 354 HGB.

§ 43

Von den nach den §§ 41, 42 dem Lagerhalter zukommenden Beträgen (Lagerkosten) sind die baren Auslagen, soweit nicht ein anderes vereinbart ist, sofort zu erstatten.

Die Lager- und Versicherungsgebühren für auf Lager befindliche Güter sind jeweils beim Beginn der Berechnungsperiode fällig. Beanstandungen der Gebührenberechnung entbinden den Einlagerer, vorbehaltlich seiner Rechte, nicht von der Verpflichtung rechtzeitiger Zahlung.

Werden zur Erstattung der Lagerkosten ausländische Zahlungsmittel verwendet, so ist der Kurs des Zahlungstages zugrunde zu legen.

§ 44

Für alle entstehenden Zollschuldigkeiten, für welche der Lagerhalter der Zollbehörde verantwortlich ist, insbesondere auch für den im Brandfalle evtl. zu entrichtenden Eingangszoll, haftet der Einlagerer. Der Lagerhalter ist überdies berechtigt, vom Einlagerer für derartige Forderungen Sicherheitsleistung zu verlangen.

§ 45

Der Einlagerer oder der legitimierte Besitzer des Lagerscheins ist verpflichtet, die ihm von dem Lagerhalter berechneten Zölle, Steuern und sonstigen Abgaben bei erster Anforderung zu entrichten, auch wenn sie nachträglich geltend gemacht werden.

Erfolgt die Zahlung nicht sofort, so ist der Lagerhalter befugt:

a) eine etwa geleistete Bürgschaft in Anspruch zu nehmen,

b) etwa hinterlegte Wertpapiere börsenmäßig zu verkaufen,

c) die von dem säumigen Zahler eingelagerten Waren unter Beobachtung der in § 46 vorgesehenen Förmlichkeiten verkaufen zu lassen.

Der Lagerhalter ist jederzeit berechtigt, trotz etwaiger Sicherheiten dem Einlagerer einen ihm eingeräumten Zollkredit einseitig und ohne Angabe von Gründen zu entziehen und die sofortige Zahlung des kreditierten Betrages zu verlangen, ohne daß dem Einlagerer ein Anspruch auf Zins- oder Diskontvergütung zusteht.

Die bei Ausstellung des Lagerscheins bereits entstandenen und noch auf dem Gute lastenden Lagerkosten sind auf dem Lagerschein zu vermerken. Soweit tunlich, sollen auch die während der Laufzeit des Lagerscheins fällig werdenden Lagerkosten auf dem Scheine angegeben werden.

13. Pfandrecht, Zurückbehaltungsrecht

§ 46

Der Lagerhalter hat wegen der Lagerkosten ein Pfandrecht an dem Gute, solange er es im Besitze hat, insbesondere mittels Konnossements, Ladescheins oder Lagerscheins darüber verfügen kann.

Ist der Lagerschein durch Indossament übertragen, so besteht das Pfandrecht dem legitimierten Besitzer des Lagerscheins gegenüber nur wegen der Lagerkosten, die aus dem Lagerschein ersichtlich sind oder ihm bei Erwerb des Lagerscheins bekannt oder infolge grober Fahrlässigkeit unbekannt waren.

Bei dem Verkaufe des Pfandes tritt an die Stelle der im § 1234 des Bürgerlichen Gesetzbuchs bestimmten Frist von einem Monat eine solche von einer Woche, und zwar auch dann, wenn der Lagervertrag nur auf der Seite des Lagerhalters ein Handelsgeschäft ist.

Für den Pfand- oder Selbsthilfe-Verkauf kann der Lagerhalter in allen Fällen eine Verkaufsprovision bis zu höchstens 5% des Bruttoerlöses berechnen.

Die im § 1234 Abs. 1 des Bürgerlichen Gesetzbuchs vorgesehene Androhung des Pfandverkaufs sowie die in den §§ 1237, 1241 des Bürgerlichen Gesetzbuchs vorgesehenen Benachrichtigungen hat der Lagerhalter an den letzten ihm bekannt gewordenen legitimierten Besitzer des Lagerscheins zu richten.

Vgl. §§ 421 HGB, 22 OLSchVO. **Anm. 1**

§ 47

Der Lagerhalter hat wegen aller Ansprüche, die ihm aus laufender Rechnung oder aus sonstigen Gründen an den Einlagerer zustehen, ein Zurückbehaltungsrecht an dem Gut. § 46 Abs. 2 findet entsprechende Anwendung.

Das Zurückbehaltungsrecht wird durch eine von dem Einlagerer bei, vor oder nach der Übergabe erteilte Anweisung oder eine von dem Lagerhalter übernommene Verpflichtung, in einer bestimmten Weise mit den Gütern zu verfahren, so lange nicht berührt, als der Lagerhalter noch irgendwelche Forderungen aus dem Geschäftsverkehr mit dem Einlagerer oder Empfänger hat.

Alle Forderungen aus dem gesamten Geschäftsverkehr sind auf Verlangen des Lagerhalters zu berichtigen, bevor die Auslieferung auch nur eines Teiles der eingelagerten Güter verlangt werden kann.

Werden die Güter gleichwohl ohne vorherige Zahlung ausgeliefert, so hat der Einlagerer persönlich für die volle Forderung dem Lagerhalter aufzukommen und kann ihn nicht an den Empfänger des Gutes verweisen.

§ 48

Das Pfand- und Zurückbehaltungsrecht erstrecken sich auch auf an Stelle des Gutes hinterlegte Beträge sowie auf die Forderungen, die als Entschädigung aus sonstigen Gründen an Stelle des Gutes treten. Das Pfandrecht erstreckt sich auf die Forderung aus einer Feuerversicherung.

14. Mischlagerung

§ 49

Im Falle der Lagerung vertretbarer Sachen ist der Lagerhalter zu ihrer Vermischung mit anderen Sachen von gleicher Art und Güte nur befugt, wenn ihm dies von den beteiligten Einlagerern ausdrücklich gestattet ist.

An dem durch die Vermischung entstandenen Gesamtvorrat steht den Eigentümern der Teilmengen Miteigentum nach Bruchteilen zu. Der Anteil bestimmt sich, soweit nichts anderes vereinbart wird, nach dem Verhältnis der eingelagerten Teilmengen.

Der Lagerhalter ist berechtigt und verpflichtet, aus dem Gesamtvorrat jedem Einlagerer den ihm gebührenden Anteil auszuliefern, ohne daß er hierzu der Genehmigung der übrigen Beteiligten bedarf.

Für die Fälle, in denen das Lagergut durch die Lagerung einem Gewichtsverlust ausgesetzt ist, gilt folgendes:

a) Es kann ein fester Abzugssatz verabredet werden, auch in der Form, daß der Abzugssatz mit der Dauer der Lagerung steigt. Der Abzugssatz ist auf dem Teillagerschein zu vermerken. Ein über diesen Abzugssatz hinausgehender Gewichtsverlust ist von dem Lagerhalter zu vertreten.

b) Ist kein Abzugssatz vereinbart, so ist dies auf dem Lagerschein zu vermerken. Der Lagerhalter ist berechtigt, bei der Ablieferung jedes Teiles einen angemessenen Hundertsatz abzuziehen. Die endgültige Verteilung findet bei Ablieferung der Restpartie statt. Der Lagerhalter haftet nicht für die Erfüllung der endgültigen Verteilung seitens der Empfänger untereinander. Hat der Lagerhalter bei den Ablieferungen keinen oder einen zu geringen Hundertsatz vorläufig einbehalten, so haftet er nicht für den Gewichtsverlust bei dem zuletzt abgegebenen Teil. Ist das Gut auf Privatteilungs- oder Transitlager eingelagert, so hat der Abnehmer der Restpartie auch den Zoll für den Gewichtsverlust zu entrichten.

Anm. 1 Vgl. §§ 419 HGB, 23, 32 OLSchVO.

15. Dauer der Lagerung

§ 50

Der Lagerhalter kann nicht verlangen, daß der Einlagerer das Lagergut vor dem Ablauf der bedungenen Lagerzeit zurücknimmt. Ist eine Lagerzeit nicht bedungen oder behält der Lagerhalter nach Ablauf der bedungenen Lagerzeit das Lagergut zwecks Fortsetzung des Lagervertrages auf dem Lager, so kann er die Rücknahme nur nach Kündigung unter Einhaltung einer Kündigungsfrist von einem Monat verlangen.

Der Lagerhalter ist berechtigt, die Rücknahme des Lagerguts vor dem Ablauf der Lagerzeit und ohne Einhaltung einer Kündigungsfrist zu verlangen, wenn ein wichtiger Grund vorliegt. Ein wichtiger Grund liegt insbesondere dann vor, wenn das Gut andere Güter gefährdet oder dem Lagerhalter Zweifel entstehen, ob alle seine Ansprüche durch den Wert des Gutes sichergestellt sind.

Die Kündigung und das Rücknahmeverlangen hat der Lagerhalter durch eingeschriebenen Brief an den letzten ihm bekannt gewordenen legitimierten Besitzer des Lagerscheins zu richten.

Anm. 1 Vgl. §§ 422 HGB, 24 OLSchVO.

16. Rücktritt vom Vertrage

§ 51

Wenn die Ausführung des Lagervertrages durch höhere Gewalt, Explosion, behördliche Anordnungen, Verkehrs- oder Betriebsstörungen, Krieg, Mobilmachung, Aufruhr, Plünderung, Ausstand, Aussperrung, Versagen der Triebkräfte u. dgl. verhindert

oder beeinflußt wird, so ist der Lagerhalter berechtigt, vom Vertrage zurückzutreten. Dem Einlagerer steht das gleiche Recht zu, wenn ihm billigerweise die Fortsetzung des Vertrages nicht zugemutet werden kann. Der Lagerhalter haftet nicht für Schäden, die durch solche Umstände oder durch Sabotage ohne sein Verschulden verursacht sind.

Die Klausel muß, wenn sie als angemessen (§ 9 AGBG) erachtet werden soll, einschränkend interpretiert werden. Der Einfluß der im § 51 genannten Störungsursachen muß zum einen gravierend sein. Auch dürfen die Störungsursachen nicht offensichtlich vorhersehbar gewesen sein. Die Klausel in S. 3 des § 51 deckt sich dem Inhalt nach mit § 19 I OLSchVO und § 28 Lagerordnung. **Anm. 1**

17. Notverkauf, Selbsthilfeverkauf

§ 52

Ist das Lagergut dem Verderb ausgesetzt oder treten Veränderungen an ihm ein, die seine Entwertung befürchten lassen, und ist keine Zeit vorhanden, die Verfügung des Berechtigten einzuholen, oder ist der Berechtigte in der Erteilung der Verfügung säumig, so kann der Lagerhalter den Verkauf des Gutes nach Maßgabe der Vorschriften des § 373 des Handelsgesetzbuchs bewirken. Auch ist der Lagerhalter berechtigt, nötigenfalls das Gut auf Rechnung und Gefahr des Einlagerers nach vorheriger Androhung zu entfernen und an einem anderen Ort unterzubringen, oder es nötigenfalls nach vorheriger Androhung unter behördlicher Aufsicht zu vernichten.

Dasselbe gilt, wenn der Berechtigte unterläßt, über das Lagergut zu verfügen, obwohl er dazu nach Lage der Sache verpflichtet ist.

Die im § 373 Abs. 3 des Handelsgesetzbuchs vorgesehene Androhung des Verkaufs sowie die im Abs. 5 derselben Vorschrift vorgesehenen Benachrichtigungen hat der Lagerhalter an den letzten ihm bekanntgewordenen legitimierten Besitzer des Lagerscheins zu richten.

Vgl. § 25 OLSchVO. **Anm. 1**

18. Auslieferung und Annahme des Gutes

§ 53

Das Lagergut darf, wenn ein Orderlagerschein ausgestellt ist, nur dem legitimierten Besitzer des Lagerscheins und nur gegen Rückgabe des Scheines ausgeliefert werden. Der Lagerhalter ist nicht verpflichtet, die Echtheit der Indossamente zu prüfen. Die Auslieferung ist auf dem Lagerscheine zu bescheinigen.

Die Auslieferung eines Teiles des Gutes erfolgt gegen Abschreibung auf dem Scheine. Der Abschreibungsvermerk ist von dem Lagerhalter zu unterschreiben.

Die Verladung der zum Versand abgemeldeten Waren erfolgt nach Maßgabe der dem Lagerhalter zur Verfügung stehenden Betriebseinrichtungen, Arbeitskräfte und der ihm bereitgestellten Transportmittel. Lieferzeiten werden nicht übernommen. Wegen verspäteter unverschuldeter Ablieferung kann der Lagerhalter nicht in Anspruch genommen werden.

Ist das Gut vom Empfänger angenommen, so können Ansprüche gegen den Lagerhalter wegen Verlusts oder Beschädigung des Lagerguts nur erhoben werden, wenn der Verlust oder die Beschädigung, sofern sie äußerlich erkennbar sind, vor der Annahme dem Lagerhalter angezeigt und unter Zuziehung einer vom Lagerhalter bestimmten

Person festgestellt sind. Ist der Verlust oder die Beschädigung äußerlich nicht erkennbar, so hat der Empfänger die gleiche Feststellung unverzüglich nach der Entdeckung und spätestens innerhalb einer Woche nach der Annahme schriftlich unter Bezeichnung des Verlusts oder der Beschädigung beim Lagerhalter zu beantragen; unterläßt er dies, so kann ein Anspruch gegen den Lagerhalter nicht erhoben werden. Wird ein Schadensersatzanspruch nach der Annahme erhoben, so muß der Berechtigte nachweisen, daß der Mangel während der Zeit zwischen der Einlieferung und der Auslieferung entstanden ist.

Anm. 1 Vgl. § 26 OLSchVO.

19. Verjährung

§ 54

Die Ansprüche gegen den Lagerhalter wegen Verlustes, Minderung, Beschädigung oder verspäteter Auslieferung des Gutes verjähren in einem Jahre.

Die Verjährung beginnt im Falle der Beschädigung oder Minderung mit dem Ablauf des Tages, an dem die Auslieferung stattgefunden hat, im Falle der verspäteten Auslieferung mit dem Ablauf des Tages, an dem die Auslieferung hätte bewirkt sein müssen, im Falle des gänzlichen Verlustes mit dem Ablauf des Tages, an dem der Lagerhalter dem Einlagerer oder, wenn ein Orderlagerschein ausgestellt ist, dem letzten ihm bekannt gewordenen legitimierten Besitzer des Lagerscheins den Verlust anzeigt.

Die Vorschriften der Abs. 3 und 4 des § 414 des Handelsgesetzbuches finden entsprechende Anwendung.

Anm. 1 Vgl. § 27 OLSchVO.

20. Erfüllungsort, Gerichtsstand, anzuwendendes Recht

§ 55

Der Erfüllungsort sowie der Gerichtsstand für alle Rechtsstreitigkeiten, die aus dem Auftragsverhältnis oder im Zusammenhang damit entstehen, ist für alle Beteiligten der Ort derjenigen Handelsniederlassung des Lagerhalters, an die der Auftrag gerichtet ist; für Ansprüche gegen den Lagerhalter ist dieser Gerichtsstand ausschließlich. Abweichende Vereinbarungen, insbesondere Schiedsgerichtsvereinbarungen, sind zulässig.

Für die Rechtsbeziehungen des Lagerhalters zum Auftraggeber oder seinen Rechtsnachfolgern gilt deutsches Recht.

Titel II

Besondere Bestimmungen über die Sammellagerung

1. Sammellagerung

§ 56

Wird Gut, für das Handelsklassen gesetzlich eingeführt oder allgemein anerkannt sind, unter einer entsprechenden Gattungsbezeichnung eingelagert, so können der Einlagerer und der Lagerhalter vereinbaren, daß für dieses Gut die folgenden besonderen Regeln über die Sammellagerung gelten sollen.

Für die Sammellagerung gelten die allgemeinen Vorschriften der §§ 1–55, soweit sich aus den §§ 57–60 nicht ein anderes ergibt.

Den Beteiligten ist es unbenommen, auch bei Gütern der im Abs. 1 bezeichneten Art Einzellagerung oder Mischlagerung (§ 49) zu vereinbaren.

Vgl. § 28 OLSchVO. Anm. 1

2. Prüfung und Pflege des Lagerguts

§ 57

Der Lagerhalter ist verpflichtet, bei Empfang des Lagerguts dessen Gewicht, Güte und sonstige Beschaffenheit festzustellen und das Ergebnis auf dem Lagerschein zu vermerken. Bei der Feststellung der Güte und Beschaffenheit des Lagerguts hat er einen von der gesetzlichen Berufsvertretung des Handels und bei Lagerung landwirtschaftlicher Erzeugnisse auch einen von der gesetzlichen Berufsvertretung der Landwirtschaft bestellten Sachverständigen zuzuziehen. Die gesetzlichen Berufsvertretungen des Handels und der Landwirtschaft können für den Fall, daß der Lagerhalter und der Einlagerer hiermit einverstanden sind, denselben Sachverständigen bestellen. Soweit gesetzliche Handelsklassen eingeführt und Gutachterstellen eingerichtet sind, tritt an die Stelle der vorbezeichneten Sachverständigen die zuständige Gutachterstelle (Verordnung des Reichspräsidenten vom 1. Dezember 1930, Achter Teil, Kapitel V, § 6, Reichsgesetzblatt I, S. 517, 602).

Der Lagerhalter ist verpflichtet, die zur Erhaltung des Lagerguts erforderlichen Arbeiten vorzunehmen. Er kann sich hierbei der Mitwirkung der im Abs. 1 bezeichneten Sachverständigen oder Gutachterstelle bedienen. Den Lagerhalter trifft kein Verschulden, wenn er die Empfehlungen der Sachverständigen oder der Gutachterstelle mit der Sorgfalt eines ordentlichen Kaufmanns befolgt.

Eine Anzeige des Lagerhalters über Umlagerungen oder Veränderungen an der Beschaffenheit des Lagergutes kann unterbleiben, wenn sie untunlich ist.

Vgl. § 29 OLSchVO. Anm. 1

3. Vermischungsbefugnis, Miteigentum

§ 58

Soweit die beteiligten Einlagerer mit der Sammellagerung einverstanden sind, ist der Lagerhalter zur Vermischung des bei ihm eingelagerten Gutes mit Lagergut derselben Handelsklasse und Gütegruppe befugt.

An Lagergut, das hiernach vermischt werden darf, steht vom Zeitpunkt der Einlagerung ab den Eigentümern der eingelagerten Mengen Miteigentum nach Bruchteilen zu; der Bruchteil bestimmt sich nach dem Verhältnis der von jedem Einlagerer eingelagerten Menge zu den Mengen, die sämtliche Einlagerer in demselben Lagerhaus oder in denselben Lagerräumen des Lagerhalters eingelagert haben.

Vgl. § 30 OLSchVO. Anm. 1

4. Auslieferung

§ 59

Der Lagerhalter ist berechtigt und verpflichtet, aus dem im § 58 bezeichneten Gesamtvorrat jedem Einlagerer den ihm gebührenden Anteil auszuliefern, ohne daß er hierzu der Genehmigung der übrigen Beteiligten bedarf.

Vgl. § 31 OLSchVO. Anm. 1

5. Abzüge für Gewichtsverlust

§ 60

Der Lagerhalter ist berechtigt, falls das Lagergut durch die Lagerung einem Gewichtsverlust ausgesetzt ist, bei der Auslieferung einen angemessenen Hundertsatz des auf dem Lagerscheine vermerkten Gewichts abzuziehen. Die Vorschriften des § 49 Absatz 4 sind entsprechend anzuwenden.

Anm. 1 Vgl. § 32 OLSchVO.

Abschnitt II. Lagerschein

1. Ausstellung des Lagerscheines

§ 61

Der Lagerhalter ist verpflichtet, dem Einlagerer auf dessen Verlangen einen zur Verfügung über das Gut, insbesondere zur Veräußerung und Verpfändung dienenden, an Order lautenden Lagerschein auszustellen.

Das Gesuch um Ausstellung eines indossablen Lagerscheines muß bei dem Lagerhalter schriftlich eingereicht werden unter Beifügung aller erforderlichen Urkunden.

Der Lagerhalter kann die Ausstellung des Lagerscheins verweigern, wenn ein wichtiger Grund vorliegt, insbesondere solange der Einlagerer seiner fälligen Verpflichtung zur Erstattung barer Auslagen (§ 42) oder zur Bezahlung sonstiger auf dem Gute lastender Lagerkosten nicht nachkommt.

Der Lagerhalter darf einen Lagerschein erst ausstellen, wenn er das Gut in seinem Lager eingelagert hat.

Für die Ausfertigung von Lagerscheinen berechnet der Lagerhalter eine Gebühr, deren Höhe sich nach den jeweiligen ortsüblichen Gebührensätzen richtet.

Dem Lagerhalter ist nicht gestattet, besondere nur zur Verpfändung des Gutes bestimmte Scheine (Lagerpfandscheine) auszustellen.

Der legitimierte Besitzer kann gegen Rückgabe des Lagerscheines die Ausstellung eines neuen Scheines verlangen. In dem neuen Schein soll derselbe Einlagerungstag vermerkt werden wie in dem alten Scheine.

Doppel von Lagerscheinen werden nicht ausgestellt.

Anm. 1 Vgl. § 33 OLSchVO.

2. Ausstellung von Teilscheinen

§ 62

Falls eine Warenmenge eingelagert ist, kann der Einlagerer die Ausstellung von Lagerscheinen über Teile der Menge verlangen. Ist ein Orderlagerschein ausgestellt, so kann nur der legitimierte Besitzer des Scheines und nur gegen Rückgabe des Scheines die Ausstellung von Teilscheinen verlangen.

Wird die Ausstellung von Teilscheinen verlangt, so hat der Lagerhalter, falls erforderlich, dem Berechtigten die Verpackung, Neubezeichnung oder sonstige Herrichtung des Gutes zu gestatten, soweit er nicht selbst zu diesen Handlungen bereit ist.

Wird ein Lagerschein durch Teilscheine ersetzt, so soll in den Teilscheinen derselbe Einlagerungstag vermerkt werden wie in dem alten Lagerscheine.

Bleiben bei einer Einzellagerung die Teile der Menge ungetrennt, so soll in den Teilscheinen zum Ausdruck gebracht werden, daß der Schein sich auf den ungetrennten

Teil einer größeren Partie bezieht. Die Vorschriften des § 49 Abs. 4 über den Abzug wegen Gewichtsverlustes sind entsprechend anzuwenden.

Vgl. § 34 OLSchVO. **Anm. 1**

3. Befristung des Lagerscheins

§ 63

Lautet ein Lagerschein über verderbliches Gut oder über Gut, das erheblichen Veränderungen ausgesetzt ist, so kann der Lagerhalter unter Berücksichtigung des Grades der Verderblichkeit oder der Veränderungsgefahr eine Frist bestimmen, binnen deren der Lagerschein zur Auslieferung des Gutes dem Lagerhalter vorzulegen ist.

Vgl. § 35 OLSchVO. **Anm. 1**

4. Bezeichnung des Lagerscheins

§ 64

Ein an Order lautender Lagerschein soll die Bezeichnung „Lagerschein an Order" tragen. Bezieht sich der Schein auf den Anteil an einer Mischlagerpartie (§ 49) oder auf den ungetrennten Teil einer Einzellagerpartie (§ 62 Abs. 4), so soll der Schein in der Überschrift oder in einem Zusatz zur Überschrift als „Teillagerschein" bezeichnet werden.

Bei der Sammellagerung (§ 56) soll der Orderlagerschein stets die Bezeichnung „Sammellagerschein an Order" tragen.

Vgl. § 36 OLSchVO. **Anm. 1**

5. Lagerscheinregister

§ 65

Der Lagerhalter ist verpflichtet, die von ihm ausgestellten Orderlagerscheine unter fortlaufenden Nummern in ein Register einzutragen. Die Eintragung soll die im Lagerschein bezeichneten Angaben enthalten. Für Sammellagerscheine ist ein gesondertes Register zu führen.

Der legitimierte Besitzer des Lagerscheins kann unter Vorlegung des Scheines vom Lagerhalter verlangen, daß er den Namen des legitimierten Besitzers im Lagerscheinregister vermerkt.

Vgl. § 37 OLSchVO. **Anm. 1**

6. Form des Lagerscheins

§ 66

Die Form der Orderlagerscheine entspricht den als Anlage 1 und 2 beigefügten Mustern.

Für die Lagerscheine wird ein durch Wasserzeichen und Netzunterdruck geschütztes Papier verwendet, und zwar in gelber, für Sammellagerscheine in rosa Farbe.

Vgl. § 39 OLSchVO. **Anm. 1**

7. Haftung des Lagerhalters für die Angaben im Lagerschein

§ 67

Ist der Lagerschein durch Indossament übertragen, so haftet der Lagerhalter dem legitimierten Besitzer des Lagerscheins für die Richtigkeit der in dem Lagerschein enthaltenen Angaben in bezug auf Menge (Zahl, Maß oder Gewicht), Gattung, Art und Beschaffenheit des Gutes, es sei denn, daß er durch einen Vermerk im Lagerschein ersichtlich gemacht hat, daß diese Angaben lediglich auf Mitteilungen des Einlagerers oder Dritter beruhen.

Hat der Lagerhalter die Unrichtigkeit der Angaben gekannt, so haftet er auch dann, wenn er einen Vermerk der im Abs. 1 bezeichneten Art in den Lagerschein aufgenommen hat.

Bei der Sammellagerung ist der Lagerhalter nicht berechtigt, einen Vermerk der im Abs. 1 bezeichneten Art in den Lagerschein aufzunehmen.

Der Ort und der Tag der Ausstellung des Lagerscheins gelten als Ort und Tag der Einlagerung, falls auf dem Scheine nichts anderes vermerkt ist.

Erklärt sich der Einlagerer bereit, die Zuzählung, Zumessung oder Zuwägung des Gutes auf seine Kosten vornehmen zu lassen, so ist der Lagerhalter auch bei der Einzel- oder Mischlagerung nicht berechtigt, bei den Angaben über die Menge (Zahl, Maß oder Gewicht) des Gutes einen Vermerk der im Abs. 1 bezeichneten Art in den Lagerschein aufzunehmen.

Die Haftung des Lagerhalters für die Richtigkeit der Angaben beschränkt sich auf den Ersatz des Minderwertes, der sich aus der Nichtübereinstimmung des Lagerguts mit den im Lagerschein enthaltenen Angaben ergibt. Fällt dem Lagerhalter eine bösliche Handlungsweise zur Last, so hat er den vollen Schaden zu ersetzen.

Anm. 1 Vgl. § 40 OLSchVO.

8. Angaben im Lagerschein über äußerlich erkennbare Mängel des Lagergutes

§ 68

Wird ein Orderlagerschein über Lagergut ausgestellt, dessen Beschädigung, schlechte Beschaffenheit oder schlechte Verpackung für den Lagerhalter äußerlich erkennbar ist, so soll der Lagerhalter diese Mängel auf dem Lagerscheine vermerken, sofern es sich nicht um Schäden handelt, die im Verkehr als unerheblich angesehen werden.

Die Vorschriften des § 67 Abs. 6 finden entsprechende Anwendung.

Anm. 1 Vgl. § 41 OLSchVO.

9. Kraftloserklärung eines Lagerscheins

§ 69

Ist ein Lagerschein, der durch Indossament übertragen werden kann, vernichtet oder abhanden gekommen, so unterliegt er der Kraftloserklärung im Wege des Aufgebotsverfahrens gemäß §§ 1003ff. der Zivilprozeßordnung. Ist das Aufgebotsverfahren eingeleitet, so kann der Berechtigte, wenn er bis zur Kraftloserklärung Sicherheit bestellt, Leistung nach Maßgabe des Lagerscheins von dem Lagerhalter verlangen.

Anm. 1 Vgl. § 42 OLSchVO.

Abkürzungsverzeichnis

ADSp	Allgemeine Deutsche Spediteurbedingungen
AGBG	Gesetz zur Regelung des Rechts der Allgemeinen Geschäftsbedingungen (AGB-Gesetz)
ALB	Allgemeine Lagerbedingungen des Deutschen Möbeltransportes
BB	Der Betriebsberater
BGB	Bürgerliches Gesetzbuch
BGH	Bundesgerichtshof
BGHZ	Entscheidungen des Bundesgerichtshofes in Zivilsachen
DB	Der Betrieb
DepG	Gesetz über die Verwahrung und Anschaffung von Wertpapieren (Depotgesetz)
EVO	Eisenbahn-Verkehrsordnung
GG	Grundgesetz für die Bundesrepublik Deutschland
GWB	Gesetz gegen Wettbewerbsbeschränkungen
HansGZ	Hanseatische Gerichtszeitung
HGB	Handelsgesetzbuch
HRR	Höchstrichterliche Rechtsprechung
JR	Juristische Rundschau
JZ	Juristenzeitung
KG	Kammergericht
KO	Konkursordnung
LG	Landgericht
LM	Nachschlagewerk des Bundesgerichtshofes, herausgegeben von Lindenmaier und Möhring
MDR	Monatsschrift für Deutsches Recht
NJW	Neue Juristische Wochenschrift
OGH	Oberster Gerichtshof für die britische Zone
OLG	Oberlandesgericht
OLSchV	Verordnung über Orderlagerscheine
RGBl	Reichsgesetzblatt
RGRKz HGB	Reichsgerichtsrätekommentar zum HGB, 2. Aufl.
RGZ	Entscheidungen des Reichsgerichts in Zivilsachen

StGB	Strafgesetzbuch
SVS	Speditionsversicherungsschein
VersR	Versicherungsrecht
WG	Wechselgesetz
WM	Wertpapiermitteilungen
ZPO	Zivilprozeßordnung

Stichwortverzeichnis

Die fetten Zahlen verweisen auf den jeweiligen Paragraphen, die mageren auf die Anmerkungen.

FSC
www.fsc.org
MIX
Papier | Fördert
gute Waldnutzung
FSC® C083411

Kolibri 360 GmbH
Ferdinand-Jühlke-Straße 7
99095 Erfurt, Deutschland
produktsicherheit@kolibri360.de